亚洲研究丛书·北京外国语大学世界亚洲研究信息中心系列

亚洲研究丛书
北京外国语大学
世界亚洲研究
信息中心系列

中国亚非关系史

A History of Relations between China and
Afro-Asian Countries

耿引曾 著

社会科学文献出版社
SOCIAL SCIENCES ACADEMIC PRESS (CHINA)

编辑委员会

编委会主任　杨学义　朴仁国

编委会副主任　金　莉

编　　　委　（按姓氏拼音排序）
　　　　　　　　蔡剑峰　郭棲庆　贾德忠　金暻美
　　　　　　　　康泰硕　李明镇　李又文　张朝意
　　　　　　　　张西平　张晓慧　赵宗锋

主　　　编　郭棲庆　张西平

编　　　务　王惠英

总　序

世界亚洲研究信息中心，英文名称 Information Center for Worldwide Asia Research（简称ICWAR），是北京外国语大学与韩国高等教育财团共同建立的学术研究机构，成立于2007年12月3日，是目前世界范围内以"亚洲研究信息汇总"为主题的科研机构。中心通过编辑出版学术刊物《亚洲研究动态》，资助亚洲研究领域的课题研究项目、著作出版项目，建设亚洲研究学术信息数据库，开展学术交流活动，选派北京外国语大学优秀学者赴韩国交流学习，建设与完善中心中英文学术网站等多种途径，依托北京外国语大学教授58种外国语言的优势，汇总世界各国亚洲研究的有关动态和学术成果，构建学术资源网和信息数据库，搭建全球亚洲研究信息平台，为所有从事亚洲研究的学者与机构提供信息服务，促进世界范围内亚洲研究的发展与繁荣。

资助亚洲研究学术著作是中心科研资助项目主要类别之一，中心每年评选立项资助出版2~3部由北京外国语大学在编教师主持的亚洲研究领域的专著、编著、译著或论文集。中心与社会科学文献出版社合作，自2013年起，由该社承担中心资助的学术著作的出版工作，中心在该社出版的所有学术著作列入"亚洲研究丛书·北京外国语大学世界亚洲研究信息中心系列"。

"亚洲研究丛书·北京外国语大学世界亚洲研究信息中心系列"的

推出，是对中心学术著作出版资助项目成果的有效整合和集中展示。希望经过若干年的努力与发展，"亚洲研究丛书·北京外国语大学世界亚洲研究信息中心系列"能够形成规模性系列丛书，以期为亚洲研究各领域的专家学者，以及社会各界的读者朋友搭建学术交流平台、提供有益的参考与借鉴，为弘扬亚洲文化、繁荣亚洲学术研究做出贡献。我们衷心感谢社会科学文献出版社为亚洲研究丛书·北京外国语大学世界亚洲研究信息中心系列的顺利出版所付出的努力！

郭棲庆

北京外国语大学

世界语言与文化研究中心执行主任

兼世界亚洲研究信息中心副主任

张西平

北京外国语大学

中国海外汉学研究中心主任

兼世界亚洲研究信息中心学术委员会主任

2013 年 4 月 25 日

前　言

"中国亚非关系史"课程是20世纪90年代北京大学亚非研究所硕士研究生的必修课。当时鉴于攻读亚非研究所的硕士生在大学本科阶段未系统地接受亚洲、非洲的一些有关历史文化知识，而作为文明古老的中国，自有文字记载以来即有对亚洲、非洲的了解、认识与交往，为加强学生的基本知识内容，遂有本课程的开设。

我负责讲授此课程，并编写教案，以人类历史的进程为纲，从不同方位、多视角地在浩瀚的汉文载录中梳理出古代、近代中国与亚洲、非洲国家间的政治、经济、文化关系，并以影响社会发展进程的重大历史现象、事件为纲目，归纳总结出古代六大问题、近代三大问题如下：

古代六大问题

1. 古代中国人的亚非知识。

2. 丝绸之路与西域、中亚、西亚和南亚。

3. 佛教在中国的传播及其在东北亚、东南亚的流行。

4. 汉文化与周边国家的交流及其影响。

5. 伊斯兰教的传入与穆斯林来华。

6. 阿拉伯人控制印度洋时代的南海贸易与中非交通。

近代三大问题

1. 资本主义化与殖民化下的中国亚非关系。

2. 华侨、华人在中国亚非关系中的地位和作用。

3. 近代中国知识分子走向世界及其对亚非的认识与了解。

加上导论一讲，总计 10 次讲座，并要求学生阅读一定的参考书，以期受课者开启思路、拓宽知识，使其研究探讨可纵向延伸，也可横向扩展。当时的听课者除亚非所研究生外，尚有东方学系、历史系的学生，以及校外军事部门的亚非研究和教学工作者。可以说，课程的开设收到一定的效果。然而，在独立编制的亚非研究所合并到国际关系学院后，由于研究生培养方向的变动以及我的退休，这门课程也就完成了它的历史任务。后来，课程中的一些专题，受东方学系之邀请，也为其研究生讲授过，说明课程仍具有它的生命力。

2007 年岁末，北京外国语大学汉学研究中心主任、亚非学院院长张西平教授了解到我曾经讲授过"中国亚非关系史"的课程，遂邀我为该校亚非学院讲授。在我精力和体力都还可以的情况下，似乎不应拒绝这门课程的传承，遂答应下来。于是在副院长白淳老师的精心安排组织下，于 2008 年春、秋两个学期，我完成了 10 次讲座的课程讲授。我想，对未来从事涉外工作的莘莘学子来讲，这门课程将对他们的学习、工作有所助益。如今，亚非学院又为本课程申请了"亚洲研究信息中心"的科研资助，使讲稿付梓，以便成为教材，供长期使用。我很欣慰，特此感谢。

这 10 次讲座，涉及内容多、跨度大，许多题目都已成为独立的学科，为中外学者倾心研究，新见迭出。本人学识有限，综合各家之说，多有力不从心之处。挂一漏万，错误在所难免，希望专家和读者批评指正。

目 录

亚洲研究丛书·北京外国语大学世界亚洲研究信息中心系列

第一讲　导论 ·· 1
　一　亚非国家在世界历史上的地位 ·· 1
　二　中国亚非关系史研究情况 ·· 10

第二讲　古代中国人的亚非知识 ·· 20
　一　古代中国人亚非知识的来源 ·· 20
　二　中国历代积累有关亚非知识的价值 ···································· 37
　三　中国人研究亚非的传统 ·· 40

第三讲　丝绸之路与西域、中亚、西亚和南亚 ······························ 43
　一　研究西域的重要意义 ·· 44
　二　中亚与中亚学的历史地位 ·· 50
　三　丝绸之路沟通了中国和亚非的关系 ···································· 58

第四讲　佛教在中国的传播和发展及其在东北亚、东南亚的流行 ··· 69
　一　佛教诞生在南亚 ·· 69
　二　佛教思想在中国的传播和发展 ·· 71
　三　佛教在东北亚、东南亚的流行 ·· 80

第五讲　汉文化与周边国家的交流及其影响 ·································· 92
　一　有关对文化及文化交流的一些认识 ···································· 92

二　中国儒学外传所产生的影响 ………………………………… 98
　　三　汉文化与域外文化的交光互影 ……………………………… 105

第六讲　伊斯兰教的传入与穆斯林来华 ……………………………… 119
　　一　有关伊斯兰教的情况 ………………………………………… 119
　　二　伊斯兰教在中国的流传 ……………………………………… 123
　　三　穆斯林来华所起的历史作用 ………………………………… 128

第七讲　阿拉伯人控制印度洋时代的南海贸易与中非交通 ………… 146
　　一　南海、印度洋交通航道的开辟 ……………………………… 146
　　二　南海、印度洋交通贸易的发展 ……………………………… 153
　　三　中非交通的进一步发展 ……………………………………… 164

第八讲　资本主义化与殖民化下的中国亚非关系 …………………… 185
　　一　资本主义化与殖民化 ………………………………………… 185
　　二　亚非殖民化的过程及其后果 ………………………………… 189
　　三　这一时期的中国亚非关系 …………………………………… 209

第九讲　华侨、华人在中国亚非关系中的地位和作用 ……………… 217
　　一　有关华侨、华人的研究情况 ………………………………… 217
　　二　华侨、华人对所在地作出的贡献 …………………………… 225
　　三　华工与中国亚非关系 ………………………………………… 237

第十讲　近代中国知识分子走向世界及其对亚非的认识与了解 …… 247
　　一　近代中国"睁眼看世界"思想的形成 ……………………… 247
　　二　从"睁眼看世界"到"走向世界" ………………………… 253
　　三　在"走向世界"中对亚非的认识与了解 …………………… 265

后记 ……………………………………………………………………… 280

第一讲
导 论

本课程以历史的眼光、历史的角度和历史唯物主义的观点来阐述古代、近代中国与亚洲、非洲的关系。为此，有必要先交代包括中国在内的亚洲、非洲在人类社会发展进程中的作用和影响，以及当今学人对中国与亚洲、非洲交往历史的认知度。以下分两大问题讲授：

一　亚非国家在世界历史上的地位。
二　中国亚非关系史研究情况。

一　亚非国家在世界历史上的地位

关于亚非国家在世界历史上的地位，下面分亚洲、非洲的自然景观和人文景观，亚洲、非洲对人类社会作出的贡献，以及中国与亚非国家历史发展的共同点三个方面讲述。

1. 亚洲、非洲的自然和人文景观

人类社会的发展和地理环境，都处在不断运动变化而又相互影响、相互制约之中。因而这里有必要对亚洲、非洲的情况重新温习一下。地

理环境并不是社会发展的主要原因、决定性原因，只是社会发展经常的和必要的条件之一。它会影响社会发展的快慢，加速或迟缓。所以说，人类只能顺应和利用自然规律。顺应和利用取决于人类对自然规律的认识和掌握程度，而认识和掌握的程度又取决于生产力水平。因此，人类对自然的认识和改造能力的高低，是决定地理环境对社会发展起作用的基本前提，也是决定社会发展的最根本原因。

根据中华人民共和国地图出版社2005年1月出版的《世界地图集》记载，亚洲面积为4400万平方千米（包括附近岛屿），约占世界陆地总面积的29.4%，是世界第一大洲。非洲面积约3020万平方千米（包括附近岛屿），约占世界陆地总面积的20.2%，仅次于亚洲，为世界第二大洲。亚洲共有48个国家和地区。非洲目前有56个国家和地区。亚洲人口37.76亿，约占世界总人口的60.7%，以中国人口最多；人口在1亿以上的还有印度、印度尼西亚、巴基斯坦、孟加拉国和日本。非洲人口约8.32亿，占世界人口总数的13.4%，仅次于亚洲，居世界第二位。非洲人口的出生率、死亡率和增长率均居世界各洲的前列。

下面要对亚洲、非洲的地理概貌画龙点睛，列出它们的世界之最。

青藏高原，素有世界屋脊之称，是世界上最高的高原，平均海拔4000米以上。

珠穆朗玛峰，是世界上最高的山峰，海拔8848米（最新测定为8843米）。

死海，是世界上最低的洼地，其水面低于地中海海面392米。

里海，是世界第一大湖，而且是最大的咸水湖。

贝加尔湖，是世界最深的湖、亚洲最大的淡水湖。

阿拉伯半岛，是世界最大的半岛，总面积约3000万平方千米。

以上是亚洲，再谈非洲的。

尼罗河，是世界最长的河流，全长6670米。

东非大裂谷，是世界上最大的裂谷带，一般深达1000~2000米，宽几十千米到300千米，形成一系列狭长而深陷的谷地和湖泊。

撒哈拉沙漠，是世界最大的沙漠，面积为777万平方千米。

草原，占非洲总面积的27%，居各洲首位。

伴随着这些独特的地理风貌，亚洲、非洲的自然资源也是十分丰富的。在此，只列举一二。

亚洲：石油、镁、铁、锡等的储量均居各洲之首，特别是锡矿的储量占世界总储量的60%以上。

非洲：矿物资源种类多、储量大。石油、天然气的蕴藏非常丰富。铁、锰、铜、锡等的储量也很大。黄金、金刚石久负盛名。最引人注意的是铀矿脉的相继发现。

2. 亚洲、非洲对人类社会发展作出的贡献

以下将就人类的发源地、人类文明的发源地、三大宗教的发源地，各有侧重地阐述。

人类的发源地

当今世界上对古人类学研究有两大热门课题：一是人类起源；一是现代智人起源。

人类起源于非洲已成共识。在从猿到人的过程中，目前可以肯定属于人的进化系统的最早化石代表是南方古猿。早期的南方古猿代表着古猿向人转化的较突出一支，已经完成独立行走，并使用工具，但不会制造工具，是"正在形成中的人"的典型代表。它是达特于1925年根据在南非塔翁发现的一个幼年古猿头骨化石而建立的一个属名。1936年以后，在南非的斯泰克方丹、克罗姆德拉伊、马卡潘和斯瓦特克朗斯等地，也发现了这一类化石。[①] 特别在第二次世界大战之后，东非各地有较多的发现。如1973年，在埃塞俄比亚的哈达尔发现一具较完整的少年女性全身骨架。复原后其手足近人，但脑容量小，略微超过400毫升。好像人的躯干上安装了一个猿的脑袋，并以流行歌曲冠其名为"露西"。其年代测定距今约300万~360万年之间。1975年，在坦桑尼

---

① 《中国大百科全书·考古卷》，中国大百科全书出版社，1986，第348~349页。

亚的莱托利发现一长串相当清晰的类似人的脚印。据研究，是据今360万~380万年前留下的。脚印是两人踩出来的，脚跟深陷，有脚弓形状，显示为一男一女大步直走（其大小之差为21.5厘米与78.5厘米，两脚跨度为47.2厘米与38.7厘米）。从学名上，他们称为南方古猿阿法种化石，又称为人科最早的成员。他们大概生活在距今400万~300万年间。此两处均未发现石器，还停留在使用工具的阶段。

由于非洲发现了距今400万年至几万年的人科标本达数百件，其演化关系是清楚的。

关于现代智人起源，目前国际学术界有两种说法：一是非洲起源说；一是地区进化说。

非洲起源说认为，世界各地的现代人都是非洲早期人类的后裔。从1959年开始，在坦桑尼亚的奥杜韦峡谷陆续有古人类化石及石器发现，距今170万年，学术名称为"能人"，主要标志是会制造工具。

而代表能人之后发展阶段（150万~20万年）的原始人类是直立人，其地位居于能人和智人之间。直立人阶段人类发展的一个显著特点是分布区域有较大扩充，已遍布亚、非、欧三大洲。

1891~1892年，在印度尼西亚中爪哇梭罗河边的特里尼尔附近发现了爪哇人（75万~50万年）。1927年，在中国北京周口店发现了北京猿人（70万~20万年）。中国除北京外，1963~1964年，在陕西省蓝田县发现了蓝田人（80万年）。1965年，在云南元谋县发现了元谋人（按古地磁方法测定为170万年，后提出在60万~50万年间）。非洲的直立人，除东非外，还有在南非斯瓦尔特克兰（100万年）、北非摩洛哥萨勒（25万年）发现的。在欧洲希腊的彼特拉隆那（30万年）、法国的阿拉果（25万年），都发现了直立人。直立人的分布之广，说明这个时期人类已在自然条件差别较大的不同区域生活，制造的石器已从打击石器进化到扁平石斧，且开始用火。

鉴于上述，多地区的进化说比较切合实际。值得关注的是中国河南的"许昌人"。

1965年，在河南省许昌市许昌县发现了灵井旧石器时代遗址。2005年6月进行考古发掘，至今共出土旧石器时代石器、骨器和动物化石3万余件。2007年12月17日上午，发现一块较完整的古人类头顶骨和顶骨、枕骨、颞骨片断共计16块，复原后形成一较完整的人类头盖骨化石。经对化石周围的土样进行光释光测年实验，判断出灵井遗址头盖骨化石出土层位时代为距今8万~10万年。

这一发现至关重要。它说明中国现代人是在自己的土地上一步步进化而来。中国不仅发现了比南方古猿还早的纳马古猿头盖骨，还发现了距今200万年前的巫山人①、80万年前的蓝田人②、70万~20万年前的北京人③、20万~10万年前的金牛山人④、1.8万年前的山顶洞人⑤，许昌人的发现填补了人类进化体系中的关键性缺失。因为在非洲之外的其他大陆，距今10万年左右的人类化石发现非常之少，这直接影响着现代人类起源的研究。而这一时期恰恰是"现代人"起源的最关键时期，即"非洲起源说"推断非洲智人走向世界取代各地早期智人的关键时段。灵井旧石器时代遗址出土的头盖骨化石，可望为东亚和我国现代人类起源提供直接证据。

人类文明的发源地

文明诞生的标志是学者们热烈讨论的问题。目前，学术界公认荷兰学者克鲁克荷恩在1958年所提出的方法较切实可行。他认为有三个基本条件，而在三个基本条件中只要能满足其中两条，便可称之为文明。三个基本条件是：

（1）在一定区域的聚落中已经有好几个相互联系的、人口至少在5000以上的城镇、集镇或城市。

（2）已有独立创造的文字体系或借用部分外族文字而形成自己的

---

① 宁荣章：《轰动世界的巫山人》，《四川文物》1993年第6期。
② 吴汝康：《陕西蓝田发现的猿人头骨化石》，《古脊椎动物与古人类》第10卷第1期，1966。
③ 贾兰坡：《中国猿人及其文化》，中华书局，1964。
④ 吴汝康：《辽宁营口金牛山人化石头骨的复原及其主要性状》，《人类学学报》1988年第2期。
⑤ 贾兰坡：《中国大陆上的远古居民》，天津人民出版社，1978。

文字。

（3）已有纪念性的建筑遗迹和进行仪典活动的中心场所。

自19世纪以来，世界史学界普遍认为两河流域、埃及、印度和中国是历史最悠久的文明古国。而这四大文明都在亚洲、非洲。20世纪以来，随着世界各地丰富的考古发现，表明文明的诞生在某个先进地区首先突破，然后扩及全球，但这些先进地区，或者说文明古国并不限于以上的四个。按当前所知，时间稍晚的有欧洲的爱琴海文明、拉丁美洲的印第安文明，这样可以称为六大文明。而印第安文明尚可分为中美洲的墨西哥和玛雅、南美洲的安第斯山区两个有独立创造的地区，则可称为七大文明了。然而就时间先后和影响的大小而论，无可置疑的是属于亚洲、非洲的四大文明古国仍居前列，而其中的中华文明是唯一从古文明直接发展到今天的大国。从而提出亚洲、非洲是人类文明的发源地是恰如其分的。

关于各个文明的具体情况在此从略，请参考有关史书①。这里，仅按文明诞生标志的三个条件讲述各个文明出现时的显著特点。如两河流域的苏美尔城邦，其早期的乌尔城邦面积不过90平方千米，人口约有6000。而最大的埃利都城邦，它的开发和有人居住可以推至公元前5000年左右。又如受尼罗河哺育成长的埃及文明，远在公元前6000～5000年，就有发达的农业文化。还有，在印度河流域（今巴基斯坦）发现的哈拉巴和摩亨佐·达罗遗址，其中的城市布局和供水系统在古代罕见，浴池和大仓谷是印度河文明的一大特色。下面将介绍各个文明文字形成的有关情况。

作为文明标志之一的文字，亚、非两大洲在公元前3500年就出现了，到公元前3000年达于形成体系。如埃及文明的象形文字、两河流域苏美尔文明的楔形文字和中华文明的甲骨文字。更值得提出的是公元前2000年中期腓尼基文化创造发明了腓尼基字母，使拼音文字逐渐

---

① 马克垚主编《世界文明史》上、下册，北京大学出版社，2004。[美]斯塔夫里阿诺斯：《全球通史》，吴象婴等译，北京大学出版社，2006。

推广于古代各民族之中。

埃及古老的象形文字，今天可以从大英博物馆展出的罗塞达碑上看到。这是一块公元前2世纪初埃及祭士为国王树立的颂德碑。它是入侵埃及的法国拿破仑、波拿巴将军的下属军人于1799年在尼罗河口的拉希德要塞挖战地工事时发现的。拉希德这个地方因古代称为罗塞达而得名，碑上有三种文字：圣书体的象形文字、世俗体的象形文字和希腊文。此后20多年，很多人都未能解开其上象形文字的奥秘。最后，法国语言学家商博良（1790~1832）使圣书体象形文字的释读取得了决定性突破。他指出，象形文字不全是表意文字，也有标音作用，有些符号发音，有些则不发音。同时还列出了"标音象形文字字母表"。

楔形文字是古代西亚、两河流域的苏美尔人创造的。多刻在石头和泥版或泥砖上，其笔画呈楔状，颇像钉头或箭头，故又称"钉头文字"或"箭头字"。它在长期使用过程中，由表形表意演进为表音。

1935年春，曾是士兵和运动员出身、后来从事考古的英国学者亨利·克利维克·罗林逊（1810~1895）考察了伊朗北部贝希斯敦小镇附近的巨大的悬崖石刻。悬崖高约340英尺，其上刻有巨幅的人物肖像，肖像四周密密麻麻地排列着三种不同的楔形文字，共有1200多行。他冒着生命危险，攀登山崖，抄写、临摹石刻上的文字和图画，经过刻苦攻读，成功破译了第一、第二种楔形文字为古波斯文字和古巴比伦文字。第三种楔形文字则是在十几年后，被学者认为是源于古波斯人的语言埃兰语。1869年法国学者朱勒·奥波特宣称："楔形文字最初起源于美索不达米亚南部的苏美尔地区，后来才由埃兰人和包括古巴比伦在内的民族继承使用。"这一论断逐步为后世学者肯定。之后欧洲学者介入美索不达米亚的考古发掘，获取了大量楔形文字碑。19世纪50年代，大英博物馆的研究人员把从亚述王宫——尼尼微城发现的24000多块楔形文字进行分类翻译。其中有段碑文记载的故事与《圣经·创世纪》所描述的"洪水与诺亚方舟"的故事极其相似。

下面介绍腓尼基的22个字母。

腓尼基是地中海东岸古国，相当于现在的黎巴嫩、叙利亚。腓尼基文化的最大创造是发明了腓尼基字母，这使拼音文字逐渐推广于各民族之中。

由于腓尼基在当时从事国际商业活动，促使它广泛接触并熟悉古代各个国家的文字，尤其是埃及的象形文字和巴比伦的楔形文字。但这两种文字使用起来并不方便，改进文字便成为当务之急，遂促成了拼音字母的发明。约公元前 2000 年代的中期，在北边的乌加里特采用楔形文字符号，制定了一套 29 字字母，在南边的毕布勒用埃及文字中已有一定简化的西奈字体创造了一套 22 字字母。南北两种相比之下，前者多 7 个，而且书写起来无后者的简体线文方便。因此后者日益流行，最后形成的腓尼基字母也是 22 个。迄今已知较为完整使用字母的铭刻，是在毕布勒出土的埃赫伦王石棺上的铭文，年代约在公元前 1000 年左右。腓尼基字母后来传到希腊，形成希腊字母，再传到罗马，形成拉丁字母，这就是现今欧美各国使用的字母渊源。而东方的阿拉美亚字母、希伯来字母、安息字母和阿拉伯字母的创立，均与腓尼基字母有着渊源。这些字母又进一步演变为中亚和南亚各族的字母，我们中国的维吾尔（畏吾儿）字母亦属其中之一。可以总结说，腓尼基字母是现今世界各族字母文字的共同祖先，它对世界文明作出了伟大的贡献。

最后，简述中国的甲骨文字。

甲骨文字是中国商朝（公元前 1600～前 1100 年）后期王室用于占卜记事而刻或写在龟甲和兽骨上的文字。它是中国已发现的古代文字中时代最早、体系较为完整的文字。甲骨文中的汉字已能完整地记录语言。甲骨文发现迄今出土 15 万片以上，已释读的文字有 2000 个左右。根据专家认定，"甲骨文是比较成熟的文字，它以象形、假借、形声为主要造字方法。今天的汉字，仍是以象形为基础的形符文字，因此甲骨文已具备后代汉字结构的基本形式。从语法上看，甲骨文中有名词、代名词、动词、形容词等，其句子形式、结构序位也与后代语法基本一致"。① 对甲骨文的进一步研究，今天已由考古学分支学科之一的甲骨学承担。中国在甲骨文的原出土地——河南安阳殷墟建立了中国最大的文字博物馆，供世人参观。

三大宗教的发源地

佛教、基督教、伊斯兰教并称为世界三大宗教。它们都发源于亚洲。

佛教起源于公元前6~前5世纪的古代印度。其创始人释迦牟尼诞生在古代北天竺的迦毗罗卫国（今尼泊尔南部兰毗尼专区的鲁潘德希县），比中国的孔子大12岁。目前在印度信仰佛教的仅有800多万人，据1984年前的统计，信徒多为不可接触者。公元8世纪后印度教在印度社会中占统治地位，而佛教逐渐演化为密教，融汇于印度教中。13世纪初，穆斯林入侵印度，迫使印度教徒改信伊斯兰教，佛教在印度本土绝灭。19世纪以后，印度始有佛教复兴运动。现在全世界有佛教徒约3.5688亿人，占世界人口的6.02%；中国约有1亿佛教徒。

基督教发源于公元1世纪中期古罗马统治下的巴勒斯坦地区，相传为犹太的拿撒勒人耶稣所创立。恩格斯把公元4世纪成为罗马国教以前的基督教称为"最初的基督教"。我国译为"原始基督教"或"早期基督教"。此又分为三个阶段，它的产生时期为1世纪30~60年代；形成时期为公元1世纪中期到2世纪中期；公元2世纪中期至4世纪为演变和逐渐与罗马帝国政权合流时期。此后，随历史发展，形成了天主教、东正教、新教及一些较小的派别。中世纪时基督教在欧洲占统治地位，16世纪后传到非洲、美洲、南亚、东亚、大洋洲各地。它对欧美各国历史、文化的发展有极其重要的影响。目前，全世界包括天主教、东正教在内，约有信徒19.6599亿人，占世界人口的33.15%；中国信徒6000多万人。

伊斯兰教诞生于公元7世纪的阿拉伯半岛，发源地在今沙特阿拉伯西部的麦加，其创立人是穆罕默德（约570~632）。该教于公元7世纪

---

① 胡厚宣：《中国大百科全书·中国历史卷》第1册，中国大百科全书出版社，1986，第427页。

中叶传入中国，旧称"回教""回回教""清真教""天方教"等。伊斯兰教自产生至今已有1400多年历史，主要有逊尼和什叶两大教派。目前全世界拥有信徒11.7933亿人，占世界人口的19.89%。全世界有伊斯兰教的国家90多个，其信徒占全国总人口80%以上的国家有30多个。中国有约2000万信徒。在亚非地区，许多国家定伊斯兰教为国教。

3. 中国与亚非国家历史发展的共同点

在人类历史发展的进程中，亚非国家和地区的人民为社会发展作出过巨大的贡献，有着辉煌的过去。然而，进入16世纪以后，在西方殖民主义侵略等作用下，发展停滞，近代大多沦为殖民地、半殖民地。只有亚洲的日本，通过"明治维新"改革，较早走上了近代化的道路。20世纪以来，亚非国家政治上取得独立，经济上也得到发展，正走在恢复昔日的辉煌、为人类社会作出新贡献的大道上。

二 中国亚非关系史研究情况

我国对中国亚非关系史开展研究已有很长时间，学人们作过很多努力，取得了相当的研究成果。以下，从涉及的学科领域、20世纪以来中国人的研究成果以及存在的问题与努力方向三个方面介绍有关情况。

1. 涉及的学科领域

语言学

语言是手段，是人类最重要的交际工具，古往今来都是如此。如研究现实的中国亚非关系，必须熟练地掌握有关国家、地区的语言、文字、文化。若从"史"的角度来研究中国亚非关系，语言学的功能就显得特别重要。因为作为文明发源地的古老亚非地区，在其历史发展过程中，有些语言文字在特定的历史条件下，在重大的历史事件中起过关键性的作用，但如今都退出了历史舞台，成为"死语言"或"死文字"。如西亚的"古叙利亚语""古波斯语"，南亚的梵文、犍陀罗语等，以及古代流行于西亚、中亚和我国新疆一带的突厥语、栗特语、和阗语和吐火罗语。自20世纪初以来，中国与亚洲的一些地区陆续发现或出土了这些所谓"死语言文字"的大量文献。破解这些"死语言文字"是当务之急，通过考证、解读这些语言文字，可以更清楚地还原当时的历史真实。比如，佛教最早传入，经中亚到中国的新疆地区，而后又进入内地，佛经的翻译是其中的一个主要内容。但从出土的各种文书的研究得知，佛经的翻译有些是从梵文直接译出的，也有一些是先翻译为当时当地流行的和阗、吐火罗语等，而后再转译为汉文。

以下简介栗特、和阗、吐火罗等语言。

栗特语，又称"窣利语"。它是古代居住在中国的西北部以及中央亚细亚一带栗特人的语言，属于印欧语系伊朗语族东支。栗特文是用3种字体书写的：一是栗特字体，后来又形成佛经体；二是摩尼字体；三是叙利亚字体。在我国的新疆、甘肃和中亚的塔吉克斯坦共和国曾发现了大量4~10世纪的栗特语文献。

和阗语，又称"和阗—塞语"。这是古代居住在我们新疆和阗（和田）、巴楚一带居民的语言，属于印欧语系伊朗语族东支。其文字是使用婆罗米字直体。在我国新疆和甘肃的敦煌发现了5~10世纪时的这种语言文献。

吐火罗语，古代流行在我国新疆吐鲁番、焉耆和库车一带的一种语言。它又分为焉耆和龟兹（库车）两种方言，差别甚大，前者称"甲种吐火罗语"，后者称"乙种吐火罗语"。属于印欧语系支派。在我国的新疆吐鲁番、焉耆、库车等地发现了许多属于7~8世纪的这种语言文献。

上述3种语言文字对研究佛教的传入，古代中国与中亚、南亚的经济、文化交流是难能可贵的素材，研究者必须掌握。

民族学

中国自古以来就是一个统一的多民族国家。世世代代的各族人民勤劳、勇敢，生息、繁衍在中国大地上，为建设中华民族的美好家园而奋斗，共同推进了社会的前进和发展，这当是民族学研究的主流。然而，作为中外关系史的研究，特别是中国与亚非关系史的研究，从民族学的角度来看，还有一个独特的视野，即跨境民族的问题。因为中国与周边接壤的国家，千百年来形成了一些古已有之的跨境民族，如我国东北地区的朝鲜族，西北地区的哈萨克族、乌孜别克族、俄罗斯族等，以及亚洲东南亚各民族中的越人、老挝人（寮人）、泰人等。应该研究和总结这些跨境民族在睦邻，维护双边的和平与安全，促进两国的经济、文化交流，缔造地区和国家之间的友好关系中所作出的贡献。这是民族学研究中的新课题。

宗教学

上面已交代亚洲是三大宗教佛教、基督教、伊斯兰教的发源地。后面还要对佛教传入中国、伊斯兰教传入中国作较详细的专章讲述。这里要指出的是，研究中国亚非关系史，不能不提到传入中国的祆教和摩尼教。

祆教，又称琐罗亚斯德教、火教、火祆教、拜火教或波斯教。祆，是拜火教所信之神在古代中国的名称。祆教是古代流行于伊朗和中亚一带的宗教，相传为古波斯人琐罗亚斯德所创立。其教义保存于《波斯古经》中，认为世界有两种对立的本原在斗争：一种本原是善，化身为光明神胡腊玛达；另一种本原是恶，化身为黑暗神安赫腊曼钮。而火是善和光明的代表，故以礼拜圣火为主要仪式。公元前6世纪末，曾被大流士一世定为波斯帝国的国教。中国南北朝时，祆教传入，唐代于7世纪上叶曾在长安建寺庙。

摩尼教，是波斯人摩尼在公元3世纪时创立的宗教。其教义是吸收了祆教、基督教、佛教和诺斯替教派（该教派意译为灵智派，是一种神秘主义的教派。公元1~3世纪流行于地中海东部沿岸各地）的一些思想资料而形成。宣传善、恶二元论，以光明和黑暗为善恶的本原，光明王国与黑暗王国对立。善人死后可获幸福，而恶人则要堕地狱。摩尼死后，其教义迅速传至北非、南欧与亚洲的一些国家。公元7世纪末传入中国，也称为明教、末尼教、明尊教。公元9世纪初在洛阳、太原敕建摩尼寺庙。后来被严禁，但仍秘密流传，其组织形式曾被一些造反的农民借用。五代后梁母乙领导的农民起义，北宋末年方腊领导的农民起义，都是利用摩尼教来组织群众的。摩尼教的残经卷曾经在敦煌发现，并已刊于《敦煌石室遗书》中。

社会学

社会学下属的一个当今研究蒸蒸日上的学科是华人和华侨问题。关于这个题目，后面有专章讲授。应该强调的是，中外关系史的研究，特别是近代的中国与外国关系，华人和华侨是一个主要的或者说重要的、不可忽略的研究对象。展望21世纪，随着世界经济的一体化，随着中国的改革开放，相信走出国门的华人、华侨们，还会为中国和亚非关系的历史写出绚丽的篇章。

此外，还要提及的是历史学学科下的考古学，也是值得关注的。如在东南亚地区出土了许多中国瓷器，又如在南亚的斯里兰卡出土了大量的中国古钱。而在中国出土的亚非国家的古物，更是举不胜举，就以波斯金币、银币为例，已有专门的著录出版。相信随着时间的推移，在中国和广大的亚非地区还会陆续不断地发现或出土相关遗物。这些遗物是中国亚非关系的历史见证，应引起关注和重视。

其他还有一些派生学科，如蒙古学、藏学、敦煌吐鲁番学，包括近年兴起的亚洲太平洋学，其中不乏中国亚非关系史的重要史料，也应留意。

2. 二十世纪以来中国人的研究成果

下面分源于二十世纪二三十年代的交通史研究、五六十年代和改革开放以来三个时期介绍。

二十世纪二三十年代的交通史研究

二十世纪二三十年代，中国的知识分子受过了"五四运动"和

"新文化运动"的洗礼，开阔了学术视野。学人们从传统的史学研究中另辟蹊径，拓宽领域，首先在中外交通史方面，作出了成绩。有以下著述及少量译著：

《中国与暹罗》，稽鹫青，商务印书馆，1924。

《蒲寿庚考》，〔日〕桑原骘藏著，陈裕菁译，中华书局，1929。

《汉唐间西域及海南诸国古地理书叙录》，向达，《北京图书馆文刊》第四卷第6号，1930。

《中西交通史料汇编》（六册），张星烺，商务印书馆，1930。

《唐代长安与西域文明》，向达，《燕京学报（专号）》，1933。

《西域南海史地考证译丛》（1至4编），冯承钧译，商务印书馆，1934。

《中华民族拓殖南洋史》，刘继宣、束世澂，国立编译馆，1934。

《中外交通史》，向达，中华书局，1934。

《中国南海古代交通丛考》，〔日〕藤田丰八著，何健民译，商务印书馆，1936。

《法显传考证》，〔日〕足立喜六著，何健民等译，商务印书馆，1937。

《中国南洋交通史》，冯承钧，商务印书馆，1937。

《中国殖民史》，李长傅，商务印书馆，1937。

《中印缅交通史》，夏光南，中华书局，1938。

《暹罗与中国》，陈序经，商务印书馆，1941。

《中印历代关系史略》，许崇灏，独山出版社，1942。

《郑和航海图考》，范文涛，商务印书馆，1943。

《中缅关系史纲要》，王婆楞，正中书局，1945。

《东西洋考中之针路》，张礼千，1945。

《东洋针路》，张礼千，1946。

《南洋与中国》，陈序经，岭南大学，1948。

从上列著述中可以得知，当时学人已经认识到，从浩瀚的汉文载录中梳理和总结出古来已有的中国与周边世界的交往，不仅有其重要的学术价值，还有在彼时国际环境中的现实作用。毋庸置疑，这些著述是中国亚非关系史的起步研究。它们扎实的汉学功底、运用史料的确凿无讹，使这些著述在今日仍有其生命力，是从事亚非研究不可替代的参考书。

五六十年代

二十世纪中期，中华人民共和国的建立与当时风起云涌的殖民地民族解放独立运动，激励了中外学人对亚非历史的研究。从而有一批著述和译作相继问世。如下：

《中国与亚洲各国和平友好的历史》，周一良，上海人民出版社，1955。

《交广印度两道考》，〔法〕伯希和著，冯承钧译，中华书局，1955。

《西域南海史地考证译丛》（5至9编），冯承钧译，中华书局，1956~1962。

《古代西域交通与法显印度巡礼》，贺昌群，湖北人民出版社，1956。

《中国和亚非各国友好关系史论丛》，史学双周刊社编，三联书店，1957。

《唐代长安与西域文明》，向达，三联书店，1957。

《17至19世纪中叶中国帆船在东南亚》，田汝康，上海人民出版社，1957。

《中印文化关系史论丛》，季羡林，三联书店，1957。

《西域南海史地考证论著汇集》，冯承钧，中华书局，1957。

《古代南洋史地丛考》，姚楠、许钰，商务印书馆，1958。

《汉代与西域交通史》，安作璋，山东人民出版社，1959。

《中国伊朗编》，〔美〕劳费尔著，林筠英译，商务印书馆，1964。

《中非交通史初探》，张铁生，三联书店，1965。

还有，此间香港、台湾及海外华人、华侨的一批著述也应予以重视。如下：

《中韩文化论集》（一、二），董作宾等，台北中华文化出版事业委员会，1955。

《中日文化论集》（一、二），刘百闵等，台北中华文化出版事业委员会，1955。

《中越文化论集》，郭廷以，台北中华文化出版事业委员会，1956。

《中土文化论集》，周宏涛等，台北中华文化出版事业委员会，1957。

《中泰文化论集》，凌纯声等，台北中华文化出版事业委员会，1958。

《中日文化论集续编》，张其昀等，台北中华文化出版事业委员会，1958。

《郑和航路考》，周钰森，台北海运出版社，1959。

《蒲寿庚研究》，罗香林，香港中国学社，1959。

《中菲文化论丛》，吴景宏，新加坡青年书局，1960。

《中菲文化论集》，张其昀等，台北中华文化出版事业委员会，1960。

《中马中新文化论集》，程光裕等，台北中华文化出版事业委员会，1964。

《琉球及东南诸海岛与中国》，梁嘉彬，东海大学，1965。

《中菲关系史》，刘芝田，正中书局，1967。

《明实录中之东南亚史料》，赵令扬等编，香港学津出版，1968。

综观以上出版物，不但有综述中国与亚非各国关系史的著作，而且有中国与各个国家的关系史的专门著作。更难能可贵的是，出现了一些经典性的、学术水平较高的中国与亚非关系史的著述，如《唐代长安与西域文明》《17至19世纪中叶中国帆船在东南亚》《中印文化关系史论丛》等。

改革开放以来

中国自20世纪70年代末改革开放以来，学术思想空前活跃，学术论著如雨后春笋。历数30年来有关中国亚非关系史的著作，论述不下百种。在此，仅介绍其代表作品。如下：

《中西交通史料汇编》（六册），张星烺编注，朱杰勤校订，中华书局，1977。

《郑和下西洋资料汇编》（上、中、下），齐鲁书社，1980、1983、

1989（初版），海洋出版社，2005（增订合刊）。

《中国伊斯兰史存稿》，白寿彝，宁夏人民出版社，1982。

《中印文化关系史论文集》，季羡林，三联书店，1983（1957年版上增添文章）。

《中国境内犹太人的若干历史问题》，潘光旦，北京大学出版社，1983。

《中国与亚非国家关系史论丛》，北京大学历史系东语系编著，江西人民出版社，1984。

《泉州伊斯兰教石刻》，泉州海外交通史博物馆（陈达生主撰），宁夏人民出版社、福建人民出版社，1984。

《中外文化交流史》，周一良主编，河南人民出版社，1987。

《中国古瓷在非洲的发现》，马文宽、孟凡人，紫禁城出版社，1987。

《古代中国与亚非地区的海上交通》，汶江（张毅），四川省社会科学院出版社，1989。

《中国与非洲——中非关系二千年》，沈福伟，中华书局，1990。

《中非关系史》，艾周昌、沐涛，华东师范大学出版社，1996。

《回回药方考释》，宋岘，中华书局，2000。

《古代波斯医学与中国》，宋岘，经济日报出版社，2001。

《印度梵文医典〈医理精华〉研究》，陈明，中华书局，2002。

《中印佛教石窟寺比较研究：以庙窟为中心》，李崇峰，北京大学出版社，2003。

《伊朗学在中国论文集》，叶奕良编，北京大学出版社，2003。

《西望梵天——汉译佛经中的天文学源流》，钮卫星，上海交通大学出版社，2004。

《东亚汉文化圈与中国关系》，石源华、胡礼忠主编，中国社会科学出版社，2005。

《伊斯兰世界文物在中国的发现与研究》，阿卜杜拉·马文宽，宗教文化出版社，2006。

《中外文化交流史》，何芳川主编，国际文化出版公司，2008。

除了以上介绍的著述外，值得提出来的是一些中外关系史名著的翻译出版，其中一些涉及中国与亚非的关系。如下：

《日中文化交流史》，〔日〕木宫泰彦著，胡锡年译，商务印书馆，1980。

《沙哈鲁遣使中国记》，〔波斯〕火者、盖耶建丁著，何高济译，中华书局，1981。

《东印度航海记》，〔荷〕威·伊·邦特库著，姚楠译，中华书局，1982。

《中国印度见闻录》（本书是根据曾派居中国的阿拉伯商人的亲身见闻记录而写成的。写于公元9世纪中叶到10世纪初，是阿拉伯作家关于中国的最早著作之一。作者尚无定论。本书据法译本、日译本翻译），穆根来等译，中华书局，1983。

《中国人对非洲的发现》，〔荷〕载闻达，商务印书馆，1983。

《伊本·白图泰游记》，马金鹏译，宁夏人民出版社，1985。

《阿拉伯波斯突厥人东方献译注》，〔法〕费瑯编，耿昇、穆根来译，中华书局，1989。

《道里邦国志》，〔阿拉伯〕伊本·胡尔达兹比赫著，宋岘译注，中华书局，1991。

《中国的犹太人》，〔法〕荣振华、李渡南著，耿昇译，大象出版社，2005。

除上述翻译名著的出版外，还应提到冯承钧的《西域南海史地考证译丛》的再版。由于该书的学术影响力较大，商务印书馆将原已出版的该书一至九编，以及未刊印的冯承钧译作汇集成三卷，分别于1995年（第一、二卷）、1999年（第三卷）出版。

3. 存在问题与努力方向

近一个世纪以来，经过几代学人的辛勤耕耘劳作，已将包括中国亚非关系史在内的中外关系史这一门学问，建设成为历史学下属的一个分支学科。历数这门学科林林总总的研究成果，可以得知，对汉文史料的梳理、考古发掘品的整合以及详尽阐述千百年来历朝历代中国与境外各国的政治、经济、文化关系的著作，几乎应有尽有，可谓成绩斐然。到21世纪又出现了跨学科专题研究，如陈明的《印度梵文医典〈医理精华〉研究》、钮卫星的《西望梵天——汉译佛经中的天文学源流》两书，前者是医学，后者是天文学，都有了新突破。然而，这一学科在发展前进的同时，也应该看到问题与方向，大体有以下两点：

一是具体的研究收获很大，宏观理论探讨不足。对中国和一些亚非国家来讲，古代辉煌，中世纪停滞，近代落后挨打，甚至沦为殖民地。这一共同的历史命运值得探讨和总结。而为何同在亚洲的日本从近代即走上资本主义道路，没有沦为殖民地或半殖民地，其经验教训又在哪里？因为历史学的功能不仅是还原、阐述历史现象，更重要的是总结历史发展的规律，给当今现实以借鉴。

二是从事中外关系史包括中国亚非关系在内的学人，绝大多数受过系统的历史学的学科训练。而对外国的语言，特别是一些国家的古代语言掌握欠缺，是先天不足，是个弱点。尽管对汉文的史料了如指掌，但对作为研究对象的某国的史料，研究信息的掌握、了解都不多，研究的深度会受影响。这一点，2008年国际文化出版公司出版的何芳川主编的《中外文化交流史》作了新的尝试。书中各篇作者，有多位受过外国语言的基本训练，他们在阅读了解对方原始史料的基础上参与写作。这里，为从事中国亚非关系史的学人提出新的要求，即能阅读所研究国度的原始史料，掌握多种语言。如果能做到这一点，相信中外关系史的研究，会百尺竿头更进一步。

第二讲
古代中国人的亚非知识

按照中国历史的分期，1840年的鸦片战争为中国历史上的近代开始。因此，在这一讲中谈到的古代中国人的亚非知识，是1840年以前中国人对亚洲和非洲的认识与了解。在长达两千多年的中国封建社会里，历朝历代的中国人积累了大量的有关亚洲、非洲的知识，不仅丰富多彩，而且较真实可靠，是世界上独一无二的。我国改革开放30多年来，在这方面已有许多学人做了深入细致的收集、整理工作，并已汇编成册、成书。有关书目在后面的参考文献中列出。

下面分古代中国人亚非知识的来源、中国历代积累有关亚非知识的价值以及中国人研究亚非的传统三个问题讲述。

一 古代中国人亚非知识的来源

这里分为源于实地考察的第一手材料和源于信息传递的二手材料汇集两方面来介绍。

1. 源于实地考察的第一手材料

这些材料来源于官员的撰述、民间的著录和僧侣的传记。

先谈官员的撰述，其中很大的一部分是使臣的见闻和著录。以下按朝代顺序介绍。

（汉）《史记·大宛列传》

公元前138年（建元三年），张骞奉汉武帝之命，出使大月氏（大月氏人原住祁连山，后迁至中亚阿姆河流域，公元1世纪时贵霜王朝的建立者）。他越过葱岭（对帕米尔高原和昆仑山、喀喇昆仑山脉西部诸山的总称），亲历大宛（今中亚的费尔干纳盆地）、康居（约在今中亚的巴尔喀什湖和咸海之间）、大月氏、大夏（在兴都库什山与阿姆河上游之间，今阿富汗北）等地。公元前126年（元朔三年）回到汉朝。张骞在外13年，其间被匈奴扣留前后达11年。这是第一次通西域。第二次出使西域是公元前119年（元狩四年），这一年张骞奉命出使乌孙（今新疆伊犁河流域一带）。他派副使出使大宛、康居、大夏、安息（今伊朗高原及两河流域）、身毒（古代印度）等地。他及其副使带回所到之地的使者，从而使汉朝与这些地区有了正式的外交往来。更重要的是，使汉朝朝廷认识到与当时的中亚、西亚打交道，不仅要着眼在军事上，还要从经济、贸易的收益上去考虑。因为张骞在大夏看到了蜀布、邛杖，所以他建议汉武帝开辟西南夷道，开展与身毒、大夏的贸易关系。

司马迁《史记》中的《大宛列传》，正是根据张骞这两次出访得到的第一手材料而作。《大宛列传》不仅开了中国人研究外国之先风，它还是世界上最早的关于中亚学的第一篇科学著作。

（三国·吴）康泰、朱应：《外国传》

吴主孙权派宣化从事朱应、中郎康泰于公元244~251年（赤乌七年至十四年）作为使者回访扶南。扶南是公元1世纪中叶建立于中南半岛上的一个国家（今为柬埔寨全境、老挝大部分、泰国南部和越南南方地区）。之前，扶南曾三次遣使访吴。此外，孙权还有一个目的，因为公元226年（黄武五年）大秦（当时亦称犁轩或海西国，是汉文史籍中对罗马的总称呼）商人秦论来交趾（汉代交趾郡约为当今越南清化省以北地区），转武昌晋见孙权。孙权向他探询了远西诸国的情况，从而大开眼界，更加关注对外交通贸易。朱应、康泰归国后，各自写下所见所闻。朱应作《扶南异物志》，康泰著《吴时外国传》（又《外国传》为总名，《扶南传》《扶南记》为其中之一种）。此两书已佚，只能从北魏地理学家郦道元的《水经注》中见到断简残篇。但它仍不失为研究中国古代南海交通、东南亚古史甚至南亚、西亚的珍贵资料。今人对这两书的辑录、研究，以 2006 年香港海外交通史学会编辑出版的《中国海外交通史籍系列之二·外国传》为佳。

（隋）常骏：《赤土国记》二卷

赤土今地的说法不一，一般认为在马来半岛中部。公元 607 或 608 年（大业三或四年），屯田主事常骏、虞部主事（掌管山泽）王君政应隋炀帝能通绝域之募，请出使赤土。公元 612 年（大业六年），在受到赤土国王的隆重接待后，与其王子那邪迦同返中国。常骏归来著《赤土国记》二卷，今已不存。但《隋书·南蛮列传》中的《赤土国传》乃采录了《赤土国记》之精华。它是研究古代南海交通和东南亚历史的宝贵资料。

（唐）王玄策：《中天竺国行记》十卷

唐初，使人王玄策受唐廷派遣三次出使天竺（今印度、巴基斯坦、孟加拉国）。第一次是公元 643 年（贞观十七年），李义表为正使，王玄策为副使，抵天竺后，于公元 645 年（贞观十九年）建铭于耆阇崛山，立碑于菩提寺。公元 646 年（贞观二十年）返唐。第二次是公元 647 年（贞观二十一年），王玄策为正使，蒋师仁为副使。尚未抵达天竺，中天竺国王尸罗逸多亡，其臣阿罗那顺篡位。那顺发兵，劫掠唐使团。王玄策人寡不敌众被擒，后逃至吐蕃，发精锐 1200 人，及泥婆罗国的七千余骑，由王、蒋二人亲率进兵中天竺国城，大战三日，城降，并擒阿罗那顺归京师长安。第三次是公元 657 年（显庆二年）唐廷遣王玄策送佛迦裟至天竺。还有第四次出访一说，这里不论。约在公元 661~663 年（龙朔一至三年）间，王玄策将几次出访天竺的所见所闻著成《中天竺国行记》十卷、图三卷。图早已失存，唯《中天竺国行记》可从唐代僧人道世编纂的《法苑珠林》一书中见其残篇。今人冯承钧作了辑录，有《王玄策事辑》一文，见于1957年中华书局出版的《西域南海史地考证论著汇辑》中。残篇仍具有较高的史料价值，如对摩揭陀国刑法的阐述，对天竺乐舞、绘画的描写，以及对泥婆罗国的水火池的具体记述，它可与敦煌壁画所见水火池相呼应、对比。

（宋）徐兢：《宣和奉使高丽图经》

1123年（宣和五年），徐兢受宋廷派遣，随路允迪出使高丽，归来撰写《宣和奉使高丽图经》一书，共四十卷，成书于1124年（宣和六年）。现今文存图失。书中记述了其国的官府、山川、地理、民俗、典章制度，并有关于造船业、航路交通、海洋地理的叙述。最可贵的是把从浙江宁波到朝鲜半岛的仁川所经海路、用指南针导航的情况完整记录下来。这是世界上最早的一份完整记录，表明宋代航海事业在当时世界的领先地位。

（元）周达观：《真腊风土记》

真腊即今天的柬埔寨。1295年（元贞元年），元成宗遣使团赴真腊，周达观奉命随团出使。1296年（元贞二年）抵达该国。他在真腊留居一年后，于1297年（元贞三年、大德元年）返归。后根据见闻写出《真腊风土记》，成书于1312年（至大四年）之前。全文约8500字。这是一部反映吴哥时代情况的著述。10～13世纪是柬埔寨历史上文明最灿烂的时代，称之为吴哥时代。吴哥城中的许多建筑和雕刻，是这个时代的文化精华，书中都有描写。此外，对当地人民的经济活动和日常生活，也叙述翔实。还有关于元朝与真腊的交通，以及人民间的通商往来等。这是研究柬埔寨历史的必读之书。1987年中华书局出版了中国学者夏鼐校注的《真腊风土记校注》。

（元）耶律楚材：《西游录》

耶律楚材是成吉思汗、窝阔台两代的大臣。他于1218年（蒙古太祖十三年）随成吉思汗西征，后在西域各地留居约6年，因以经历诸地的道里、山川、物产、民俗等，遂撰成此书。这是一本 13 世纪记述天山以北和楚河、锡尔河、阿姆河之间历史地理最早最重要的书。在日本宫内省藏有旧钞足本一册。1981 年中华书局出版了中国学者向达校注的《西游录》。

（元）周致中：《赢虫录》（后人改名《异域志》）

周致中在元朝官为知院（管军事、边防等事），曾"奉使外番者六，熟知四夷人物风俗"。他根据亲身见闻和采摭诸史并已失传之书撰写《赢虫录》，成书于明初，约在 1389 年（洪武二十二年）。书中记述了 210 个国家和民族地区的风土物产。所记范围，东起朝鲜、日本，西抵西亚、非洲，南至东南亚、南亚诸国。所记地域之广，在明代以前的地理外纪书中，还是少见的。然书中也有错误的地理概念，如把私诃条国（今斯里兰卡）说成"近女真"，位于印度洋之国怎么能在中国东北的松花江和黑龙江一带呢？虽如此，该书对研究蒙古史、中亚史仍有重要的参考价值。

（明）钱古训：《百夷传》

张洪：《南夷书》《使缅录》

明朝取代元朝后，缅甸境内存在着上缅甸的阿瓦王朝、下缅甸的白古王朝，以及中缅边境一带的各土司间相互争夺权力的几股势力。他们都争相与明朝建立关系，以争得对他们的支持。1394 年（洪武二十七年）明朝在阿瓦设缅中宣慰使司。1404 年（永乐二年）明廷把中缅边境一带土司封为"三宣六慰"。当阿瓦与土司发生纠纷时，明廷作了大量的调解工作。如 1395～1396 年（洪武二十八至二十九年），明廷派钱古训去排难，使罢兵和好。他归来后，写下《百夷传》，"述其山川、人物、风俗、道路"，以进朝廷。此为明朝使节所写最早的第一手资料。1406 年（永乐四年），阿瓦趁孟养同夏里发生矛盾之机，侵孟养地。明廷派张洪去阿瓦劝解，使归还所侵之地。张洪返归后，写出《南夷书》和《使缅录》，把当时缅甸的情况一一作了如实的介绍，有较高的史料价值。

（明）陈诚、李暹：《西域行程记》《西域番国志》（又名《使西域记》）

1414年（永乐十二年），明廷遣陈诚、李暹出使哈烈（1405年即永乐三年，帖木儿第四子沙哈鲁建立，地处今阿富汗西北赫拉特）。次年东归后，撰写了《西域行程记》和《西域番国志》。两书记述了道里、山川和途中情况，是研究明初中西交通史的重要参考资料。1991年中华书局出版了周连宽校注本。

（明）费信：《星槎胜览》
马欢：《瀛涯胜览》
巩珍：《西洋番国志》
《郑和航海图》

1405~1433年（永乐三年至宣德八年），明廷遣郑和率船队七访西洋（明初所谓西洋，同元代载籍所指范围大致相若，即自广州至加里曼丹岛西岸起，向西直达非洲东岸）。郑和率领的舟帆所及，包括广大的东南亚、南亚、西亚，东非海岸，遍及当时的30个国家与地区，并曾多次横越印度洋，远抵东非沿岸。随郑和下西洋的一些官员在归来后，将其耳闻目睹实地了解的第一手资料撰写成书。如第三次、第七次随行的费信于1443年（正统八年）成书《星槎胜览》。第四次、第六次、第七次随行的马欢于1457年（景泰八年）成书《瀛涯胜览》。第七次随行的巩珍于1434年（宣德九年）成书《西洋番国志》。这三本书不仅是研究郑和下西洋的重要史料，也是郑和船队所到亚非之地的实况写照，代表了15世纪上半叶的中国人对亚非有关地区的认识与了解。

《郑和航海图》（原名《自宝船厂开船后从龙江关出水直抵外国诸番图》）保存在明人茅元仪编辑的《武备志》240卷中。它制作于郑和第六次下西洋之后，成图约在1425~1430年（洪熙元年至宣德五年）之间。全图以南京为起点，最远至非洲东岸的慢八撒（今肯尼亚蒙巴萨）。图中标明了航线所经亚非各国的方位、航道远近、深度和航行方向的牵星高度，对何处有礁石或浅滩也一一注明。图中还列举了自太仓到忽鲁谟斯（今伊朗阿巴丹附近）的56线针路（以指南针标明方向的航线），以及返回的53线针路。说明当时具有高超的航海技术和较高的海洋科学水平。在全图约500个地名中，外国地名约300个。该图是研究郑和下西洋和中国亚非各国交通史的重要资料，在世界地图学、地理学史和航海史上占有重要地位，该图对太平洋、印度洋地区的地理知识也有集中的反映。

中华书局于1961年、1982年出版了向达校注的《西洋番国志》。并于1961年、1981年出版了向达整理的《郑和航海图》。

（清）张学礼：《使琉球纪》（1522年《使琉球录》、1579年《使琉球录》）

琉球是日本西南部群岛，在九州岛与中国台湾省之间。明朝与琉球有册封关系，1532年（嘉靖十一年）遣陈侃、高澄册封中山王尚清，"侃述其事为《琉球录》"。1558年（嘉靖三十七年）遣郭世霖、李际春册封中山王尚元。归来，郭世霖在陈侃旧本基础上，缀续编成《使琉球录》二卷。1579年（万历七年），肖崇叶、谢杰奉使封琉球国世子尚永为中山王，六月渡海，十月返国。事毕，肖、谢二人"记其行事仪节，及琉球的山川风俗"，并采录陈、郭两书，润笔而成《使琉球录》二卷。清朝于1662年（康熙元年）遣张学礼、王垓出使琉球。张学礼于归来后，将二人奉使的经过、行程中海道的艰险，以及琉球的风土人情一一记述，成书《使琉球纪》一卷。

（清）图理琛：《异域录》

1712年（康熙五十一年），图理琛奉命出使土尔扈特〔清卫拉特蒙古四部之一，原游牧于塔尔巴哈台附近雅尔地方。明末清初，西迁至额济勒河（今伏尔加河），1771年（乾隆三十六年）回归伊犁〕。他的行程经过了当时的俄罗斯境，1715年（康熙五十四年）回到北京。后将其所历各地的道里、山川、民俗、物产等一一记述，并冠以舆图，成书《异域录》一卷。书中内容多为前人舆记所未载者。

其次谈民间著录，仍按朝代顺序介绍。

（唐）达奚弘通：《海南诸蕃行记》

唐朝有个叫达奚弘通的人（又名达奚通），写过一本书，名为《海南诸蕃行记》，一卷，但此书已失传。从另一本古书《玉海》卷十六引用的《中兴书目》中了解到，书中言其"自赤土于虔那"经三十六国。经考证，从今天马来半岛西部的吉打南部，直到他在西南海最后的访问之地，是今天阿拉伯半岛南部的 Bandar Hisu Ghorah。故而，只知道他的起点和终点，至于其他三十四国的情况则不易考。

（唐）杜环：《经行记》

杜环的名字与怛罗斯（今哈萨克斯坦共和国江布尔城）战役有关，此战役发生在 751 年（天宝十年）。当时，唐朝与东来的大食势力在中亚有过一次战斗。唐军由于葛逻禄部的倒戈而败北，汉地的许多士兵成了大食军队的俘虏，杜环即是其中之一。他被俘后，随大食军队西行，遍历阿拉伯各地。他在阿拉伯土地上居留 11 年，还从西亚到过北非的摩洛哥。672 年（宝应元年），他搭波斯人的商舶，出红海，沿印度洋回到了广州。归国后，他把自己居留在阿拉伯游历的各地实情，以及归途中的见闻，写成《经行记》一书。遗憾的是，原书已不存，只有在《通典·边防典》中见到 1511 字的该书残卷。今人张一纯作了仔细的考证、辑录，有《经行记笺注》一书，中华书局 1963 年出版。此虽非书之全貌，但从残卷中可以了解到"大食国""大食法"，这是很简要正确的伊斯兰教教义的记录，当是伊斯兰教教义最早的汉文记录。

（元）李志常：《长春真人西游记》

李志常是蒙古成吉思汗时期的道士，字浩然，号真长子，道号称玄通大师。1220~1224 年（蒙古成吉思汗十五至十九年），曾随其师丘处机赴西域谒成吉思汗，往返约四年。行程从宣德（今河北宣化），取道漠北，途经撒马耳干（今乌兹别克斯坦撒马尔罕），于大雪山（今阿富汗兴都库什山）晋见了成吉思汗。志常归来后，将其所经山川道里，并沿途所见风土人情，记述并撰写出《长春真人西游记》二卷。原书已佚，经清人钱大昕从《道藏》中抄出。有王国维 1926 年的校注本。国外有俄、法、英译本。该书是研究中亚史地和中西交通的重要参考资料。

（元）汪大渊：《岛夷志略》

汪大渊是元朝民间杰出的航海家。他19岁即出海，1330年（至顺元年）由泉州出发，所到之处以印度洋为主，1334年（元统二年）返回。他于1337年（至元三年）再次出海，仍由泉州出发，但这次航海范围，仅在南洋一带。他首次出航归来闲居在南昌时，写下了出航纪实，称为"五年旧志"，因为第一次远航是往返五个年头。在第二次出航归来后，更以丰富的见闻充实了"五年旧志"。后来汇集了两次航行的实情，于1349年（至正九年）成书《岛夷志略》。

该书不分卷，列出100个条目，其中99条是汪大渊本人亲历之地，第100条为"异闻类聚"，是节录前人记述而成。书中文字为实地见闻，科学性较强，史料价值高。随郑和下西洋的马欢在出海前，曾阅读过《岛夷志略》，其《瀛涯胜览》的《自序》曾提到汪的文字"记录不诬"。汪大渊在书中不仅记录了所历之地的自然风貌，更重要的是旁及诸国的经济社会状况，有自己的独特风格。将14世纪从马六甲海峡以西到非洲东海岸，包括孟加拉湾、阿拉伯海整个印度洋区域兴旺的商品贸易描绘得栩栩如生。如朋加剌（今孟加拉）出产的布可以在麻那里（今肯尼亚马林迪）居民身上见到："穿五色短衫，以朋加剌布为独幅裙系之。"又如看到当时东非的黑人幼童被卖到朋加剌当奴隶的不文明行为。另外，对各地货币、税收情况均有较详尽的记录。这里不一一而述。

以下，略述当时中国人在印度洋贸易的有关情况。

在勾栏山（今加里曼丹西南一属岛）条目中，提到当元朝军队出兵爪哇时，汉地伤病员留下"与番人丛杂而居之"。又如元朝货币即中统钞可以在印度洋贸易中通行，其兑换率是"每个银钱重二钱八分，准中统钞一十两，易贝子计一万一千五百二十有余，折钱使用"。[①] 更值得提出的是南宋时期的中国商人在今天印度南部东南岸，即泰米尔纳德邦的坦焦尔东约48英里的讷加帕塔姆，在其西北约1英里处建造

---

① 见《岛夷志略》"乌爹"条。

一塔，塔砖上有"咸淳三年八月毕工"① 字样。咸淳三年即 1267 年。讷加帕塔姆是中世纪印度半岛上极其繁荣的国际贸易大港，又是南印度的一个佛教中心。在此建立一个中国塔，充分说明了到印度半岛做生意的中国商人之多。这座中国塔在 1846 年（道光二十六年）还残存三层，高 30 米，有砖檐相隔，内部空荡无存，直通顶部。遗憾的是，当地在英印政府的同意下，将土塔拆毁。② 此外，在龙牙门（今新加坡）条中见到一些中国人侨居，而吉利门（今印尼苏门答腊岛东岸外的卡里摩群岛）这个地方还是海盗集中地，每当返舶时，必需"利器械以防之"。

《岛夷志略》是中外交通史籍中一本不可多得的书。中华书局于 1981 年出版了苏继廎的《岛夷志略校释》。

（清）朱舜水（又名之瑜）：《安南供役记事》

朱舜水是明朝学者，他不忍清朝初年的民族压迫，于 1645 年（顺治二年）、1651 年（顺治八年）两度去安南侨居。该书记下了 1657 年（顺治十四年）安南国王与他会谈的情况。

（清）清高口述、杨炳南笔录③：《海录》

《海录》成书于 1820 年（嘉庆二十五年）。谢清高于 1782 年（乾隆四十七年）至 1795 年（乾隆六十年）随外国商船游历了印度洋和欧洲各国，还去过南非，绕过好望角。归来后，口述其在海外的见闻，由杨炳南笔录成册。

该书是鸦片战争前，中国人对域外情况实地见闻的一本书。全书未分卷，书中所述除我国所属南海诸岛外，大体分三个区域：今越南至印度西北沿海；今柔佛（马来西亚柔佛地区）至毛里求斯；欧、美、非三洲。书中除记述各地风土人情外，有三方面情况应重视：一是亚非的许多地方沦为殖民地的描写，如印度的彻第缸（今吉大港）沦为英国

---

① 见《岛夷志略》"土塔"条。
② 《纳格伯蒂纳姆和泉州已消失的庙宇》，丁毓玲译，《海交史研究》1995 年第 2 期。
③ 参见安京《关于〈海录〉及其作者的新发现与新认识》，《海交史研究》2002 年第 1 期。

殖民地。二是鸦片在印度的种植情况。三是鸦片输入中国是当时中印的唯一联系。然书中所记难免有不够确切之处，但毕竟是亲历见闻，史料价值高。商务印馆于1936年出版了冯承钧的此书校注本。

再则是僧侣传记。

所谓僧侣传记，也就是求法僧人旅行记实。佛教是公元1世纪由西部的新疆传入内地的。随着佛教的传播，大量中国僧人西去求法，从东汉到元朝络绎不绝。由于僧人对佛教的虔诚，其主观目的是亲自拜访佛教圣地，并记录下了实地考察的有关情况，而客观上却为我们留下了大量而又宝贵的历史资料。以下将列举出影响较大、有代表性的著述。

（东晋）法显：《佛国记》（又名《法显传》）

公元399~412年（隆安三年至义熙八年），东晋僧人法显巡礼五天竺。为了寻求佛教戒律，法显与同伴数人从长安出发，穿戈壁，越葱岭，历尽辛苦。伙伴途中有死亡者，其余大多折回，唯法显只身一人游历了北、西、中、东天竺。后法海南下师子国（今斯里兰卡）、耶婆提国（今印度尼西亚苏门答腊岛），经南海与东海，在山东牢（崂）山登陆。次年到建康（今江苏南京）参加译经活动。后将其旅途见闻写成《佛国记》，成书约在公元414年（义熙十年）。

该书是研究印度、亚洲佛教史的重要参考书。其中特别有价值的是记载了印度笈多王朝时期的许多宝贵资料，如中天竺的土地制度、有关种姓、法律等在书中有具体阐述。1985年上海古籍出版社出版了章巽校注的《法显传校注》本。自19世纪以来，该书有英、日等译本，其中以1936年出版的日本学者足立喜六的《法显传考证》最为翔实。

（北魏）宋云　慧生：《使西域记》

原书已佚。今从《洛阳伽蓝记》卷五中辑录出。北魏皇太后派遣敦煌人宋云和崇立寺比丘慧生，去西域取经。宋云、慧生于公元518年（神龟元年）11月自洛阳出发，到公元522年（正光三年）返回，计3年4个月的行程。他俩先逾葱岭，入阿富汗北境，到印度河上游，再入喀布尔河下游的区域（包括了今天巴基斯坦的白沙瓦和拉瓦尔品第等地区），带着170部大乘经典返洛阳。书中除对各地佛迹情况描绘甚多外，尤为重要的是关于哒的记述〔哒是古西域的国名，5世纪时分布在阿姆河之南，公元484年击败波斯，国号哒，建都于拔底延城（今阿富汗北部伐济腊巴德），之后征服了康居、安息、疏勒、于阗等国，最终为突厥所灭〕。此外，他俩还带回"铜募雀离浮图仪一躯及释迦四变塔"。这是乾陀罗艺术的模型，有了乾陀罗艺术的具体写照，实难能可贵。

（唐）玄奘：《大唐西域记》

唐代僧人玄奘决心赴天竺求佛法，于公元627年（贞观元年）从凉州出玉门关西行赴天竺，在那烂陀寺师从戒贤受学。后又游天竺各地，巡礼佛诞生地兰毗尼，留学那烂陀寺，访问了阿旃陀石窟，参加了以他为论主的曲女城盛会、钵罗耶伽的无遮大会，名震五天竺。公元645年（贞观十九年）回到长安。不久，唐太宗在洛阳接见了玄奘，并令将其旅途所经各地情况汇集成册。于是，玄奘口述、由协助其译经的辩机笔录的12卷《大唐西域记》，在公元646年（贞观二十年）成书。

书中记载了玄奘亲身经历和据传闻而知的138个国家和地区、城邦，包括了今天的新疆维吾尔自治区、中亚地区、阿富汗、伊朗、巴基斯坦、印度、尼泊尔、孟加拉、斯里兰卡等地的情况。对有关地理形势、山川交通、气候、物产、民俗、语言、历史、政治、经济生活、宗教、文化等方面，作了栩栩如生的叙述，尤其是对各地宗教寺院的状况和佛教故事传说有详细的记载。该书是一部蜚声中外的世界名著，已有英、德、法、泰等国文字的多种译本。1900年，敦煌发现了《大唐西域记》的唐写本卷一、卷二残卷。1985年，中华书局出版了季羡林等学者的《大唐西域记校注》本。

（唐）义净：《大唐西域求法高僧传》《南海寄归内法传》

唐代僧人义净于公元671年（咸亨二年）至695年（证圣元年、天册万岁元年）自海道赴天竺访问，求经律。归途在室利佛逝国（今印尼苏门答腊岛）停留，将在天竺和南海等地考察的有关情况，撰写成以上两书，于公元 692 年（长寿元年）遣僧人大津将此两书并新译经论 10 卷送回长安。

《大唐西域求法高僧传》两卷，成书于公元 691 年（天授二年）。书中记叙了从 641 年（贞观十五年）以后至 691 年 40 余年间共 61 位僧人，包括义净本人，还有新罗、高丽、交州、覩货逻利、康国等地的僧人赴天竺求法的情况，其中 41 位是从海路赴天竺的。它反映了 7 世纪时南海、印度半岛的水文、地理交通情况。而特别要提出的是蜀川牂牁道以及吐蕃、泥婆罗道赴天竺的情况。还有，在《道琳传》中提到裸国，经考证，是今天的安达曼群岛。中华书局于 1988 年出版了王邦维校注的《大唐西域求法高僧传校注》本。

《南海寄归内法传》四卷，成书于公元 691 年。全书 40 篇，记述了天竺、南海等地僧徒的日常行仪法式。在卷二《衣食所需》中"僧家作田办法"和对那烂陀寺的封邑情况的记述，是研究古代印度社会经济史很有价值的材料。卷三中对"医方明""观水观时"仪器等的描写，是研究古代印度科技不可多得的材料。中华书局于 1995 年出版了王邦维校注的《南海寄归内法传校注》本。

（唐）慧超：《往五天竺国传》

慧超是唐代的新罗僧人，幼年来中国，不久航海至天竺，后取陆道返回。727 年（开元十五年）成书《往五天竺国传》三卷。原书已佚。1900 年在敦煌文书中发现了残本，仅有原书卷二的一部分和卷三。残本记叙了从拘尸那国（今地一说在印度北部戈拉克普尔之东卡西亚地方，一说在尼泊尔加德满都东）至于阗的行程。其中尤为重要的是，记述了当时突厥在北天竺和西域所建诸国的简况，给研究 8 世纪上半叶印度半岛及西域的政治形势和社会情况提供了宝贵资料。中华书局于 1994 年出版了张毅笺释的《慧超往五天竺国传笺释》。

（唐）悟空具述、园照记录：《悟空行记》

悟空俗名车奉朝。751 年（天宝十年），唐遣使团赴罽宾，奉朝随行。753 年（天宝十二年）使团抵罽宾东部犍陀罗（今喀布尔河下游一带),奉朝因疾病不能与使团同返,遂独留发愿出家。僧名悟空。789年(贞元五年)返京师后,口述笔录其经历,编成《悟空行记》,被保存在《大唐贞元新译十地等经记》中。

(宋)继业:《继业行纪》

该书保存在宋人范成大的《吴船录》中。成大谢官返里,从成都至临安。过峨眉山牛心寺时,偶见《涅盘经》一函42卷,而每卷后记有西域行程,为继业所录。成大遂将其收集于自著《吴船录》中。继业是宋初朝廷派遣入天竺求舍利及贝叶书的300僧人之一。964年(乾德二年)出行,976年(开宝九年、太平天国元年)返回。《继业行纪》反映了10世纪中期中国通印度陆路交通情况,以及西域政治形势的变化、吐蕃的占领等,是很有价值的史料。还应提上一笔的是,敦煌文书写本见有《西天路竟》19行,首尾完整。有学者考证,其作者也是宋初派遣入天竺的僧人之一。它可与《继业行纪》相互印证。[①]

2. 源于信息传递二手材料的汇集

下面仍按照中国历史的朝代顺序来介绍。

(隋)裴矩:《西域图记》

裴矩是隋及唐初的政治家。当时,西域诸国的商人在张掖和中国交易,隋炀帝令裴矩驻张掖,掌管与西域商人的通商事务。于是裴矩就诸商胡问及西域诸国的山川风俗、君长姓族、国王及庶人状貌服饰,编纂《西域图记》三卷,并别造地图。全书记载了44国的情况。原书已佚,今天只能从《隋书·裴矩列传》中见到书《序》。《序》中记述了从敦煌至西海(今地中海)的三条主要路线:从伊吾起为北路,从高昌起为中路,从鄯善起为南路。是中西交通的重要史料,甚为珍贵。

(唐)贾耽:《海内华夷图》《皇华四达记》十卷

贾耽不仅是唐代的地理学家,还是德宗时期(780~804年)的宰

---

① 黄盛璋:《敦煌写本〈西天路竟〉历史地理研究》,《历史地理论集》,人民出版社,1982;《〈西天路竟〉笺证》,《敦煌学辑刊》1984年第2期。

相。他主持与各族各国的往来及朝贡事宜，熟悉边疆、海外的地理风土，又勤于收集各种资料，撰写了《海内华夷图》《皇华四达记》等重要地理著作。可惜原书已佚。幸赖《新唐书·地理志》撮录其要，记载了陆上、海上的七条交通路线。其中陆上四条：营州入安车道、夏州塞外通大同云中道、中受降城入回鹘道、安西通西域道；水陆并行一条，即安南通天竺道；海上两条：登州海行入高丽渤海道、广州通海夷道。特别是广州通海夷道，它是经中国南海入印度洋、波斯湾以至北非、东非的海上路线。这为研究唐代的中外交通提供了难能可贵的确凿材料。

（宋）周去非：《岭外代答》

整个宋代统治的300多年间（北宋建立于960年，南宋灭亡于1279年），由于辽与西夏的阻遏，河西走廊已完全隔绝，故西域的这条国际交通线，无甚可观。因此，这一时期中国与外部世界之交往主要依赖海路。尤其是南宋偏安时期，其远洋航运事业有了长足之发展。宋代海外交通贸易首次使用导航仪器——指南罗盘。时任南宋桂林通判的周去非在谢官东归故里温州后，将其在任期间的随笔见闻编辑成书。于1178年（淳熙五年）写的书《序》中有"盖因有问岭外事者，倦于应酬，书此示之，故曰代答"。由此可知该书及其名称之来历。

全书10卷，分地理、边帅、外国、风土、法制、财计等共20门。今有标题者19门，一门存其子目而佚其总纲。它不仅记载了岭南地区的社会经济、民情风俗等情况，更重要的是在外国门、香门、宝货门中，提及南洋诸国，并涉及大秦、大食、木兰皮（今非洲西北部和欧洲西班牙南部地区，约1056年建国，1147年灭亡）等国的有关情况。特别值得提到的是，在卷三"航海外夷"中的一段记载："大食国之来也，以水舟运而南行至故临国，易大舟而东行至三佛齐国，乃复如三佛齐之入中国。"三佛齐之今地泛指印尼苏门答腊岛巨港至占卑一带。由此说明故临（今印度西南岸奎隆）的海上交通地位。既是交通要道，伴之而来的是商业繁荣。当时大食人居此地甚多且富有，洗澡后以郁金涂身。这也从另一侧面反映了11世纪前后阿拉伯人控制南海贸易的情况。

原书已佚，今本从《永东大典》中辑出。中华书局于1999年出版了杨武泉校注的《岭外代答校注》本。

（宋）赵汝适：《诸蕃志》

赵汝适是宋太宗赵匡义的八世孙[①]，他于1224年（嘉定十七年）任职福建提举，1225年（宝应元年）兼权泉州市舶。以职掌蕃货、海舶、贸易等，并与商胡有往来之便，广泛搜罗素材。"阅诸蕃图""询诸胡贾"，于在任期间，会聚成《诸蕃志》，于1225年成书。原书久已佚亡，今本从《永乐大典》中辑出。

全书分上下两卷。上卷所记约有58个国家和地区的风土人情，下卷记海外诸国的物产资源。地域较广，东自今日本、菲律宾，南止印度尼西亚各群岛，西达非洲及意大利之西西里岛，北至中亚及小亚细亚。还记有自中国沿海至海外各国的里程及所需之日月，内容丰富而具体。该书不仅是研究宋代中外关系、海上交通的重要依据，也为研究12~13世纪的南海、印度洋、阿拉伯洋沿岸的国家情况，提供了宝贵的史料。因此，很早就引起西方学者的注意，1912年即有英译本，然不乏讹误。1937年冯承钧先生对此书作了深入考证，于1937年出版了《诸蕃志》校注本。中华书局于1996年出版了杨博文的《诸蕃志校释》。

（元）朱思本：《舆图》[②]

朱思本是元代地理学家。他在1311~1320年（至大四年至延祐七年）的10年间，著《舆图》两卷。原书已佚，难以证实在巨幅图上有非洲。但与朱思本同时代的地理学家李泽民在14世纪30年代绘制《声教广被图》、释清濬在14世纪70年代编制了《混一疆理图》，两幅图上都绘出了非洲和欧洲。这两幅图在1399年（建文元年）由高丽使团

[①] 徐三见：《浙江临海市发现宋代赵汝适墓志》，《考古》1987年第10期。
[②] 《舆图》的介绍引自沈福伟《中国与非洲——中非关系三千年》第九章·五《元代舆图中的非洲》，中华书局，1990。

的金土衡带到朝鲜,在1402年由李荟和权近合编成《混一疆理历代国都之图》。这幅经过朝鲜专家改绘的元朝世界地图,原图也久已散佚,现有1500年左右保存在日本京都的复印本流传。

从这幅朝鲜人改绘的世界地图中可以得知,元朝的地图学家在收集欧洲和非洲的地理资料方面已取得惊人的成就。图中标出欧洲的100个地名,非洲有35个地名。埃及的亚历山大城被画上了一个灯塔。特别要指出的是,非洲已被正确地绘成一个倒三角,尖端向着南方。同时代的阿拉伯和非洲地图,非洲南部总被绘成向东方伸展的形状。从而可以说,14世纪的中国地图正确无误地将非洲画成一个三角形的大陆。

(明)李言恭、都杰:《日本考》

这是为明代反倭寇将领了解日本国情而编写的一部书,全书五卷。书中对日本的山川地理、风土人情、历史概貌以及字书译语记叙翔实、全面。

(明)严从简:《殊域周咨录》

该书是严从简出任行人司(掌传旨、册封等事)期间,辑录档案资料和同代人的文献而成,约于1572年(万历二年)成书。全书共24卷,其内容迄今仍不失学术价值和实用价值。它全面记载了我国东西南北边疆的历史情况,特别侧重明代万历年间(1573~1620年)以前的对外关系;从边防出发,叙述了中外关系中的军事方面,保存了难得的军事史料,北方边防的鞑靼就占有7卷,还有抗倭、防倭和"海寇"的有关资料。此外,详细记叙了出使外国的使节的外交活动,以及航海资料。全书内容不但信而有据,有些材料在别的书中也难以见到。中华书局于1993年出版了余思黎点校的《殊域周咨录》本。

(明)慎懋赏:《四夷广记》

明代有关"四夷"的著录甚多。《四夷广记》是慎懋赏从当时各书中辑录而成。如今,只能从郑振铎所辑的《玄览堂丛书续集》中见到。本书的最大特点是收录了当时明人携用的外文字典,如日本寄语(中日对照字典、地名)、琉球寄语、鞑靼译语、阿拉伯文注中音义、榜葛拉译语、安南国译语、真腊象语等。这些从另一个侧面说明明朝与海外交往、商人与海外贸易的频繁和兴旺。

（明）张燮：《东西洋考》

该书属于海外贸易"通商指南"性质的书。张燮原应海澄县令陶镕之请而写，中辍。后又应漳州督饷别驾王起宗之请续写完毕，并由漳州地方官主持于1617年（万历四十五年）刻印出版。

全书12卷。书中较详细记载了16世纪东南各国的历史，特别是西方殖民者掠夺和奴役东南亚人民的情况。同时，保存了明代后期漳州对外贸易和商品经济发展的资料。对航海技术和地理知识也有翔实的记录，如航程、航路、针路、水深水浅、气象、潮汐等。中华书局于1981年出版了谢方点校《东西洋考》本。

（清）陈伦炯：《海国闻见录》

陈伦炯年少时从其父熟闻海道形势，成人后又任沿海边防要职。他以己所闻见，著为此书，于1730年（雍正八年）出版。全书两卷。上卷有天下沿海形势录、东洋记、东南洋记、南洋记、小西洋记、大西洋记、昆仑记、南澳气记等8篇；下卷有地图6幅。该书代表了18世纪初中国人对世界的认识与了解。特别对亚洲的一些国家沦为殖民地的实况描写翔实，如小西洋的民呀国（即今之孟加拉国，包括印度西孟加拉邦）、西仑（今斯里兰卡）受英国殖民贸易的统辖，是研究殖民主义史的第一手资料。

二　中国历代积累有关亚非知识的价值

以上历朝历代所积累的亚非知识，不仅代表了当时中国人对亚非的认识与了解，更重要的是它是中国优秀传统文化的一部分，应该收入世界文化宝库中。面对如此丰富而翔实的汉文亚非资料，在改革开放的30年中，中国的学者辛勤耕耘，做了大量的工作，收集梳理、校核考证，并按其国别的资料汇编成册，成绩斐然。其书目篇章将在参考书目中列出，在此不论。这里，仅就知识价值的两个方面——当时的作用与今天的现实意义阐述如下。

1. 当时的作用

大体有以下几点：

（1）历朝历代史书所记载的域外知识，打开了当时中国人的眼界，使统治者和被统治者在获得外部世界新知识的同时，了解到许多有关境外的政治、经济情况。这些知识汇集起来，起到了今天出版的"各国概况"的作用。

（2）域外的新知识、新情况，帮助了当时的统治者制定国策。汉武帝是听了张骞的建议，派人经营西南夷，求通大夏之道。玄奘自天竺返唐不久，太宗就召见了他。唐太宗所关心的不是佛教，而是西域的政治情况。因为突厥的蠢蠢欲动和西北边境内外各族的向背，一直是唐廷的心腹之患。故而，太宗责令玄奘详细如实地写出在外的所见所闻，特别是西域的有关情况，以便作为制定边疆政策的参考。从而，《大唐西域记》一书，不仅记叙了玄奘的个人留学经历，还有很多篇章阐述了7世纪上叶中国新疆以及中亚、西亚、印度半岛等地区的政治、经济和社会生产的有关情况。今天看来，是弥足珍贵、不可多得的史料。

（3）传递信息，特别是经济信息，有助于当时海外交通贸易的开展，并促进了中外经济的交流。根据《汉书·地理志下》的记载，远在汉武帝（公元前140~前87年）时期，中国人就参与了印度洋的海上贸易。唐人的诗歌中有"货通师子国"①之句，可知，随着唐朝的强大，中国与印度洋中师子国（今斯里兰卡）的交易是非常兴旺的。宋元时期，随着科技的发展，印度洋上的贸易更加繁荣昌盛，中国人积极参与其中，这从《岛夷志略》的记载中可以领略到。在汪大渊的笔下还可以了解到每个国家（地区）出产的商品，以及中国出境与之交易的商品，当时印度洋上的商品贸易是一道亮丽的风景线。这也为明代郑

---

① 《全唐诗》卷344·韩愈·九《送郑尚书权赴南海》。

和下西洋的"朝贡"贸易奠定了基础。以致明朝晚年，漳州的地方官主持编写通商指南性质的《东西洋考》，当是顺理成章之事。说明从事海外贸易也与作战一样，一定要知己知彼。

2. 今天的现实意义

首先，千百年的汉籍，记载了千百年来有关域外或境外的知识。这是当今世界独树一帜的。是研究、编写千百年来中国与外国的政治、经济、文化关系的主要素材。

其次，弥补了外国历史的记载不足。国外的学者对中国汉籍中保存的有关域外知识有很高的评价，例如：

东南亚史的权威、英国著名历史学家霍尔曾经说："要获得关于东南亚原始历史的任何知识，中国史料是不可缺少的。但这些史料使研究者遇到了可怕的困难。"[1]

日本学者小川博曾著《有关东南亚的汉籍史料》一文[2]，其中提到："中国文化自古以来就非常重视历史记载，并把有关亚洲各民族国家的历史记载流传后世。"

印度历史学家马宗达说："（法显、玄奘、义净）把自己的经历写成了相当厚的书。这些书有幸都完整保存下来，并且译成了英文。三个人都在印度待了许多年，学习了印度语言，法显和玄奘广泛浏览，几乎游遍全印。在这些方面，他们比希腊旅行家有无怀疑的有利之处。"[3]

著名印度历史学家阿里也说过："如果没有法显、玄奘和马欢的著作，重建印度历史是完全不可能的。"[4]

再则，两千年来中国人积累起来的这些亚非知识，它特定的社会功能也是不容忽视的。比如19世纪初继法国殖民者侵入印度支那后，法

---

[1] 引自史耀南《中国对东南亚史的研究》，《世界历史》1983年第2期。
[2] 该文已由曲翰章翻译为汉文，载《国外社会科学》1988年第1期。
[3] 转引自季羡林《大唐西域记校注》，中华书局，1985，第137页。
[4] 转引自季羡林《大唐西域记校注》，中华书局，1985，第137页。

国的汉学家便开始注意周达观写的《真腊风土记》，先后有几个法文译本。① 因为在柬埔寨本国的文献中，还没有像周书中所反映的吴哥时代的著作。又比如，英国殖民者正是根据《大唐西域记》中的记述，寻找到印度著名的阿旃陀石窟的。更应该提出来的是我国的东南亚史专家韩振华辑录的《我国南海诸岛史料汇编》一书。无疑，对解决当今南海中有关岛屿主权的争论，当是最重要的历史见证了。

三 中国人研究亚非的传统

从林林总总的汉文籍中辑录出的亚非资料，即丰富又翔实，且科学性强、史料价值高。若据此而写一本著作，可以毫不夸张地称之为"中国人的亚非学"。由此，不难从中总结出中国人研究亚非的传统。

1. 研究的连贯性、系统性和与时俱进

统一的书面汉语和纸、印刷术的发明在继承和发扬中国传统文化中起了无与伦比的作用。打开历朝历代的史书，中国人对亚非地区并不陌生，对亚非各国的有关情况均有所记叙。史书上的记录可视为当时人对亚非现状的认识、了解甚至研究。综观两千多年的载录，所积累的亚非知识呈现出连贯性和系统性。对亚非地区的认识与了解，随着时代的前进、社会的发展，不断逐步地由浅入深、由表及里。如对南亚地区的记述，一部《廿四史》几乎每史都见。② 又如对印度这一地名，在不同史书中有不同的称呼：《史记》的身毒，《汉书》的天竺，以至《清史稿》中出现的丑途。③ 难怪在20世纪30年代即有学人作《印度释名》

---

① 1819年雷慕沙（A. R'emustat）根据《古今图书集成》本译成法文；1902年伯希和（P. Pelliot）根据《古今说海》本译成法译本；1951年戴密微（P. Démiville）和戈岱司（G. Coed'es）整理伯希和注释的译本。
② 耿引曾：《〈廿四史〉中的南亚史料简介》，《南亚研究》1981年第1期。
③ 见《清史稿》卷529。

一篇①，列出汉文载籍中对印度的称呼不下数十种。这充分说明自古以来中国人对印度的友好和向往。再以非洲为例，从《三国志》引《魏略·西戎传》中所提迟散城（根据专家考释，迟散城即埃及的亚历山大港），到郑和船队至非洲东海岸进行贸易，直到鸦片战争前夕成书的《海录》对非洲的叙述，可知，中国人对非洲的认知也是与时俱进、逐步深入的。

2. 知行合一、经世致用

中国人之所以留下如此丰富且价值极大的实地考察记录，这当与中华民族崇尚知行合一的实践精神分不开，也与中华民族的求实精神分不开。法显与玄奘固然有虔诚的佛教之心，然而，他们那种百折不回、坚忍不拔的意志体现出了中华民族的民族本性。法显徒步经过沙漠时，天上无飞鸟，只能追寻着脚下死者的白骨前行。玄奘赴印度是冒着生命危险的，因为违背了唐廷不许出国的禁令。由于他的机智灵活，终于躲过了政府的拘捕，小心地通过了边境关卡，达到留学印度的目的。正是这种追求真理、不怕牺牲、勇往直前去争取胜利的精神，铸造了一代又一代的中国人。他们中不仅有僧侣，也有使臣，还有航海家。无疑，实地考察和务实，当是中国人研究亚非的又一传统。

中国人研究亚非的传统，还体现在经世致用上。近代中国人在继承过去中国人研究亚非的优秀传统的基础上，还积极主动地去探讨外界世界的情况。当东方古老的印度沦为英国殖民地后，中国的朝野为之震动，密切关注印度事态。一些有识之士提出，要借鉴印度，吸取教训。胜人一筹的魏源在其编纂的《海国图志》书中，明确提出"制夷""师夷之长技以制夷"。印度亡国，中国有了切肤之痛。这时，不仅要同情印度人民的疾苦，支持其斗争，更重要的是要探讨印度沦亡的原因。从而促使中国人认识到"制夷"的迫切与必要，并进一步提出"师夷之长技以制夷"。这是近代中国人在亚非研究上典型的、具有代表性的

---

① 吴其昌：《印度释名》，《燕京学报》1928年第4期。

"经世致用"的思想观点。

参考文献

汪向荣、非得应元：《中日关系史资料汇编》，中华书局，1984。

北京图书馆：《国家图书馆藏琉球资料汇编》（全三册）、《国家图书馆藏琉球资料续编》（全二册），北京图书馆出版社，2000、2002。

韩振华主编《我国南海诸岛史料汇编》，东方出版社，1988；海洋出版社，1990。

陈智超等编《古代中越关系史资料汇编》，中国社会科学出版社，1982。

肖德浩、黄峥主编《中越边界历史资料选编》（上、下），社会科学文献出版社，1993。

郭振峰等编《中国古籍中的柬埔寨资料汇编》，中国人民大学出版社，1983。

陈显泗等：《中国古籍中的柬埔寨史料》，河南人民出版社，1985。

景振国主编《中国古籍中有关老挝资料汇编》，中州古籍出版社，1985。

余定邦、黄重言：《中国古籍中有关缅甸资料汇编》（上、中、下），中华书局，2002。

余定邦、黄重言：《中国古籍中有关新加坡马来西亚资料汇编》，中华书局，2002。

中山大学东南亚历史研究所编《中国古籍中有关菲律宾资料汇编》，中华书局，1980。

北京大学南亚研究所编《中国载籍中南亚史料汇编》（上、下），上海古籍出版社，1994。

张俊彦：《中古时期中国和阿拉伯的往来》，《北京大学学报》1981年第3期。（这篇文章虽非"资料汇编"，但文中所引用的汉文史料及书目翔实，可补目前中国史籍中阿拉伯资料汇编之缺。）

许永璋：《中国古籍中关于非洲的记载》，《世界历史》1980年第6期。

第三讲
丝绸之路与西域、中亚、西亚和南亚

丝绸之路这一名称经过北京奥运会开幕式的宣传，如今已家喻户晓了。此名称原指古代贯穿欧亚大陆，联系中国的长安到地中海、罗马的国际商道。19世纪70年代由德国学者提出，后来由于丝路上有许多有价值的考古新发现，引起了中外学者的关注。特别在第二次世界大战后，掀起了研究丝绸之路的热潮。自20世纪80~90代以来，亚洲各个国家和地区之间、亚洲和欧洲之间经济、文化交流和合作的加强，以及全球经济一体化进程的加快，致使丝绸之路研究领域不断拓展和深化，并演绎出"海上丝绸之路""草原丝绸之路"等名称及研究方向。与此同时，对丝绸之路又给予了时尚内容，如欧亚大陆桥、中欧铁路均被称之为"新丝绸之路"。可以预期，随着时代的发展，丝绸之路这一名称还将有新的演绎。

本章是以中国亚非关系史这一视角来讲授丝绸之路的。又因这条道路是出西域、经中亚到达欧洲的，故以下分研究西域的重要意义、中亚与中亚学的历史地位、丝绸之路沟通了中国和亚非的关系三个问题阐述。

一 研究西域的重要意义

1. 西域的地理概念

先介绍《西域地名》这本小册子。这是了解西域的入门，一本小型的历史地理辞典。原先是冯承钧先生为西北考察团所编写的内部参考资料，后来经宿白和陆峻岭两位先生整理，1955年由中华书局出版，并于1980年出了增订本。

西域是一个地理名词，也是一个历史名词，准确地说，它是一个历史地理名词。自《汉书》中设"西域列传"后，在中国官修的正史中，如《后汉书》《晋书》《魏书》《隋书》《南史》《北史》《新唐书》《明史》中都有设置。上一讲提到明代还有《西域行程记》《西域番国志》等，清代又有《西域同文志》，可见西域这一历史地理名词的作用了。而它所概括的地理范围，随历史的进程而不断扩大，可以分狭义和广义来谈。

狭义的西域仅指玉门关以西、葱岭以东的地区，在中国的新疆一带，是古代中国的西大门。

广义的西域则包括了葱岭以西的广大地区。具体说，两汉时专指天山南路诸国。隋唐时期，按照裴矩的《西域图记》所载，北道至拂菻（今土耳其伊斯坦布尔），中道至波斯（今伊朗），南道至婆罗门（今印度半岛），几乎将亚洲全包括在内了。到了元明时期，将欧洲、非洲都包括进去了。

2. 西域的历史作用

这里所指西域只是新疆、葱岭以东地方。

西域是中国自古以来的西大门、边防重镇，具有战略地位，今天亦如此。现在，与中国西部有边界线的国家有印度、巴基斯坦、阿富汗、塔吉克斯坦、吉尔吉斯斯坦、哈萨克斯坦。古代中国与西方的交通，通常都是走葱岭山道。这个地区在汉代属西域都护府管辖，在唐代属安西都护府管辖。

西域都护府是公元前60年（神爵二年）汉代所设置的行政管理机构，治所在乌垒城（今新疆轮台东野云沟附近）。它管辖玉门关、阳关以西的天山南北，包括了乌孙、大宛、葱岭这一范围的西域诸国（初为36国，后来增至50国）。王莽时一度废置，东汉时又两度复置，并移治所至龟兹它乾城（今新疆新和县西南大望库木旧城）。后凉曾于394年（麟嘉六年）也一度置大都护，治所在高昌（今新疆吐鲁番东南）。都护的设置，对巩固中原地区与狭义的西域在政治、经济、文化上的关系，发展西域地区的生产，保护东西方商路的畅通，都有积极的作用。

安西都护府是640年（贞观十四年）唐廷为了统辖设在西域的四个军事重镇，即龟兹、疏勒、于阗、焉耆（一作碎叶）四镇而置。最初治所在西州（今新疆吐鲁番高昌故城），650年（永徽元年）罢，658年（显庆三年）复置。在661~663年（显庆六年至龙朔三年），平定了西突厥并招抚原西突厥诸部属部国后，治所改在龟兹（今新疆库车）。它统辖了自今阿尔泰山西至咸海（一说里海）所有的游牧部落和葱岭东西，东起银山，西边包括阿姆河两岸城郭诸国。670年（总章三年、咸亨元年）四镇为吐蕃攻陷后，移治所于碎叶（今吉尔吉斯斯坦北部的托克马克）。692年（周天授三年、如意元年、长寿元年）又复四镇，还治所于龟兹。然而，在都护府的辖境内，常因若干属部属国的叛乱和境外东突厥、吐蕃、大食势力的侵入而发生变化。但可以说，直到8世纪前期，唐朝统治这一地区的局势基本上尚能维持不变。随着安史之乱后唐朝势力迅速削弱，葱岭以西遂为大食所并，葱岭以东地入吐蕃。790年（贞元六年）之后治所龟兹也为吐蕃攻陷。

北庭都护府是唐廷于702年（长安二年）分安西都护府所置，治所庭州（今吉木萨尔北破城子）。它统辖天山北路突厥诸羁縻府州，辖境东起今阿尔泰山、巴里坤湖，西达今咸海（一说今里海）西突厥诸部族。安史之乱后，辖地入回纥葛逻禄。治所于 790 年为吐蕃所攻占。

安西和北庭都护府的建立，说明了从 7 世纪中叶到 8 世纪末唐朝廷对西域的统治和经营，其经营的着眼点是保持商路畅通，攫取丝绸贸易的利益。而大食势力的东来、吐蕃的兴起又影响着西域局势的变化。有关唐、吐蕃、大食三方在西域的政治扩张和角逐，请阅读王小甫的《唐、吐蕃、大食政治关系史》一书。[①] 上面所讲述的只是蜻蜓点水。

既然西域自古以来就是中国的西大门，在此还应交代清朝统一新疆后对西域的有关措施。现在中国的疆域基本上是清帝国奠定的，边防哨卡制也源于清朝。清朝立国后对边界推行卡伦与巡边制，在东北、蒙古、新疆等边地要隘，设官兵守望，并营税收的地方叫卡伦。1835 年（道光十五年）远距离的巡边制遂被卡伦附近的巡哨制取代。清代西域的巡边制度是清代西部边防的重要政策之一，对保卫清西疆领土有十分重要的意义。

西域的历史作用除了以上所述是中国的西大门，有极重要的战略意义外，它还有不容忽视的深远影响。

葱岭以东的新疆，也就是古人所称的狭义的西域，地理环境决定了它是东西方经济、文化交流的必经之地，从而使新疆成为世界上唯一的、保存世界上四大文化圈汇流的地方。它东有中国汉文化，南有印度文化，西有闪族伊斯兰文化和欧洲文化。新疆最早接受中国文化，跟着进来的是印度文化，再后是伊斯兰文化。三者对峙、并存、汇合的现象逐步形成。目前在新疆虽然信仰伊斯兰教的人最多，但从深层文化来看，几大文化体系的痕迹依然存在。从文化交流史的角度来阐述中国亚非关系是鸿篇巨制，故在此不论。

---

① 王小甫：《唐、吐蕃、大食政治关系史》，北京大学出版社，1992。

3. 西域学的研究情况

自19世纪中叶以来，欧洲及其他地区一些国家的"探险队""考察队"相继到新疆考察。19世纪末20世纪初达到了高潮。其活动内容最初主要是从事地理、地质、生物学方面的考察，以后逐渐扩大，涉及历史、考古、民族、语言、民俗、宗教、艺术、中西交往，以及现实政治、军事等众多领域。可以阅读杨建新、马曼丽的《外国考察家在中国西北》一书。[①] 然而，应该指出来的是这一时期考察活动的两面性：一方面是中国文物遭受惨痛的浩劫；另一方面在世界考察史上的成果极为辉煌。对这两重性，学人们认为要历史辩证地对待三种关系：一是派遣国的政策、宗旨与考察者的个人关系；二是当时中国政府的责任和考察者个人责任之间的关系；三是考察者本人功与过的关系。

外国考察家热衷于西域的研究，促使中国西北地区考古时代的到来。

西域本地留存的史料不多，东西方学人的研究成果，主要依赖于其周边几个较大的文明所遗留的文字材料，如汉文、阿拉伯文、波斯文、希腊文的史料。但自从1896年英军中尉鲍威尔在库车获得梵文写本后，英国、俄国的外交人员即开始在新疆攫取文物，随后西欧各国的考察队纷至沓来，在新疆、甘肃、蒙古、西藏等地发掘古代城堡、寺院、石窟、墓葬。其中有英国斯坦因率领的三次中亚考察队，德国格伦威德尔和勒寇克率领的四次吐鲁番考察队，日本大谷光瑞所派的三次中亚探险队，法国伯希和率领的中亚考察队，俄国科兹洛夫和奥登堡率领的中亚考察队。他们的收获丰富且有价值，如和田、楼兰、库车、焉耆、吐鲁番出土的艺术品，揭示了新疆地区伊斯兰化以前的文化面貌。而各处遗址特别是敦煌藏经洞、吐鲁番石窟与墓葬出土的各种语言的文献材料，为西域的历史、语言、宗教、民族等方面的研究，提供了全新的第一手材料。遗憾的是，由于当时政权腐朽、国力衰落，使得大量的古代

---

① 杨建新、马曼丽：《外国考察家在中国西北》，河南人民出版社，1983。

西域文献和文物流失国外。

在此，特别要介绍1927~1935年的中瑞西北科学考察团。

1926年底以瑞典地理学家斯文·赫定为首的德瑞科学家计划到我国西北作全面考察。之前，斯文·赫定有过三次历时较长的探险：第一次是1893~1897年的中亚探险，到达乌拉尔山、帕米尔和中国西部的罗布泊。探险归来后，在欧洲各地作报告，成为当时闻名于世的亚洲探险家。第二次是1899~1902年的探险，沿塔里木河进行，在罗布淖尔附近发现古楼兰遗址，收集到许多佉卢文和汉文文书，并用"迁徙湖"来解释罗布泊的消失。第三次是1906~1907年，主要对西藏高原和喜马拉雅山进行地理考察。而这次斯文·赫定提出的西北考察计划，引起了北京学人和学术团体的坚决反对与抵制。后经过磋商，遂有《中国学术团体协会为组织西北考察团事与瑞典国斯文·赫定博士订定合作办法》十九条的签订。这是近代以来，中国人与外国人在平等的基础上签订的第一个科考协定，其意义重大，不局限在科学方面。

西北考察团深入中国西北地区，进行了多学科的考察。考察内容涉及考古学、地质学、地磁学、气象学、生物学、人类学、民俗学等诸多学科。在此期间，考察团的中方成员黄文弼曾先后三次往新疆作考古调查和发掘，足迹遍及塔里木盆地和周边遗址，并重点发掘了罗布泊地区、吐鲁番盆地，还有库车、和田的墓葬、城址、寺院、石窟等。后来出版了考古报告《高昌》（1931年）[①]、《罗布淖尔考古记》（1948年）[②]。而西域史研究的代表作，则是1954年出版的《吐鲁番考古记》[③]、《塔里木盆地考古记》[④]。

还要提上一笔的是，在20世纪前半叶，中国学人在翻译西方和日本的西域史研究著作方面也占有一定的比重。日本是了解中国传统文化最深的国家。它的西域学是从汉学主轴中分出来的，在这方面的研究

[①] 中国学术团体协会与西北科学考察团：《高昌》，1931。
[②] 国立北平研究院史学研究所与中国西北考察团理事会：《罗布淖尔考古记》，1948。
[③] 《吐鲁番考古记》，中国科学院出版社，1954。
[④] 《塔里木盆地考古记》，科学出版社，1958。

受到国际学术界的瞩目,时至今日已有100多年的历史。京都帝大教授内藤湖南提出"东亚文化圈"即"汉文化圈"与希腊罗马的日耳曼文明、阿拉伯伊斯兰文明、印度婆罗门教佛教文明足以颉颃。羽田亨的《西域文明史概论》[①]、羽溪了谛的《西域之佛教》早已有中文译本[②],其学术价值是不容忽视的。关于西方学者的译著,有烈维的《大孔雀经药叉名录舆地考》[③]、沙畹和伯希和合著的《摩尼教流行中国考》[④]、沙畹的《西突厥史料》[⑤] 等堪称是西域学的名著了。

下面介绍中华人民共和国成立后到"文化大革命"前有关西域学研究的情况。

应该特别强调的在1949年后,随着新疆地区基本建设的开展而进行众多的考古发掘,以及1958年、1959年由国家组织的对全国少数民族地区进行综合调查。这两项工作的成果为西域学的研究提供了难能可贵的素材。如夏鼐的《新疆吐鲁番最近出土的波斯萨珊朝银币》[⑥],孟池的《从新疆历史文物看汉代西域的政治措施和经济建设》[⑦],翦伯赞等编的《历代各民族传记汇编》[⑧],历史研究所编《柔然资料辑录》[⑨]等。此外,一些对西域史研究有过贡献的学者,出版了他们的研究专集。如向达的《唐代长安与西域文明》,冯承钧的《西域南海史地考证论著汇辑》和《西域南海史地考证译丛》,都是经典之作。

改革开放以来,对西域学研究的深度和广度都有所扩展。首先,高等院校和社会科学院培养出了一批专业人才。其次,与西域学相关的学科——中西交通史、敦煌吐鲁番学研究以及考古新发现或发掘出土了不少新资料。同时,研究者可以亲历国外收集资料,并与外国同行磋

---

① 羽田亨:《西域文明史概论》,钱稻孙译,自刊。
② 羽溪了谛:《西域之佛教》,贺昌群译,商务印书馆,1933。
③ 烈维:《大孔雀经药叉名录舆地考》,冯承钧译,商务印书馆,1931。
④ 沙畹、伯希和:《摩尼教流行中国考》,冯承钧译,商务印书馆,1931。
⑤ 沙畹:《西突厥史料》,商务印书馆,1934。
⑥ 夏鼐:《新疆吐鲁番最近出土的波斯萨珊朝银币》,《考古》1966年第4期。
⑦ 孟池:《从新疆历史文物看汉代西域的政治措施和经济建设》,《文物》1975年第7期。
⑧ 翦伯赞等编《历代各民族传记汇编》,中华书局,1958~1959。
⑨ 历史研究所编《柔然资料辑录》,中华书局,1962。

商。再则，中国边疆史地研究中心的建立、学会的成立、学术刊物如《西域研究》等，凡此都促使中国学人的著述、译作硕果累累。这里仅列举如余太山主编的《西域通史》①《西域文化史》②《哒哒史研究》③，吴礽骧的《新获敦煌马圈汉简中的西域资料》④，荣新江的《新出吐鲁番文书所见西域史事二题》⑤ 以及耿昇等译费郎的《阿拉伯波斯突厥人东方文献辑注》⑥ 等。更多信息请阅读马大正的《20 世纪西域考察与研究国际学术研讨会综述》⑦ 和荣新江的《西域史研究的回顾与展望》⑧ 等。

二　中亚与中亚学的历史地位

1. 有关中亚的一些问题

首先要明确的，此处所指中亚不是当今的土库曼斯坦、乌兹别克斯坦、吉尔吉斯斯坦、塔吉克斯坦、哈萨克斯坦五个中亚国家。这里所指中亚纯粹是个地理名词，自古以来，中亚即分属于各个不同的国家。联合国教科文组织认为（1979 年）中亚应该包括 7 个国家的全部或一部分，即阿富汗、伊朗、巴基斯坦、中国的新疆、青海、甘肃的河西走廊、宁夏、内蒙古、蒙古人民共和国的西部、印度西北部和原苏联境内的乌兹别克斯坦、吉尔吉斯斯坦、土库曼斯坦。

联合国教科文组织成立了国际中亚文化研究协会，并组织编写大部头的《中亚文明史》。20 世纪 80 年代，经中华人民共和国外交部、

---

① 余太山主编《西域通史》，中州古籍出版社，1996。
② 余太山主编《西域文化史》，中国友谊出版公司，1996。
③ 余太山主编《哒哒史研究》，齐鲁出版社，1986。
④ 吴礽骧：《新获敦煌马圈汉简中的西域资料》，《西北史地》1991 年第 1 期。
⑤ 《敦煌吐鲁番文献研究论集》5，1990。
⑥ 荣新江：《新突厥人东方文献辑注》，中华书局，1989。
⑦ 马大正：《20 世纪西域考察与研究国际学术研讨会综述》，《中国社会科学》1993 年第 2 期。
⑧ 荣新江：《西域史研究的回顾与展望》，《历史研究》1998 年第 2 期。

联合国教科文组织全部委员会、中国社会科学院三方磋商，由历史研究所受命主办成立中亚文化协会。协会已出版了三辑《中亚学刊》。1992年该会在中华人民共和国民政部社团登记司重新登记，改名为"中国中亚文化研究会"。

中亚学的内容涉及范围很广，包括历史、考古、语言、文学、艺术、宗教等各个学科。中国是研究中亚学最早的一个国家，《史记·大宛列传》是世界上关于中亚学的第一篇科学著作。中国中亚学的研究已经有两千多年的历史了。

2. 中亚学研究的重要学术意义和深远现实意义

中亚学，严格说来是中亚史地学，以学术而言，大体有三点。

一是了解欧亚许多国家的民族分布。

该地区至少从公元前1000年以来，就是操不同语系、不同语族语言的许多民族的活动舞台。在其范围内，草原地区的人们基本上保持着部落的外貌，从事游牧，追逐水草，居无恒处。绿洲地带的人们则引水灌溉，建造村镇城郭，过定居的农耕生活。游牧民族与定居地区的居民以多种方式进行交往，有和平的经济、技术、文化交流，也有残酷的统治者之间的掠夺、征服的民族战争。在这里，出现过许多草原的游牧帝国，也发生过大规模的民族迁徙，如匈奴、月氏、乌孙、柔然、嚈哒、突厥、契丹、鞑靼、蒙古。这些民族的崛起和没落，震撼着茫茫草原，它们掀起的民族迁徙浪潮，冲击着欧亚草原，也波及草原的周边地区。从而使得东亚、南亚、西亚以及欧洲的民族分布发生了许多变化。民族迁徙带给这些国家的政治局势深刻的影响，使这些国家的历史面貌发生了巨大变化。此外，中亚历史上还发生过一些至关重要的历史事件，如古代马其顿的亚历山大率希腊军队的东征，中世纪前期的大食东征，后期的月即别部（乌孜别克）的自西向东到达河中地区，哈萨克到达七河流域等。难怪有人比喻，研究中亚古代突厥、蒙古历史的人，就好像一个站在摩天大楼顶上的人往下看，只见大街上人来人往，一群人忽而集起，忽而分散，且往复循环。确实，中亚是一个通衢，一个舞台，各民族在这里来来去去，出现过各种战争和动乱。随着旧帝国的瓦解，产生过许多地方性的汗国。现在中亚各民族的基本特征也是在16世纪形成的。蒙古汗国瓦解后出现的各民族国家中，以俄罗斯国家最强，其他许多小国在19世纪都先后被俄国征服和吞并。

下面将简要交代粟特人、吐火罗人、回鹘人。因为他们在中亚历史舞台上的活动有着重大的作用和影响。

粟特，即粟弋，是中亚古国。粟特人远在公元前五六世纪时就已经出现了，世代繁衍聚居在阿姆河、锡尔河之间的索格狄亚那（今乌兹别克一带）泽拉夫善河流域。居民属伊朗语族，是一个"力田逐利者杂半"的半农半商民族。公元前329年曾遭马其顿亚历山大的入侵，当地居民英勇抗击。后相继附属于塞琉西、大夏、贵霜诸国。自汉代以后粟特与中国有密切的经济文化交往，南北朝、隋唐时期大量的粟特人来到中原。而6~8世纪初正是粟特的经济与文化最发达时期，尤以经商著称，长期操纵着丝绸之路上的国际转贩贸易，足迹遍及西亚、中亚、天山南北、河西走廊直至长安、洛阳和江南等地，从而使他们在四周邻国的政治生活以及东西方文化交流中起到重要作用。还要提到的是，在7~8世纪时，粟特人形成了向七河地区①移民的浪潮。这一历史现象当与大食人向河中地区的推进有关。他们进入七河地区也就是中亚的北方，使该地区的面貌发生了很大的变化，促进了经济的繁荣、文化的发展，以及与东西方商业贸易的加强，意义十分重大。

由于粟特人四处经商，粟特的语言文字在3~6世纪时几乎成了丝路上共同的交际工具之一，直到12世纪前成为广泛流行于中亚的语言。粟特文出自波斯时代的阿拉米亚文字草书，有19个音节字母，从右到左横写，之后受汉文字的影响，改为从上向下竖写。自20世纪初以来，

---

① 七河指的是从南部注入巴尔喀什湖的伊犁河、卡腊塔尔河、阿克苏河和列普西河，以及从北面流入巴尔喀什湖的河雅古支河、巴卡纳斯河和托拉乌河。转引自纪宗安：《活跃在丝绸之路上的粟特人》，《暨南学报（哲学社会学）》1989年第3期第67页注③。

在新疆的吐鲁番、河西敦煌及敦煌以西汉代烽火台遗址，出土了大量的粟特文书。其中以烽火台出土的六封《粟特古书简》最具历史价值。20世纪的50~70年代，先后在内蒙古发现了多块6~9世纪时用两三种文字书写的碑。如建于826年（唐元和十五年）的《九姓回鹘可汗碑》，其碑文是由粟特文、汉文和古突厥卢尼文三种文字写成的。1976年又在蒙古人民共和国发现了粟特文摩崖。由此进一步了解到，古回鹘（即回纥，维吾尔的古称）文的字体来自粟特文，老蒙文和满文又受到古回鹘字体的影响。可以说，粟特文对回鹘文、蒙文和满文都产生过重大影响，甚至可以说是这些文字创造的基础。它说明了粟特人在文化上是有过贡献的。

粟特人对中亚历史上的经济和文化都有过一定的影响，但当蒙古帝国征服中亚时，整个丝绸之路上的粟特村落、粟特人的主要城市，如撒马尔罕都受到了破坏，促使了它的消亡。

吐火罗，中亚古国。见于《北史》《隋书》和《唐书》，《大唐西域记》称之为覩货逻。其地域，东起帕米尔，西接波斯，北拒铁门（今乌兹别克南部布兹嘎拉山口），南至大雪山（今阿富汗兴都库什山），南北千余里，东西三千余里，相当于今天阿富汗的北部地区。这一地区在历史上一直是中国与伊朗、印度等交通往来的必经之处。公元前2世纪，吐火罗族先后臣服于大月氏、嚈哒、突厥诸族。当玄奘经过此地时，吐火罗王族已绝嗣，酋豪林立，计有29个国。656~661年（唐显庆元年至六年），唐高宗曾在其境内的阿缓城（今阿富汗昆都士）置内氏都督府，授其王为吐火罗叶护、悒怛王，使持节二十五州诸军事。安史之乱时，曾有吐火罗兵助唐平乱。8世纪中叶后为东来的大食势力所并。13世纪后吐火罗之名逐渐消失。

作为民族名的吐火罗这一名称虽消失，但吐火罗语言文献自20世纪初以来不断被发现。吐火罗语是古代流行在我国新疆、吐鲁番、焉耆、库车一带的一种语言。分焉耆与龟兹（库车）两种方言，差别较大。前者又称"甲种吐火罗语"，后者又称"乙种吐火罗语"，属于印欧语系的支派。文字使用婆罗米字母斜体。在龟兹、焉耆、高昌等地的古代遗址和敦煌莫高窟中发掘和发现的吐火罗语文献，多属7~8世纪的。它们早为欧洲的学者取得，并进行了研究，1937年有德国学人的《吐火罗语法》出版。而我国学者季羡林在20世纪50年代发表《吐火罗语的发现与考释及其在中印文化交流中的作用》一文①，说明在佛经翻译过程中，最早的汉文里的印度文借字不是直接从梵文译过来的，而是经过中亚古代语言，特别是吐火罗语的媒介。可知吐火罗语的桥梁作用，吐火罗人在沟通中印文化上是有所作为的。

回鹘，中国北方与西北古代名族名，同时又是汗国、王国、王朝名。汉籍史书上出现的"回纥""回鹘""畏兀儿"等名称，均为维吾尔的汉译名。其先世可追溯到春秋前的狄、汉魏时期的丁零、北魏敕勒各部中的袁纥氏、隋代铁勒中的韦纥氏。6世纪中叶，以袁纥氏族为主的漠北铁勒处在突厥贵族的统治下，当隋王朝在大业年间（605~618年）打败西突厥后，袁纥人利用这一形势，正式宣布其族名为回纥。之后，回纥人依附于铁勒的另一大部落薛延陀。630年（贞观四年）薛延陀联合回纥、唐共同消灭了东突厥。646年（贞观二十年）回纥助唐军消灭了薛延陀。656年（显庆元年）回纥以5万骑助唐军消灭了西突厥。从此，回纥即跨有东、西突厥汗国的广大土地。到7世纪后期，后突厥汗国兴起，回纥等铁勒各部复为其征服。但为期不长，8世纪40年代后，由于后突厥内部自相残杀，实力下降。这时，回纥团结内外各部落，又得到唐朝相助，终于铲除了后突厥残余势力，并建立了回纥汗国（744~840年）。788年（贞元四年），回纥可汗请唐朝改称回纥为回鹘。这是取"回旋轻捷如鹘"之义。元明时称畏兀儿。

回鹘汗国仅存百年，后因内乱和天灾疫疾，生产力遭到破坏，为黠戛斯所破，回鹘汗国崩溃。其后，回鹘人除一部分附属唐朝外，大部分分三支向西北迁徙，和西域的原住族人，如乌护、葛逻禄等相汇合，先

---

① 季羡林：《中印文化关系史论丛》，人民出版社，1957年。

第三讲　丝绸之路与西域、中亚、西亚和南亚

后建立了高昌回鹘、河西回鹘（甘州回鹘）和喀喇汗王朝（黑汗王朝）三个政权。高昌回鹘的疆域，东至哈密乌纳格什河，西通天山西部，南接酒泉，北达天山北麓。河西回鹘的势力，除甘、沙二州外，还分布到凉、肃、秦三州，以及贺兰山、合罗川等地。喀喇汗王朝鼎盛时期的疆域，北达巴尔喀什湖，西抵阿姆河，东面包括伊犁河，南抵喀什、和田。这三个政权分别存在了100多年至500年之久，到了12世纪开始离开历史舞台或衰落。它们的存在时期，与中原各族建立的诸王朝一直保持着密切关系，甘州回鹘对五代、北宋朝贡不绝；高昌回鹘曾同时为辽和北宋的属国；喀喇汗王朝在并吞和田后对北宋仍认旧日的甥舅关系。在西域各地的回鹘人因生产发达，每隔1年或3年即到辽地进行贸易，辽的上京专设有回鹘人居住地（回鹘营）。又如回鹘人与五代、北宋交易了巨量马匹，曾刺激北宋金银价格的上涨。这些政治上、经济上的往来客观上起到了保卫西陲边疆的作用。

　　回鹘人使用的回鹘文有其历史影响。8~15世纪，也就是从唐到明，回鹘文主要流行于今新疆吐鲁番盆地和中亚楚河流域。至于该文字的起源、沿革和特点，是语言学家研究的任务，这里不论。但回鹘文在古代维吾尔人采用阿拉伯字母前，使用很广，且保存下来的文献较多。其中包括佛教、摩尼教、景教文献、文学作品、医学文献和行政公文、契约、碑铭等。著名的碑铭有回鹘文、汉文的"亦都护高昌王世勋碑"、回鹘文的"土都木萨里造寺碑"等。20世纪初以来又出土了大量回鹘文献，东西方的一些学者对此已进行了大量的研究工作[1]。在此应该提到中国学者袁复礼1930年在新疆发现的《回鹘文写本菩萨大唐三藏法师传》（残本），经历史学家冯家昇整理已出版。[2] 除了保存至今或发现以及新出土的回鹘文献有重大的学术价值外，回鹘文的历史作用还表现在对其他兄弟民族文化发展的影响方面。元代回鹘文为蒙古族所采

---

[1] 参见《中国大百科全书·民族卷》，中国大百科全书出版社，1986，第180~182页。
[2] 冯家昇：《回鹘文写本"菩萨大唐三藏法师传"研究报告》（考古学专刊丙种第一号），中国科学院，1953。

用，形成后来的蒙古文，至今在蒙古族中使用。16世纪以后，满族则仿照蒙古文创造了满文。

二是了解自古以来几大文明交光互影的情况。

中亚四邻多是世界文明古国，如中国、印度、伊朗、伊拉克、叙利亚、巴勒斯坦、希腊、拜占庭等。这些文明古国进行友好往来和经济文化交流，更多依靠穿越中亚的陆上交通干线，较少依靠海上交通路线。几大文明汇合之后，又产生了富有特色的中亚文明。

三是中亚地区蕴藏着丰富的文化宝藏。

由于气候干燥，有利于这一地区的遗址、文物、文献的保存。它们为阐明中亚的历史提供了极具价值的史料。20世纪60年代国际上掀起的"丝绸之路"热，与这里的文化宝藏有着休戚相关的联系。

现实意义大体有四点。

一是自19世纪以来，中亚就是英国、俄国激烈角逐的场所。今天研究它更有其迫切性。苏联未解体前曾军事侵占阿富汗，这可以说是继承了沙俄南下热带海洋的意图。苏联解体后，研究中亚更富有新的含义了。

二是19世纪遗留下的问题。在近代历史阶段中，中亚及其毗邻地区曾备受帝国主义的侵略和奴役，过去的历史际遇为这个地区的国家遗留下了历史问题，因而使这个地区的许多国家存在这样那样的边界问题或边界争议。为妥善解决这一历史遗留问题，需要研究中亚的历史。

三是该地区有比较复杂的民族问题。在不同社会制度的国家内，民族的发展各有特色。在原苏联境内中亚加盟共和国、自治共和国的民族矛盾问题、民族人口急剧增长问题、民族知识分子的成长问题，得到了西方专门研究人员的密切关注。如美国学者埃勒沃斯、法国学者邦尼桑等，都对这些问题进行过专门研究。

四是该地区还有比较复杂的宗教问题。在中亚五国独立后，由于外部联系的增加，受到来自土耳其、伊朗、沙特、阿富汗、巴基斯坦等国的影响，借加强对五国的投资和支援，宣传宗教激进主义的神权主张，鼓吹政教合一，提出建立伊斯兰国家的口号，助长了伊斯兰教在该地区的发展势头。塔吉克等地出现了"伊斯兰复兴党"。

3. 中亚学的研究情况

这里所介绍的中亚学主要指中亚的历史、语言、民族。首先交代国际上的研究情况。自19世纪开始，西方学者就着手研究所谓的"东方学"，第二次世界大战后成为研究的热点。这些学者主要依据汉文史料、出土的各种古语言文书，以及伊斯兰国家地理著作。远在1902年德国汉堡举行的东方学会议上，成立了国际中亚及远东探险协会。该协会多次到中亚、远东进行调查、考察，出版了不少专著。其中日本、美国、德国、法国、英国、意大利、瑞典以及前苏联、土耳其等国家有大量的研究成果出版。中国学者张广达在20世纪80年代将境外中亚学的研究情况作了调研并总结成篇，如《研究中亚史地的入门书和参考书》[①]《出土文书与穆斯林著作对于研究中亚历史地理的意义》[②]等，值得阅读。通过这两篇文章，我们不仅可以了解到境外中亚学的研究成果，更重要的是开拓了中国学者研究中亚学的视野。

至于国内中亚学的研究情况，与上述西域学的研究情况相似，特别要提出的是在中华人民共和国成立后，随着新疆考古工作的开展，继20世纪初以来，又出土了许多古代语言文书。这些文书除了以上提到过的粟特语文书、吐火罗语文书外，还有佉卢文书与和阗语文书。

佉卢文书是鄯善人使用的。鄯善是西域国名，其统辖范围自今天新疆的罗布泊至尼雅遗址的地区。它的存在约在公元前2世纪至7世纪。佉卢文是书写犍陀罗语（或称印度西北俗语）的一种文字。公元前5

[①] 张广达：《研究中亚史地的入门书和参考书》，《新疆大学学报》1983年第3、4期。
[②] 张广达：《出土文书与穆斯林著作对于研究中亚历史地理的意义》，《新疆大学学报》1983年第3、4期。

世纪到 3 世纪盛行于印度半岛西北部。

和阗语文书的和阗即于阗,西域国名。其地域在今新疆和田、巴楚一带。居民属塞种,操印欧语系东伊朗语族,文字使用婆罗米字母直体。11 世纪为黑汗王朝所灭,人种和语文也逐渐归回鹘体。在新疆和甘肃敦煌发现了不少和阗语文书,多属 5~10 世纪的。

这些文书的学术价值很大,是研究中亚学的第一手素材。改革开放以来,重视对后辈学人的培养,又与国际学术界交流对话,加之搜罗流散域外的有关中国的文物资料,出现了一些西域学、中亚学的力作。如徐文堪的《新疆古尸的新发现与吐火罗人起源研究》[1],林梅村的《沙海古卷——中国所出佉卢文书初集》[2],荣新江的《西域粟特移民考》[3],许序雅的《突厥人在萨曼王朝中的地位和作用》[4],以及马雍的《萨曼王朝与中国的交往》[5] 等。相信随着国家经济文化的发展,还会有更多的立足于国际学术界的成果出现。这就为国内的研究中亚学学者提出了更高的要求。历史上中亚是一个多民族、多语言的地域;故而,学者除掌握熟练的汉文献史料外,更需要通达多种古代中亚语言,以便深入研究。掌握当今通行的英、法、德、日等语,以便了解学术研究信息、动态,才能在国际上交流。相信中国中亚学的研究会更上一层楼。

三 丝绸之路沟通了中国和亚非的关系

1. 丝绸之路的开通、发展和衰退

名称来源及产生背景

中国古代经中亚通往南亚、西亚以及欧洲、北非的陆上贸易通道,

---

[1] 徐文堪:《新疆古尸的新发现与吐火罗人起源研究》,《学术集林》5,1995。
[2] 林梅村:《沙海古卷——中国所出佉卢文书初集》,《文物》1988 年第 5 期。
[3] 荣新江:《西域粟特移民考》,《西域考察与研究》,新疆人民出版社,1994。
[4] 许序雅:《突厥人在萨曼王朝中的地位和作用》,《中亚学刊》4,1995。
[5] 马雍:《萨曼王朝与中国的交往》,《学习与思考》1983 年第 5 期。

第三讲　丝绸之路与西域、中亚、西亚和南亚

因为大量的中国丝和丝织品多经此路西运，故称丝绸之路，简称丝路。这是原来意义上的丝绸之路。这一名称是德国著名地理学家李希霍芬（1833~1905）提出的。他于19世纪60~70年代对中国的一些地区，包括甘肃、青海进行过考察。在1877年所著《中国》一书中首先把"自公元前114年至公元127年间连接中国与河中以及印度的丝绸贸易的西域道路"称为Seidenstrassen。丝绸之路（Silk Road）是其英译名称。后来把丝绸之路概念扩大的是德国的东洋史学家赫尔曼。他在所著《中国与叙利亚之间的古代丝绸之路》中提出："我们应该把丝绸之路的含义进而一直延长到通向遥远西方的叙利亚。总之，在与东方的大帝国进行贸易，叙利亚始终未与它发生过什么直接关系。但是，正如我们首次了解到的夏德研究的结果，尽管叙利亚不是中国生丝的最大市场，但也是较大的市场之一。而叙利亚主要就是依靠通过内陆亚洲及伊朗的这条道路获得生丝的。"[①] 自19世纪中叶至20世纪初，众多中亚探险家多次使用了丝绸之路或丝绸贸易路的名称。这样，自东亚经叙利亚连接欧洲及北非的丝绸之路，因为它是连接了三个大陆的一条道路，所以其领域异常辽阔而复杂，有无数的民族与这条道路发生了关系。其规模之宏大，要说与整个人类的历史有关也不过分。

这条道路的产生与当时的历史现实分不开。这条道路的出现，主要是经济交流的需要：商品交换，贸易往来。在此期间，这条道路上分布着四个强盛的帝国：除中国的汉朝外，有罗马帝国（公元前27~476年），其势力已到达了幼发拉底河；安息伯提亚（公元前30~22年）；大夏，建立于公元前3世纪，后臣服于大月氏人的贵霜帝国（45~226年）。汉朝当时建立了西域都护府，以保卫西陲及丝路。可以说，丝绸之路的开通是四大帝国对外发展的结果。

汉唐丝绸生产及丝绸贸易有关情况

中国是饲养家蚕和织造丝绸最早的国家。根据考古发掘材料，以长

[①] 转引自长泽和俊《丝绸之路史研究·丝绸之路研究之展望（代序）》，钟美珠译，天津古籍出版社，1990。

江三角洲为例：河姆渡遗址（年代为公元前5500~公元前3000年）已经出现茧丝昆虫；崧泽遗址（年代为公元前3900~公元前3300年）已经利用茧丝昆虫；钱山漾遗址（年代为公元前3300~公元前2600年）家蚕已经驯化成功。距今3000多年前的殷商时期，中国的蚕丝生产已经普遍开展。远在约公元前1100~公元前771年的西周时期，就出现了饲养家蚕的蚕室，政府还设有典丝官。当时，丝还被当做交换的媒介。如西周铜器曶鼎，其上铭文有以"匹马束丝"换五个奴隶的记录。先秦时期，丝绸品的种类就有很多，有罗、纨（丸）、绮（起）、缔（题）、锦、绣。特别是锦的出现，是丝织技术的一个突破（中国锦是经线起花，波斯锦是纬线起花）。到了汉代，丝的花色品种繁多，有绮、缣（兼）、绨（抽）、缦、繁（庆）、素、练、绢、縠（胡）以及纱、罗、缎等品种。此外，官营手工业的作坊已具相当规模，私营的手工业作坊也十分发达。

汉唐间中国内地盛产丝绸。汉代长安宫中有东、西织室，在齐郡的临淄设有三服官，陈留的襄邑亦有服官，益州地区的丝绸生产十分发达。除官府生产丝绸外，还有民间生产，如巨鹿人陈宝光。唐代仍以官府作坊为主，民间丝织业有进一步发展。如定州的何明远拥有绫机500张。全国有28个州，郡上贡绢，其中以宋州、亳州最好。益州、扬州广陵郡上贡锦。只有越州的会稽、绵州的巴西郡上贡轻容，轻容即无花的薄纱。20世纪以来，在中国境内的丝绸之路上，发现和发掘了大量的丝织品，可以印证汉唐丝织生产的盛况。如甘肃的武威、敦煌，内蒙古的额济纳旗，新疆的罗布淖尔、楼兰等地，都发现了西汉时期的织物。甘肃的武威、新疆的民丰、尼雅等地发现了东汉时期的织物。甘肃的嘉峪关，新疆的于阗、吐鲁番、巴楚发现了魏晋南北朝时期的织物。还是在敦煌、吐鲁番以及乌鲁木齐发现了隋唐时期的织物。

在此，特别介绍1972年、1973年、1974年在湖南长沙马王堆汉墓出土的各种丝织品和衣物。一号墓出土了15件相当完整的单、夹绵袍及裙、袜、手套、香囊和巾、袷，此外还有46卷单幅的绢、绮、罗、锦和绣品。三号墓出土的丝织品和衣物，大多残破不成形，品种与一号墓大致相同，但锦的花色较多。出土物中的素纱和绒圈锦代表了汉代纺织技术发展的状况，薄如蝉翼的素纱单衣，重不到1两，是当时缫纺技术发展程度的标志。用于衣物缘饰的绒圈锦，纹样具立体效果，需要双经轴机构的复杂提花机织制，其发现证明绒类织物是中国最早发明创造的，从而否定了过去误认为唐代以后才有或从国外传入的说法。而印花敷彩纱的发现，表明当时在印染工艺方面达到了很高水平。马王堆的出土物为证明西汉时期的丝织业生产的盛况，提供了极为重要的实物资料。

汉唐间丝绸贸易的一些情况

东汉时期丝路曾经"三通三绝"。曹魏统一北部中国，在河西设凉州刺史，222年（黄初三年）恢复戊己校尉、西域长史，前者在高昌，后者在海头（罗布泊西），以统辖丝路。西晋短期统一中国后，实施过所制度。所谓过所就是过关津凭证，即现代的通行证，发给内地、西域和外国商人。过所上注明持证人的姓名、年龄、面貌特征、所带商品及商人的族别或国别。在新疆民丰尼雅河下游，出土了一些过所。如月氏胡（今中亚阿姆河流域一带的商人）持的过所有两件。有一片过所的残简上记载："□人三百一十九匹今为住人买采四千三百廿六匹"。前一个"匹"字可能是指丝绸，也可能是指马、骡等牲畜，后面的"匹"字显然是指带颜色的织物。到了唐代，丝路贸易的管理更有其特点，由中原地区政府支持、鼓励的丝路贸易，变为由中央政府直接经营、管理。在长安经河西到西域各地的交通大道上，设了驿馆，每个馆都有一名"捉馆官"负责。丝路沿途主要城镇、关口，唐朝都驻有军队，大的称"镇""军"，小的称"守捉"。沿途都有屯田。

汉唐时代与西域及西方的丝绸贸易是国策。它与团结边疆的兄弟民族、维护帝国的统一、开拓与境外各国的交往密切相关。丝绸往往成为封建政府用以达到某些政治目标的有力的外交工具。在此期间，赏赐、互市和商人贩运是丝绸流向西域及西方国家的三种主要形式。

以上所述是丝绸贸易中中国一方的情况，下面则简要交代西方的有关情况。

西方人相当喜爱丝绸，但在相当长的一段时间里，并不知道丝绸的生产方法。《史记·大宛列传》中记载："自大宛以西至安息……其地皆无丝漆。"罗马的普尼林（23~79年）所著的《博物志》中提到，赛里斯（中国）"其林中产丝，驰名宇内。丝生于树叶上，取出，湿之以水，理之成丝，后织成锦绣文绮，贩运至罗马。富豪贵族之妇女，裁成衣服，光辉夺目，由地球东端运至西端，故极其辛苦……至于今代，乃见凿山以求碧玉，远赴赛里斯以取衣料。……据最低之计算，吾国之金钱，每年流入印度、赛里斯及阿拉伯半岛三地者，不下一万万塞斯透司。此即吾国男子及妇女奢侈之酬价也"。事实上，早在罗马共和末年，中国的丝绸就大宗运往罗马。当恺撒在罗马祝捷时，就曾经向罗马人展示了一大批丝绸织物。到了罗马帝国早期，使用丝绸的罗马人日益增多，以致在公元14年，元老院下令禁止罗马男人穿丝绸服装，后来又对妇女服用丝绸作了限制。然而，这些禁令未收到任何效果，罗马与中国的丝绸贸易依然兴隆，可见丝绸去西方之多。

丝绸是古代中国人特有的生产技术，它又是怎么西传的？

关于西传有些传说。玄奘的《大唐西域记》中有养蚕法传到和阗的记述。1900年斯坦因在和阗的丹丹乌里克古庙遗址中发现一块木额彩画，上画的就是和阗公主将蚕种藏在帽子里，带回和阗。类似传说也见于西藏的文献中。希腊历史学家普罗柯比（500~565年）在其《哥特战记》中记载，印度僧人告诉君士坦丁皇帝养蚕法，并从赛林达国将蚕子带到拜占庭。由是，罗马帝国境内始知制丝方法。6世纪末，拜占庭史学家狄奥法尼斯也记载，波斯人将蚕子藏于竹杖中带回，献给东罗马皇帝。当时有两名曾经到过中国的波斯僧侣，向东罗马皇帝诉说了在中国见到的养蚕和缫丝过程。皇帝命令他们设法把中国蚕茧带到东罗马。两位波斯僧侣后来果真以通心竹杖藏蚕卵，运到东罗马交给皇帝。于是，东罗马皇帝查士丁尼一心一意要在东罗马创建缫丝业，这样蚕丝业便传入欧洲。13世纪时，欧洲才普遍掌握蚕丝生产技术。这些古来带有奇异色彩的传说尚待进一步探讨。它说明了育蚕缫丝是古代中国人的专利①，独树一帜。

唐代后期，繁荣的丝绸贸易趋向衰退。主要原因是大食人在西边的兴起，以及吐蕃占据了河西至西域的丝绸之路要道，东西方的交通被阻塞。当时留在长安的丝绸贸易者众多，唐廷对其按"胡客"看待，由唐供食者4000人。而随着唐朝实力的下降，已很难应付这种局面，于是只好让"胡客"经回纥返西域或回国。不愿返回的，一律编入唐廷的神策军。另外，当育蚕和缫丝技术被西方人掌握，已能生产丝绸，无疑对中国丝绸的外销也有所制约。

2. 丝绸之路的中转站和居间者

4世纪时，罗马帝国的政治、经济中心东移至地处欧亚之间的君士坦丁堡，后来它成为东罗马帝国的首都。此地是巨大的贸易中心，马克思曾经指出，君士坦丁堡是东、西两方的黄金桥梁。又说它是整个东西方奢侈和贫困的主要中心。② 中国丝绸到达古罗马或后来的东罗马，其中的国家或民族就成了丝绸贸易的中转站和居间者。如：

大宛，今费尔干纳盆地，是过葱岭以西的第一个据点。

大月氏，在大宛之西，是贵霜王朝的建立者，地处中国、安息、印度三个大国中心，有妫水、印度河贯通全国。自西域南北道打通后，大月氏成了丝路上中国与印度、中国与欧洲间的枢纽，维持贸易长达200年之久。

康居，地处中亚的撒马尔罕（乌兹别克中部城市）是当时中西交通的要冲，是丝绸转运和居间的重要据点。

安息，是中国与西方进行丝绸贸易最重要的转运和居间者。

---

① 关于中国育蚕缫丝法传入欧洲的经过，齐思和先生早已研究过。请参看齐思和《中国和拜占庭帝国的关系》，《北京大学学报》1955年第1期。
② 《马克思恩格斯全集》第12卷，人民出版社，1998，第263页。

公元前 247~前 225 年由阿萨息斯王朝当政，中国史书按其音译为安息。它最强盛时的疆土，东至印度河，西至两河流域美索不达米亚，南至埃及南部，北至里海和黑海，握东西水道交通枢纽。汉朝与安息有交往，丝绸通过中国皇帝"赐予"和商贾贩运，大量流入安息。继安息王朝的是 226~642 年的波斯萨珊王朝。此期间，尤其是 527~565 年东罗马查士丁尼皇帝在位时，萨珊王朝完全垄断了中国罗马的丝绸贸易。4 世纪前，波斯显然不知道育蚕缫丝。最早的波斯锦是用金线、银线织成的，自中国的育蚕缫丝技术传入后，波斯才织出真正以丝为原料的织锦，并以吉兰地方的丝织业最为出名。6 世纪后，育蚕和蚕种才传入欧洲，在此之前，叙利亚的泰尔、倍卢等地是进行中国丝加工而后出售给东西欧的地方。

这里，要特别提出，当时的波斯钱币大量流入中国，其中以萨珊王朝的钱币最多，20 世纪初便在中国有所发现。中华人民共和国建立后，随着各省市进行大规模的基本建设，考古事业也蓬勃发展。在陕西、河南、山西、河北、青海、内蒙古、新疆以及广东等地，均先后发现波斯萨珊王朝的钱币，其数量总共有 1100 多枚。年代最早的有夏普尔二世（310~379 年）铸造的，最晚的属萨珊王朝末年皇帝伊嗣侯（632~651 年）时代铸造的。[①] 从发现这些钱币的数量之多、地域之广，可以想见当时波斯商人在中国的活动范围是非常广泛的。同时也是波斯人充当了中西丝绸贸易的转运和居间者的佐证。

最后要指出，丝绸之路上的丝绸贸易不都是一帆风顺的。无论是贸易中的甲方或乙方，还是中转站和居间者，都要维护其自身的利益。贸易中的纠纷在所难免，有时付诸武力。如波斯、西突厥、东罗马在贩运中的纠纷，致使东罗马在西突厥的支持下，与波斯发生了长达 20 年（571~590 年）的战争。最初，西突厥与东罗马联合，也想控制丝绸之路。东罗马想办法先与埃塞俄比亚联盟，使之与印度发展贸易，却无成效。后来东罗马又以提高关税的措施来抵制波斯蚕丝入境，再后来东罗

---

① 夏鼐：《中国最近发现的波斯萨珊王朝银币》，《考古学报》1957 年第 2 期。

马支付波斯现金11000磅，议和。

印度，丝绸之路上的另一个重要居间者——从印度到东罗马。

3. 丝绸之路的历史功绩与当今研究情况

历史功绩

丝绸之路影响和推动了世界上很大一部分人口最稠密地区的社会历史发展，具体有以下几点：

（1）它是连接世界上最古老的文明古国——中国、印度、埃及、巴比伦的纽带。

（2）在丝绸之路所通过的地区，出现过波斯帝国、马其顿帝国、罗马帝国、奥斯曼帝国等地跨亚洲、非洲、欧洲的世界大帝国。

（3）在丝绸之路的要冲，诞生了佛教、基督教和伊斯兰教。

（4）世界上具有划时代意义的伟大发明创造和思想流派，首先是通过丝绸之路，流传到世界各地。

（5）古代世界的重大政治、军事活动，是通过丝绸之路进行的。

当今研究情况

自20世纪中叶以来国际上掀起了研究"丝绸之路"热。而中国自改革开放以来的30年来学术界迎头赶上，不仅积极参与国际上有关"丝绸之路"的学术活动，还根据国内历史学、考古学研究的新进展，在研究深入和认识深化的基础上，扩展了"丝绸之路"的内涵，提出和建立新界说。从而有"海上丝绸之路""草原丝绸之路""南方（西南）丝绸之路"等名称出现。要了解这些名称内涵，应该从联合国教科文组织的"丝绸之路考察"十年规划中知晓。

联合国教科文组织出面组织的1987年开始至1997年间"丝绸之路考察"全称为"丝绸之路：对话之路综合考察"。考察路线包括：

沙漠之路：自中国西安经甘肃、新疆出境至阿富汗，后分南北二线。南线为阿富汗—伊朗—伊拉克—叙利亚；北线为阿富汗—伊朗—伊斯坦布尔（土耳其）。1989年夏季实施了在我国境内自西安至新疆喀什的考察。

游牧之路：在蒙古人民共和国境内乌兰巴托至科布多。

阿尔泰之路：自阿尔泰山经前苏联、蒙古到满洲里进入我国境内，再经朝鲜、韩国到达日本。

佛教之路：自南亚至我国新疆。

草原之路：自前苏联的敖德萨至阿拉木图。1991年4月19日至6月17日，进行自土库曼斯坦共和国首府阿什哈巴德至哈萨克斯坦共和国首都阿拉木图的考察①，并在希瓦和阿拉木举行了两次"草原丝路的学术讨论会"。中国学者刘迎胜、孟凡人、齐东方等，以及新华社等媒体参加了这次学术考察活动。1992年考察西段的敖德萨至阿什哈巴德。

海上丝绸之路：在研究"丝绸之路"的热潮中，日本学者是有建树的。如长泽和俊的《丝绸之路史研究》，江上波夫所藏的丝绸之路文物②，以及提出"海上丝绸之路"名称的三杉隆敏，但《海上丝绸之路》一书的面世，已是1979年了。

这里，先交代有关海上丝绸之路的航线，及谈"海上丝绸之路"的考察情况。

汉唐一代海上之路的航线大体如下，从中国的雷州半岛出发，入南海，过马六甲海峡，进印度洋，越印度半岛，直航阿拉伯海、波斯湾，及到达红海与东非水域。

"海上丝绸之路"的考察从1990年10月23日至1991年3月9日间进行，计142天。意大利的威尼斯为起点，日本的大阪为终点。中国学者刘迎胜代表中国参加了这次考察③。考察分四个阶段进行。第一阶段考察历意大利、希腊、土耳其、埃及和阿曼，穿越了欧、亚、非三大洲，共33天。第二阶段考察历巴基斯坦、印度、斯里兰卡，共30天。第三阶段考察历泰国、马来西亚、印度尼西亚，共30天。第四阶段考

---

① 刘迎胜：《"草原丝绸之路"考察简记》，《中国边疆史地研究》1992年第3期。
② "江上波夫所藏丝绸之路文物展"于1993年8月在中国北京民族文化宫举办。该展览由日本泛亚细亚文化交流中心资助、中国历史博物馆承办。
③ 刘迎胜：《海上丝路考察万里行》，香港《明报月刊》1991年7月号。

察历中国广州、泉州，韩国的釜山，日本的博多湾和大阪。在考察活动中，陆续举办了近20次学术讨论会。其中以1991年2月17日在泉州举行的"中国与海上丝绸之路"讨论会盛况空前。中国与来自28个国家的专家、学者提供论文55篇，内容涉及政治、经济、文化各个方面，包含了历史、考古、宗教、民族、军事、地理、航海、船舶制造、医药、植物、音乐等学科，充分体现了多种学科综合考察研究的特点。因此，从论文和讨论的水平而言，有一定的广度和深度。不仅反映了当时"海上丝绸之路"的研究趋势，尤其重要的是，极大地推动了世界范围的"海上丝绸之路"的研究。

至于南方（西南）丝绸之路，这是国人的界说。① 近几十年来，在中国西南尤其是四川广汉有若干重大的考古发现，如象牙、环纹货贝、金杖、青铜雕像等，以及云南出土的大量来自印度洋北部地区的海贝等物质文化因素的集结。更因古代蜀国丝绸被誉为"奇锦""蜀锦"而驰名中外。蜀锦起源甚早，生产兴盛，且早于西域和南海交通的开辟，那么，由蜀南行，经云南出缅甸、印度，进而经中亚、西亚抵达地中海沿岸的这条国际交通线，自然能够当之无愧地称为"南方丝绸之路"了。

参考文献

向达：《唐代长安与西域文明》，生活·读书·新知三联书店，1957、1987。

马大正：《20世纪西域考察与研究国际学术讨论会综述》，《中国社会科学》1993年第2期。

荣新江：《西域史研究的回顾与展望》，《历史研究》1998年第2期。

林梅村：《汉唐西域与中国文明》，文物出版社，1998。

张广达：《研究中亚史地的入门书和参考书》（上、下），《新疆大学学报》1983年第3、4期。

---

① 伍加伦、江玉祥主编《古代西南丝绸之路研究》，四川大学出版社，1990；江玉祥主编《古代西南丝绸之路研究》（第二辑），四川大学出版社，1995。

〔美〕麦高文：《中亚古国史》，章巽译，中华书局，2004。

《中亚文明史》1~6卷，中国对外翻译出版公司，2002~2013。

张志尧：《草原丝绸之路与中亚文明》，新疆美术摄影出版社，1994。

〔日〕长泽和俊：《丝绸之路史研究》，钟美珠译，天津古籍出版社，1990。

季羡林：《中国蚕丝输入印度问题的初步研究》，《中印文化关系史论文集》，生活·读书·新知三联书店，1982。

〔法〕阿里·玛扎海里：《丝绸之路——中国波斯文化交流史》，耿昇译，中华书局，1993。

《海上丝绸之路专辑》，香港《明报月刊》1991年7月号。

刘迎胜：《"草原丝绸之路"考察简记》，《中国边疆史地研究·西域号》1992年第3期。

赵汝清：《从亚洲腹地到欧洲——丝路西端历史研究》，甘肃人民出版社，2007。

第四讲

佛教在中国的传播和发展及其在东北亚、东南亚的流行

一　佛教诞生在南亚

1. 佛教创始人释迦牟尼

佛教诞生在公元前6世纪的南亚，它的创始人是释迦牟尼。释迦牟尼是佛教徒对他的尊称，即释迦族的圣人。他的本名是悉达多，族姓为乔达摩，释迦族人，其生卒年代没有确切的记载。根据各种佛教书籍的记载，他活了80岁，按照汉文史料的推算，他应该诞生在公元前565年，而依据印度史料应为公元前563年，比中国的孔子大12岁。其出生地在古代北天竺的迦毗罗卫国（今尼泊尔南部兰毗尼专区的鲁潘德希县），属刹帝利种姓，其父为净饭王。他从小受到良好的教育，长大后立为太子，并结婚生有一子。他因看到人的生、老、病、死，感到人生无常，又不满当时婆罗门的神权统治及其梵天创世说教，于29岁出家。经过6年苦行，在佛陀伽耶（今印度比哈尔邦加雅城）菩提树下成道。后来的45年间，在中印度各地游行教化，80岁时在拘尸揭罗

(一说在今印度北部戈勒克布尔之东迦夏城,另一说在今尼泊尔加德满都东)两棵娑罗树间涅槃。他的弟子将他一生所说的教法记录整理,通过几次结集,成为经、律、论"三藏"。

2. 原始佛教教义

原始佛教主要宣传四圣谛、十二因缘、八正道。谛的意思是真理。这套理论的核心内容是讲世界是苦的,只有信仰佛教才可以摆脱苦的道路。佛教认为现实世界是个痛苦的过程,即所谓"苦海无边"。为此,提出了一套说明苦难和解决苦难的方法,就是"四谛说"或"四真理说"。

"四谛"是苦、集、灭、道。

苦谛:讲现实存在的种种痛苦现象。

集谛:讲造成痛苦的各项原因或根据。

灭谛:讲作为佛教最后理想的无苦境界(涅槃)。

道谛:讲为实现佛理想所应遵循的手段和方法。

"十二因缘"是佛教关于人和世界起源的探索,又称"十二缘生",即无明、行、识、名色、六入、触、受、爱、取、有、生、老死。

"八正道"是道谛的发挥,即正见、正思、正语、正业、正命、正精业、正念、正定。具体指出八种解脱诸苦、断绝轮回、达到"涅槃"境界的途径和方法。

佛教在分析苦难和造成苦难原因时,提出了唯心主义的"十二因缘"说。"十二因缘"的中心内容是说,人生的痛苦是无明,即愚昧无知所引起的。只有消除无明,才能获得解脱。站在马克思主义的立场上看,佛教人生的苦,是抽掉了阶级内容的,把受压迫剥削的奴隶连起码的生活条件都得不到的苦,以及统治阶级贪得无厌得不到满足的苦混为一谈。讲苦的根源不谈社会原因,而归之于个人的"无知",这只能引导人们去注意道德的自我完善,而不去注意社会的改造。其结果只能期望来世有一个好的处境或寄希望于神秘的涅槃，现世只好在苦中无可奈何地挣扎。

约在公元前4世纪，佛教徒发生了第一次大分裂，出现了上座部和大众部。到公元前3世纪至1世纪，上座部七次分裂成十二派。大众部四次分裂成八派。佛教史上称这一时期为部派佛教时期。在这个基础上，1世纪时形成了大乘佛教，而把部派教贬为小乘。

小乘和大乘在教义理论和修持实验方面都有所区别。小乘未彻底摈除物质要素，而残存了一些唯物主义成分。大乘把佛教推向更彻底的唯心主义。小乘把释迦视为教主，追求个人自我解脱，把"灰身灭智"证得阿罗汉作为最高目标。大乘能运载无量众生，从生死大河之此岸到达菩提涅槃之彼岸。三世十方有无数佛，进一步把佛神化。宣传大慈大悲，普度众生，把成佛渡世、建立佛国净土作为佛教最高目标。

佛教哲学本身蕴藏着极高的智慧。它对宇宙人生的洞察，对人类理性的反省，对概念的分析，有着极深刻独到的见解。恩格斯在《自然辩证法》中称誉说，佛教徒处在人类辩证思维的较高发展阶段上，"辩证的思维——正因为它是以概念本性的研究为前提——只对于人才是可能的，并且只对于较高发展阶段上的人（佛教徒和希腊人）才是可能的，而其充分的发展还晚得多，在现代哲学中才达到"。[①]

二　佛教思想在中国的传播和发展

1. 佛教传入中国的时间

佛教传入中国的时间，严格说应该是佛教传入中国中原地区的时间，在中国史书上有两条确切记载的材料。

一条是："昔汉哀帝元寿元年，博士弟子景卢受大月氏王使伊存口受《浮屠经》曰复立者其人也。"

[①] 《马克思恩格斯全集》第20卷，人民出版社，1973，第565~566页。

此记载见于《三国志》卷30《魏书·乌丸鲜卑东夷传》注释所引《魏略·西戎传》中。《魏略》一书今已失传，其作者是魏国京兆人鱼豢。今天只能从裴松之注的《三国志》中见到片段。这是一条很重要的材料，说明在公元前2年（元寿元年）佛经已经传入中国中原地区，中国开始学习佛法。

另一条是："浮屠，佛也，西域天竺国有佛道焉。佛者，汉言觉也，将以觉悟群生也。其教以修善慈心为主，不杀生，专务清静。其精者为沙门。沙门，汉言息也，盖息意去欲而归于无为。又以为人死精神不灭，随复受形，生时善恶皆有报应，故贵行善修道，以炼精神，以至无生而得为佛也。佛长丈六尺，黄金色，项中佩日月光，变化无方，无所不入，而大济群生。初，明帝梦见金人长大，项有日月光，以问群臣。或曰：'西方有神，其名曰佛。陛下所梦，得无是乎？'于是遣使天竺，问其道术而图其形像焉。"

此记载见于《后汉书》卷42《光武十王列传》中，由唐章怀太子李贤为《楚王英列传》注释所引袁宏《后汉纪》。这段史料与上一条史料一样，历来为佛教史学所珍视。它不仅是中国人记载的对佛教教义的说明，还提到了明帝遣使天竺求佛的事。

在此，还要将中国历史上长期以来流传的明帝遣使天竺、白马驮经返洛阳的说法作介绍。

据《牟子理惑论》（见于梁僧祐编《弘明集》之中）、《四十二章经序》、《高僧传·摄摩腾传》、《魏书·释老志》等书的记述，大体如下：公元64年（永平七年），汉明帝夜梦金人飞行庭殿，次日问于群臣。太史傅毅说：西方有神，其名曰佛，陛下所梦恐怕就是他。于是明帝就派中郎将蔡愔、秦景、博士王遵等去西方，访求佛道。公元67年（永平十年）蔡愔等于大月氏国遇沙门迦叶摩腾、竺法兰两人，并得佛像经卷，用白马驮着共还洛阳。明帝特别建立精舍，供他们居住，称作白马寺。于是迦叶摩腾、法兰二人在寺里译出了《四十二章经》。

2. 中国人如何吸收和改造外来佛教

佛教自印度传入中国，中国并没有全盘接受，也没有生搬硬套。佛教虽有它自己的思想体系，但自从传入中国的那一天起，一直是按照中国封建社会的解释和需要来传播其宗教学说的。以下将依朝代顺序作扼要介绍。

汉代佛教，是与中国本土的道术方士思想相结合的。

由于佛教是通过官方的渠道传入中国的，所以佛教在传入初期，主要传播的范围，也只是在上层社会，而且也是当做一种方术被接受的。楚王刘英是中国历史上第一个信仰佛教的皇家贵族。史书上说他"诵黄老之微言，尚浮屠之仁慈"①，就是说，刘英把黄老的学说和佛教的学说等量齐观。到了桓帝（147~167年）时期，宫中设华盖以祠浮图老子。当时他铺张浪费的宗教祠祀遭到正直大臣的反对。襄楷上书："又闻宫中立黄老浮屠之祠。此道清虚，贵尚无为，好生恶杀，省欲去奢。"② 就是说，今天你皇帝陛上如此铺张浪费来祠祀，与佛、道二教的清虚无为之道不合，所以不会得到佛的保佑。再有上面提到的袁宏《后汉纪》中对佛教的理解："又以为人死精神不灭。随复受形，生时善恶皆有报应，故贵行善修道，以炼精神，以至无生而得为佛也。"这些说明了汉代中国人以宗教精灵不灭的观点来理解佛教，和佛教的原来意思很不相同。释迦牟尼提出叫人不要相信有无常不变的事物，更不用说有长生不死的人可以飞升了。汉代人理解的佛教是道术。

汉代只有少量佛寺，是为了满足西域来华胡商的宗教信仰需求。法律上不允许中国人出家做和尚。佛教在广大群众中没有引起注意，在哲学理论上也没有表现出它独特的思想体系，佛教被改造为祠祀的一种。三国时期有个残暴的地方官吏叫笮融，他借靠当时徐州的一个地方官陶谦的势力，从管理今天扬州一带的水上运粮中发了大财，乃大起浮图

---

① 《后汉书》卷42《光武十王列传》。
② 《后汉书》卷30下《郎凯襄楷列传》。

祠，造佛像，可容纳3000人。这是中国史书上佛教建寺造像的正式记载。当时信佛的人可以免除其他徭役。

魏晋南北朝时期的佛教，与魏晋玄学唯心主义观点相结合。

在当时魏晋玄学唯心主义流行的社会基础上，佛教也得到了统治者的关心和提倡。这一时期的中国社会，在东汉农民起义失败后，三国分裂，经过西晋短暂的统一，接着北方有五胡乱华，战火不断，南方在门阀世族的统治下，民不聊生。广大下层社会人民需要找到精神寄托，黄巾大起义就是以道教作为组织形式的。此时经过百多年来的佛经翻译，经典已有千卷。但在哲学界引起注意、产生大影响的是大乘空宗的"般若学"，般若学是佛教大乘的宗教哲学。这种学说用否定的思辨方法以论证现实世界虚幻不实，不但认为一切物质现象和精神现象是虚幻不实的，而且物质现象和精神现象的某些原则、原理的确实性，也是虚幻的。它被介绍到中国后，中国学者和僧众并没有完全按照印度原来的般若空宗的理论去理解，而是用魏晋玄学的观点去迎接般若学说。当时的佛教首领道安、慧远等用王弼、何晏等人"贵无"学派的思想体系来解释"般若"。

中国佛教徒认为"般若学"的基本含意是阐明"本无"的原理，"无在万化之先，空为众形之始"[①]。他们所理解的佛学，只能是玄学化的佛教哲学。由于用玄学唯心主义的观点来解释佛教的哲学思想，所以，这个"般若"学派得到了上层统治者的大力支持，并扩大了佛教影响。而下层的广大人民则接受了涅槃佛性的学说，《涅槃经》受到人民的欢迎，即"一切众生皆有佛性"。它在南朝，成了最有毒素的、麻痹广大人民反抗意志的口号。南朝宣传涅槃佛性学说、主张顿悟成佛的竺道生得到了社会的普遍重视，与它的现实作用有不可分的关系。

隋唐时期佛教宗派的建立

隋唐是中国佛教史上的鼎盛时期，也是它的成熟期。

---

① 见《名僧传抄·昙济传》，引自汤用彤《汉魏两晋南北朝佛教史》上册，中华书局，1983，第175页。

第四讲　佛教在中国的传播和发展及其在东北亚、东南亚的流行

隋代，佛教可以说完成了它的"中国化"进程，各派思想达到了成熟，于是佛教宗派应运而生。隋朝的开国君主文帝是由尼姑扶养大的，在尼姑庵生活了13年。他曾经对和尚灵藏说："律师度人为善，弟子禁人为恶，言虽有异，意则不殊。"言下之意，他当皇帝的，须要用暴力去禁人为恶，同时也要和尚去帮他度人为善。由于隋唐诸帝对佛教的大力支持，中国佛教达到鼎盛。

寺院经济在南北朝有所发展。南北朝时期中国佛教只有学派，还没有宗派。僧侣地主过着世俗封建地主一样的剥削生活，靠收租过活。到了隋唐时期，产生了庙产继承权的问题，佛教徒也产生了像世俗地主封建宗法制度的传法关系。有了独立雄厚的寺院经济，佛教宗教哲学才有条件进行创造性的发挥。隋唐以后，中国佛教已基本走上独立发展道路，不再靠翻译外来经典，开始有自己的和尚对佛经注释以及关于阐发佛教宗教学说的著作。这是佛教传入中国广泛发展后最繁荣的一个阶段。

唐代统治者看到农民起义打垮了隋朝，使他们懂得光靠武力统治不行，于是特别注意加强思想意识方面的统治，对儒、佛、道三方都很重视，经常诏三方讲论于殿庭。唐太宗尽管不信佛，但他还是拉拢、利用新从印度回来的玄奘，调动人力、物力支持他。唐朝几个佛教宗派的建立、发展，都与当时统治者的支持有关。在统治者的支持下，出现了不少有学问的和尚，建立了几个不同思想体系的佛教派别。在隋唐时期形成的主要佛教宗派有：天台宗、三论宗、法相宗、华严宗、律宗、禅宗、净土宗、密宗。而当时流行的是天台宗、华严宗，特别是禅宗，这些在印度佛学中很少有根据的一些宗派。法相宗生搬硬套印度的经院哲学，所以难以推广、流行。

佛教对宋明理学的渗透

进入宋代以后，中国封建专制主义制度更加强固，以宋明理学为代表的儒家学术成为维护封建统治秩序的指导思想。在此情况下，佛教日益与儒、道相结合，一些主要佛教宗派的基本观点为宋明理学所吸收。

佛教禅宗等对理学的心性论影响很大。

3. 佛教思想在中国传播发展的启示

历史唯物主义的基础决定上层建筑的规律，在中国佛教发展史上得到体现。从佛教输入中国和在中国的传播可以总结出，仅靠外来思想本身，不会对当时的社会发生重大的作用。只有当外来思想与当时社会的具体情况相结合，才能产生深刻而广泛的影响。

随着佛教思想在中国的传播，佛教文化也源源不断地输入中国。这是一次成功的文化交流。说它成功是因为中国传统文化有效地吸取了佛教文化的成果，将它改造为中国文化的一部分。这显示了中国传统文化的开放性、高度坚韧性和善于消化的能力，表现了中华民族强大而鲜明的主体意识，也就是以我为主，实现了成功的文化交流。佛教文化中还包含着一些有价值、有活力的思想内容，值得发掘、保存、借鉴和发扬，不应一概予以抛弃。有关这方面的情况，方立天在《中国佛教与传统文化》①一书中已有精辟论述，在此只作点睛式介绍。

文　学

佛经的翻译推动了翻译文学的形成，促使中国音韵学的进步。律体诗的产生和诗歌的发展，导致说唱文学——变文、宝卷、弹词、鼓词的相继产生，为古典文学提供故事情节和思想内容，并影响了古代文学理论。还为我国文学语言宝库增添了新的词汇，如今已成为民间流行的成语——清规戒律、五体投地、大千世界、皆大欢喜、苦海无涯、回头是岸，等等。

艺　术

佛殿、佛塔和经幢，均源于印度，是佛教建筑艺术的典型代表。它们传入中国后，结合汉地要素，经过历史演变，呈现出新的形式。就以塔为例，楼阁型的木塔是中国南北朝时期木塔的基本式样。这种楼阁型的塔，下为中国固有的楼阁，上为印度的窣堵波（梵文塔 stupa 的音

---

① 方立天：《中国佛教与传统文化》，上海人民出版社，1988。

译）。由于楼阁建筑的方形平面与印度窣堵波的圆形平面的矛盾，加之中国木结构的形式又难以做成圆形的平面，故而唐代匠师创造性地采用了八角形的平面，相应材料由木结构改为砖砌。到元明清时代，塔的形状更发展为十二边形、圆形、十字形以及内圆外方、外圆内方等多种，材料则发展到石、土、铜、铁、琉璃等多种，显得丰富多彩。

佛教雕塑主要指寺院和石窟中雕刻、塑造的佛像。它是佛教艺术的集中体现，主要保存在历代开凿的洞窟之中。从敦煌、云冈、龙门三大著名的石窟艺术中，可以了解到中国佛教雕塑艺术，经历了吸取印度犍陀罗艺术和笈多艺术的精华，并与中国传统雕塑艺术相结合，再到中国化的过程。有关情况，李崇峰的《中印佛教石窟寺比较研究——以塔庙窟为中心》[①]作了详细的分析、总结，值得认真阅读。

在佛教绘画传入中国之前，中国绘画已有独立发展。之后，中国画家吸取了佛教绘画的技术，形成了中国的佛教绘画。大体可分像和图两大类。像主要是佛像、菩萨像、罗汉像、高僧像等。图有佛传图（绘释迦牟尼一生的教化事迹）、本生图（释迦牟尼在过去为菩萨时教化众生的事迹）、经变图（绘某一佛经的全部或部分内容）、故事图和水陆图（悬挂在水陆法会殿堂上的宗教画）等。其中的经变图是中国佛教艺术的一项创造，它促进了绘画艺术技巧和样式的发展，又摆脱了佛教和佛本生故事范围的限制，开辟了反映现实生活与创造新形象的天地。以东晋画家顾恺之的《维摩诘像》为其代表作。无可否认，佛教绘画丰富了中国绘画的题材。

佛教音乐传入中国后，由于佛曲和中原地区的语言及音乐传统不相适应，不能配合用汉语译出或创作的歌词，于是僧人就采用中国的民间乐曲或宫廷乐曲，来改编传入的佛曲，即"梵呗"。"梵呗"是模仿印度的曲调创为新声用汉语来歌唱的。南朝齐竟陵文宣王萧子良曾经"招致名僧，讲论佛法，造经呗新声"[②]。梁武帝是个佛教音乐

[①] 李崇峰：《中印佛教石窟寺比较研究——以塔庙窟为中心》，北京大学出版社，2003。
[②] 《南齐书》卷40《竟陵文宣王子良传》。

家，曾创作《善哉》等10篇歌词①，配佛曲演唱。唐代佛教兴盛，随之佛教音乐繁荣，并完成了全面华化，成为民族音乐的一部分。

科　技

佛教传入中国后，对古代中国科学技术的影响，主要体现在天文历法和医学上。

天文历法

古代中国有自己的天文历法传统。随着佛教传入，特别是佛经的翻译，印度天文学的知识进入中国。从《隋书·经籍志》中可以见到有《婆罗门天文经》21卷、《婆罗门竭伽仙人天文说》30卷、《摩登伽经说星图》1卷等书。这些汉译的梵文天文经典开拓了中国学者的视野，同时积极汲取其精华。南朝宋人何承天的《元嘉历》受到印度天文学的影响。唐一行和尚编制《大衍历》，其中的某些内容来源于《九执历》。而《九执历》是当时在唐朝司天台工作的天竺（印度）人瞿昙悉达翻译成汉文的印度历法。它保存在由瞿昙悉达编纂的《开元占经》中②，值得重视的是本世纪初出版的钮卫星著《西望梵天——汉译佛经中的天文学源流》一书。

该书对汉译佛经中的天文学进行了全面的梳理和论证，明确指出汉译佛经是保存印度古代天文学资料的重要原始文献，同时对其资料进行详细的阐释、论证。在此基础上，又比较了古代印度与中国天文学的影响，进行了深入具体的讨论，书里还附有35个图像和31个表格，如"印度天文学入华一览表"以及书尾附录"《七曜攘灾决》五星，罗睺和计都历表"都是难能可贵的学术研究资料，其价值很高，也可见功力之深厚，是探讨古代中印天文学交流的一部力作。

医　学③

佛教传入中国之前，中国医药学的发展已较成熟，并奠定了直至现

---

① 《隋书》卷13《音乐志上》。
② 关于《九执历》请参见陈久金校注标点的《天竺九执历经》，载《中国载籍中南亚史料汇编》上册，上海古籍出版社，1994，第280~298页。
③ 可参看耿刘同、耿引循《佛学与中医学》，福建科学技术出版社，1993。

第四讲　佛教在中国的传播和发展及其在东北亚、东南亚的流行

在仍然遵循的理论基础和实践方法，随着佛教传入的医药学知识，只是对中国医药的丰富和补充。

佛经的大量翻译，佛教中有关医药的经典也被介绍到中国，如东汉译出的《佛说奈女耆婆经》《安般守意经》；三国时译出的《佛说佛医经》；西晋时译出的《佛说胞胎经》；东晋时译出的《佛说呪时气病经》《佛说呪齿经》《佛说呪目经》《佛说呪小儿经》；后秦译出的《禅秘要法》；隋朝译出的《不空绢索咒经》；唐朝译出的《佛说疗痔病经》《曼殊宝利菩萨咒藏中一字咒王经》《金刚药叉瞋怒王息灾大威神验念诵仪轨》《除一切疾病陀罗尼经》《能净一切眼疾病陀罗尼经》《观世音菩萨秘密藏如意陀罗神咒经》等。

佛经的传入，随之也带来了不少印度医药文献。据《隋书·经籍志》记载，有《龙树菩萨药方》4卷、《西域诸仙所说药方》23卷、《婆罗门诸仙药方》20卷、《婆罗门药方》5卷、《耆婆所述仙人命论方》2卷、《龙树菩萨和香法》2卷、《龙树菩萨养性方》1卷、《干陀利治鬼方》10卷、《新干陀利治鬼方》4卷等。可惜皆已失传。

随着佛经的翻译，古代印度"神医""耆婆"的声望也传入中国，而且还产生了一定的影响。耆婆约生于公元前6世纪左右，恰与我国名医扁鹊同时。印度古代人视耆婆正如我国古代人视扁鹊，认为他医术高明，有起死回生之术。据《四分律藏》卷39记载，耆婆曾为释迦牟尼治疗过水病。考耆婆医术，继承了婆罗门，即后来佛教僧侣医术，而婆罗门医术，又为印度吠陀时代医术的继承者。两晋南北朝时期，是印度婆罗门医术传入我国的极盛时代。在《隋书·经籍志》中，可以见到有耆婆著述的《仙人命论方》5卷、《五藏论》5卷。《宋史·经籍志》中，还见到署名耆婆的《五藏论》1卷。同时，以耆婆命名的药方亦出现。在唐人王焘编著的《外台秘要》一书中，有"千金耆婆万病丸""耆婆汤"等药方。无疑，这是托名耆婆以传医术。"耆婆万病丸"是当时流行的药方，人们认为此方能治百病，如癫痫、黄疸、疟疾、水肿、咳嗽、耳聋及妇科病，等等，以耆婆良医，故名耆婆丸方。不仅如

此，耆婆的医学思想对中国医学界也是有影响的。北凉昙无谶译《大集经》卷9中载有耆婆所说"天下所有无非是药"一语，被唐孙思邈所著《千金翼方》收录，卷一中说："有天竺大医耆婆云：天下物类，皆是灵药。万物之中，无一物而非药者，斯乃大医也……所以述录药名品，欲令学徒知无物之非药耳。"

最后，介绍龙门石窟的药方洞。

上面在谈佛教艺术时，已提到过中国著名的三大石窟寺。其中河南洛阳龙门石窟始凿于494年（北魏太和十八年），历东魏、西魏、北齐、北周、隋、唐、五代、北宋诸朝代，相继大规模营造达500多年之久。药方洞是北魏晚期的洞窟，但直到武则天时期才竣工，历时200余年。窟门两侧刻有古代药方140余种，涉及药物达120多种，包括植物、动物、矿物，是我国现存最早的石刻药方，其中以单方为主，大多简便有效。如小便不通，采用葱管导尿等。除此之外，应该提到的是，敦煌莫高窟北魏、北周、盛唐、宋代开凿的石窟中有"诊病图""急诊图"，以及有关治皮肤病、精神病等内容的壁画。龙门的药方洞、敦煌的治疗壁画，可以称之为石窟医药。石窟医药对医药知识的普及和保存起到了不可磨灭的作用。石窟医药不仅是中医药史上的一份宝贵遗产，还是独树一帜的佛教艺术与中医药结合的完美形式。简言之，没有佛教传入，就没有体现佛教艺术的石窟寺，没有石窟寺，哪来的药方洞？

三 佛教在东北亚、东南亚的流行

1. 佛教向四方传播的路线和时间

佛教的传播主要分北传和南传两条路线。其中北传又分两条路线，因为在中国佛教形成和发展过程中，又分汉地佛教和藏传佛教两大系统。

北传佛教的两条路线：

第四讲　佛教在中国的传播和发展及其在东北亚、东南亚的流行

一条经中央亚细亚传入中国,再经中国传到东亚的朝鲜半岛、日本和东南亚的越南。在近代又传到东南亚的马来西亚、新加坡和菲律宾。

另一条是藏传佛教,向北传入蒙古、前苏联地区;向南传入不丹和锡金。

南传佛教的路线:

佛教在阿育王统治时期传入斯里兰卡,再由斯里兰传入缅甸、泰国、柬埔寨、老挝、马来西亚、印度尼西亚等国,以及我国云南的傣族、崩龙族、布朗族等少数民族地区。

佛教向四方传播的具体时间,大体如下:

公元前3世纪,阿育王(公元前218~公元前232年)统治时期佛教传入斯里兰卡。

1世纪中佛教由中亚传入中国中原地区。

2世纪末大乘佛教从中国传入越南。

4世纪佛教从中国传入朝鲜半岛。

约在4~5世纪,佛教由斯里兰卡传入缅甸。

6世纪前半叶,佛教从中国经朝鲜半岛南部的百济传入日本。

约在12~13世纪,佛教由斯里兰卡传入泰国。

12世纪后,佛教由泰国传入柬埔寨、老挝。

19~20世纪初,佛教传入欧洲。

20世纪传入美国。

北传佛教以大乘佛教为主,其经典大多是从中亚诸民族的文字和印度的梵文陆续译为汉文和藏文的。

南传佛教主要是小乘上座部佛教,其经典是用巴利文编写的。

2. 中国佛教隋唐宗派对朝鲜半岛和日本的影响

朝鲜半岛

4世纪时,佛教由中国传入朝鲜半岛。当时的朝鲜半岛是三国(亦称三韩:高句丽、新罗、百济)时代。

372年（前秦建元八年），苻坚派使者和僧人顺道送佛像、佛经给高句丽。374年（建元十年），前秦僧人阿道到高句丽弘法，高句丽建佛寺给他们居住。

384年（东晋太元九年），胡僧摩罗难陀从东晋到了百济，创立佛寺，度僧10人，为百济佛教之始。

549年（梁太清三年），梁武帝遣使偕同来华的新罗学僧觉得送佛舍利至新罗国。563年（陈天嘉六年），陈文帝遣使赴新罗，送佛典1700余卷。

隋唐佛教宗派传入朝鲜半岛：

随着朝鲜半岛来华留学僧人的增多，隋唐佛教的宗派也传入朝鲜半岛，尤其在7世纪后新罗统一朝鲜半岛的时代。

（1）三论宗　628年（贞观二年）高丽僧人慧灌、道登相继来华，从三论宗的创始人吉茂受传"三论"义理。之后，两人赴日本传播三论宗义理。

（2）法相唯实宗（慈恩宗）　玄奘大弟子新罗人神昉和园测于693年（长寿二年）由唐返国后，宣传和阐发唯实理论。之后，又有智凤、智鸾、智雄三人于703年（长安三年）自新罗入唐，受学唯实义理。他们后来赴日本，大力宣扬法相唯实宗义理。

（3）华严宗　著名新罗僧人义湘于661年（龙朔元年）入唐，到终南山至相寺，从华严宗二祖智俨学习"华严"妙旨。返国后，大畅华严义理。

（4）律宗　新罗僧人慈藏率门人十余，于638年（贞观十二年）到长安学习。唐廷慰抚、优礼有加。643年（贞观十七年）返国时，在唐请得藏经一部并佛像，是为朝鲜半岛有大藏经之始。

（5）禅宗　禅宗传入朝鲜半岛后，便在新罗时代演成"禅门九山（迦智、实相、桐里、阇堀、凤林、狮子、圣住、曦阳、须弥）"。八山在新罗，仅须弥山在高丽境内。禅宗以其众多的山派，汇成朝鲜半岛佛教的主流。

第四讲　佛教在中国的传播和发展及其在东北亚、东南亚的流行

（6）密宗　632年（贞观六年）新罗僧人明朗入唐，学习杂部密法，另有新罗沙门惠通、明晓也入唐学密。他们返国后传弘密教颇多贡献。唐僧义林，曾从印度入唐僧人学习胎藏法，后来赴新罗，传布密教。

（7）天台宗　高丽文宗王第四子义天于1085年（宋元丰八年）来华求法，从天竺寺慈辨受传天台教观。于1086年（元祐元年）携所得经书千余卷返回高丽。后大力弘扬天台华严教法。

这里，还应约略介绍《高丽藏》的有关情况。

宋朝初年，在成都新雕大藏经版完成，付印。989年（端拱二年）高丽成宗王来请《大藏经》，太宗赠予。后高丽不断来请经，至1063年（辽清宁九年），辽道宗以新印契丹藏一部赠高丽文宗王。后来高丽王朝以蜀（成都）版藏经为底本，从1011年开始，至1082年完成雕印大藏经，即《高丽藏》。遗憾的是，这部藏经的版木毁于蒙古兵火。自1236年起，高丽又重刻了86600多块《大藏经》版，至今仍保存完整。

佛教传入朝鲜半岛，自三国鼎立时代，中经新罗时期，迄至高丽国时代（918~1392年），极为兴盛。高丽国王、王子、王族争当僧侣，不少僧侣被尊为王师、国师，佛教达到了繁荣的顶峰。及至李朝以儒教，尤其是朱子学为国教，佛教趋于衰落。20世纪50年代，佛教在韩国又获得迅速发展，成为当前韩国的最大宗教。

日　本

中国佛教传到外国，受其影响最深、最广泛的要数日本。佛教是6世纪时从中国经百济传入日本的。当时日本信奉多神教，认为诸神既是人类的赐福者和保护者，又是人类的惩罚者和摧毁者。佛教的慈悲教义，似乎给人们带来了仁慈和得救的福音，日本人对这一外来宗教以敬畏和喜悦迎之。当时日本国家正从若干部族构成的权力结构进化成为一个中央政府。摄政的圣德太子以佛教作为政治工具，要求全体臣民皈依三宝。从此，佛教得到极大发展，成了统治阶级的权力和财富的象征，同时也是新文化的象征。

奈良时代（708~781年）

此期间，日本佛教已形成了不同的宗派。这是由于中国僧人赴日本传法、日本留学唐朝的僧人回国弘化的结果。宗派有：

三论宗　中国三论宗创始人吉藏弟子、高丽僧人慧灌于625年去日本弘化三论，建立三论宗。

法相宗　日本僧人道昭等于653年来长安，受教于玄奘门下。回国后即弘扬法相唯实宗的学说，为日本法相宗初传。

华严宗　唐僧道璿应邀于726年赴日本弘扬"华严"义理，为日本华严第一传。继之，中国华严宗创始人法藏的弟子、新罗僧人审详去日本宣讲《华严经》，为日本华严宗初祖。

律　宗　753年，扬州大明寺律宗大师鉴真经五次失败后，终于抵达日本。在奈良东大寺兴戒坛，日皇、皇后等430人从受菩萨戒。后来又建唐招提寺，设戒坛，前后受度的有4万人以上。鉴真遂成为日本律宗初祖。

此外，还有成实宗、俱舍宗。以上是奈良时代中国佛教传入日本后，逐渐形成的六个宗派。其中以三论宗和法相宗最为兴盛。

平安时代（782~1191年）

日本僧人最澄和空海于804年一起泛海入唐求法。最澄在唐学习天台教义。空海于806年携在唐所得经轨章疏216部返回日本，弘扬密教。他们的门人、法裔，也都入唐求法，对日本的佛教起了巨大的推动作用。日本佛教史称之为"入唐八家"。而"天台""真言"两宗都以祈祷"镇护国家""积福灭灾"为使命，受平安时代皇室、贵族的尊崇，盛极一时，史称"平安二宗"，迄今仍有阵地和大量信徒。

镰仓时代（1192~1333年）

由中国传入日本的禅宗，以及基于中国佛教的传衍而形成的净土和日莲各宗特别兴盛，从而使日本佛教趋向于大众化。南宋时，日本来华参观学习的僧人和宋僧去日本弘传禅学十分频繁。1168年和1187年，日本僧人荣西两度来华，回国后创临济宗。荣西弟子道元来华参霭禅宿，回国后又开创曹洞一宗。1199年日僧俊芿到杭州径山从杨岐派。1246年（淳祐六年）兰溪的道隆东渡日本，弘扬杨歧派禅法，推动了禅学在日本的大发展。镰仓时代的日本禅宗有24个流派，其中20个流派属于以恬淡和刻苦为宗风的临济扬歧派系统。

由唐宋时期传入日本善导创立的净土念佛法门，后经演变，在日本创立了净土宗、净土真宗。又有日莲专奉汉译《法华经》，后来逐步演变为日莲宗。

禅宗、净土宗和日莲宗都没有繁杂的教义和仪式，主张不经过累世修行就可成佛。因而，在武士和中下层人民中流传甚广。净土宗和日莲宗与日本民间信仰、习俗的结合最为密切，具有鲜明的民族特色，所以发展更为迅速，至今仍是日本佛教中拥有教徒最多的流派。

17世纪中叶，福州黄檗山高僧隐元隆琦应邀赴日本，受江户德川幕府的皈依，在宇治开创黄檗山万福寺，举扬黄檗宗风。至今，日本黄檗山寺庙仍保持着明代禅林风范。

佛教与日本国家政权密切结合，强烈地影响了国家政治生活。6世纪时，圣德太子定佛教为国教；奈良时代圣武天皇动员全国力量建立东大寺和国分寺；平安时代的官僚、贵族，镰仓时代的将军，江户时代（1503~1867年）的幕僚都信奉佛教，国家的大部分事务都由僧侣办理。古代日本政治带有浓厚的佛教色彩。

19世纪以来，日本佛教界对佛教进行了适应资本主义社会的改造，佛教界新兴教团相继形成。如日莲宗的创价学会、立正佼成会、灵友会就很出名。创价学会建立的公明党是现在日本参、政两院中的第三大党，对日本政治生活有着重要影响。

禅宗对武士道有着直接的重大影响。它简单明快的教义、简朴寡欲的生活、刻苦磨炼身心的力行、重礼节义气的风尚和"生死一如"、视死如梦幻的观念，都对武士的精神产生了极大影响。禅宗的教义成为武士的精神武器。武士们驱驰矢石之间，出入生死之门，需要适应这种生活方式的意识形态和磨炼方式。

日本至今尤盛行不衰的茶道，始于12世纪日僧荣西从中国带回茶种，种于禅寺的庭院中，从此，在禅院里形成了饮茶和茶会的风气。后来渐次普及到武士社会。

中国和日本同文，可以说佛教在同文方面起了重要的桥梁作用。

3. 中国佛教与东南亚各国的密切关系

越　南

中越地域接壤，自古即为中印海路交通的中转站。2世纪末，中国著名的佛教学者牟融避乱，从广西到今天的越南河内居住。在那里著《理惑论》，以显扬佛教。此后，中国僧人不断到越南弘法。6世纪以来，中国佛教禅宗和净土宗相继传入越南，并获得广泛流传，形成了若干流派。

禅宗流派有：

灭喜禅派　灭喜为南印度人，即毗尼多流支，来中国后师事禅宗三祖僧璨。580年从中国到越南，创建了中国禅宗的灭喜派。此派流传至13世纪后，趋于衰微。

无言通禅派　无言通，广东人，后在浙江婺州（今金华一带）双林寺出家。820年到越南，在北宁仙游县建初寺开创无言通禅派。此禅派在越南递相传承，绵延不断，至今仍为越南禅宗主流。

竹林禅派　陈朝仁宗禅位出家为僧，参禅著述，教化弟子，开竹林派。

竹林莲宗派　该派于17世纪末，从竹林禅派分化出来。竹林禅派的白梅麟角和尚在升龙城（今河内）创莲宗派。他吸取了中国南宋慈照子元倡导的白莲教教义，并将临济禅法和念阿弥陀佛结合起来，宣扬禅教双运，以教为佛眼，禅是佛心，实际上以专念阿弥陀佛为其中心。此派在越南北部农民中广泛流传，乃至形成以后北越佛教的主流。

佛教在李朝（1010～1224年）、陈朝（1225～1405年）被定为国教。15世纪越南统治者推崇儒学，佛教一度被削弱。17世纪末佛教又开始复兴，形成了禅宗和净土宗的进一步结合。

越南佛教深受中国佛教影响，具体表现如下：

佛教经典用中国文字，僧侣和其他佛教徒一直使用中文《大藏经》。

佛教徒的受戒仪式与中国佛教相同。

佛教的寺院和佛塔建筑都保留着中国的色彩。

近代越南佛教则是中国大乘佛教、儒教、道教和越南民间信仰的混合物，呈现出混杂信仰的独特形态。

柬埔寨

中国与柬埔寨在1世纪就有往来。相传这一民族渊源于晋译本《大方广佛华严经》卷45《诸菩萨住处品》中所说的"甘菩遮国"。

5世纪中，扶南国王阇耶跋摩曾遣使以海舶载货来广州贸易。其时有印度僧人那伽仙搭乘此海舶去扶南，向扶南国王陈述了中国佛法的兴盛情况。扶南国王遣那伽仙携带国书并金缕龙王坐像、白檀像、牙塔等，于484年（齐永明二年）来中国赠送给南朝齐武帝①，国书中阐述了扶南佛教的昌盛。不久，扶南硕学沙门僧伽婆罗也随商舶来到齐都（今南京）。503年（梁天监二年）扶南王阇耶跋摩又遣沙门曼陀罗携梵本多种及珊瑚佛像，赠予中国。之后，两位僧人受梁武帝之邀，在寿光殿、华林园、扶南馆等处翻译佛经，至518年（天监十七年）共译出《大乘十法经》等10部33卷。可见当时扶南的佛教文化，受到了中国朝廷的尊敬。

6世纪时，该国另一个王朝建立，改称为真腊国，国都是伊奢那城，即玄奘在《大唐西域记》卷10"传闻六国"中提到的伊赏那补罗国，也是一个信奉佛教的国家。9世纪初，真腊王在今洞里湖东北建筑有宗教特色的吴哥城。之后此城为国都，还在都城内兴建吴哥寺。后来，由于受缅甸、泰国的佛教影响，真腊改奉上座部的巴利语系佛教。

---

① 《南齐书》卷38《东南夷列传》。

在第二讲中已提到过《真腊风土记》一书，该书对真腊当时佛教情况的记述，是柬埔寨南传佛教情况在汉文中的最早记录。

缅　甸

中国和缅甸自古以来就有友好关系，据汉文史书记载，东汉（25~220年）时期，掸国（缅甸古称）不断遣使，送物来华。[①] 在玄奘的《大唐西域记》卷10中称该国为室利差呾罗国。义净的《大唐西域求法高僧传》卷上提到，昙光律师，荆州江陵人，游行至达诃利鸡罗国（今缅甸西部阿拉干）。玄奘和义净都听说该国佛教盛行。

792年（贞元八年），骠国（今缅甸）国王遣其弟悉利移（《新唐书》记载为"悉利移城主舒难陀"）向唐朝通好，并送来有关佛教的乐歌十曲。（《新唐书》记载："有佛印、赞娑罗花十二曲。"）

11世纪中，蒲甘（今缅甸北部）名王阿那罗多大弘佛教，使巴利文上座部系统的佛法在缅甸开始兴盛。传说，阿那罗多曾向中国求取佛牙，未得。18世纪时，缅甸向中国清朝赠送金塔、佛像、石长寿佛、贝叶缅字经等。其时，清朝还赠了许多珍品，内有佛牙舍利一颗，如今供奉在该国敏贡的佛塔中。

泰　国

中泰佛教关系始于5世纪。

529年（梁大通三年　中大通元年）、532年（中大通四年）、534年（中大通六年），盘盘（今泰国万仑、斜仔附近）、赤土（今泰国佛廊、宋卡一带）、狼牙修（今泰国北大年、吉打等地区）、堕和罗都（今泰国古都阿瑜陀耶一带）等国遣使中国，送来菩提国舍利及画塔图并菩提树叶、栴檀等香[②]。515年（梁天监十四年），狼牙修国遣使阿撒多携国书来梁通好。国书中有"离淫怒痴，哀愍众生……慈心深广，律仪清净，正法化治，供养三宝"等语。[③] 可知该国受佛教文化的熏陶甚深。

---

① 《后汉书》卷86《南夷西南夷列传》。
② 《梁书》卷54《诸夷列传》，《隋书》卷82《南蛮列传》，《南史》卷28《夷貊列传》上。
③ 《梁书》卷54《诸夷列传》。

第四讲　佛教在中国的传播和发展及其在东北亚、东南亚的流行

玄奘《大唐西域记》卷10提到印度以东的6个佛教国家，即有迦摩浪迦（狼牙修）和堕罗钵底（堕和罗）。义净在《南海寄归内法传》卷一中提到："次此南畔，逼近海涯……次东南有郎迦戍国，次东有杜和钵底国，……悉极遵三宝，并有持戒之人，乞食杜多，是其国法"。可见，隋唐时期，泰国各地与中国佛教关系相当密切。这种情况一直至元、明、清三代，中泰保持友好，往来不断。1736年（乾隆元年）清廷以铜赠泰国，为该国造佛寺之用。

印度尼西亚

中国与印度尼西亚的佛教关系始于5世纪。

392年（太元十七年），西域人迦留陀伽在东晋译出《十二游经》，其中有"海中有二千五百国，……五国王，一王主五百城……第四王名阇耶（即爪哇），土地出毕钵，胡椒"。这是印尼群岛（包括爪哇岛）的记载见于中国佛教文献之始。

411年（义熙七年），东晋僧人法显历游天竺后，由师子国航返归国途中，在耶婆提国（苏门答腊岛）停留了五个多月。据他在《佛国记》中所记，该国婆罗门兴盛、佛法不足言。随后印度僧求那跋摩到该国弘扬佛法，使阇婆国（苏门答腊或爪哇）国王及国人从其受戒，佛法遂大兴。424年（景平二年）宋文帝致书阇婆国国王婆多加，邀请求那跋摩来华弘法。① 跋摩来建业后参与译经。435年（元嘉十二年）阇婆婆达国（似即阇婆国）国王师黎婆达随阿罗跋摩遣使主佛大陁婆，副使葛抵携国书并方物来与宋通好。国书中有"敬礼一切种智安稳天人师，降伏四魔，成等正觉，转尊法轮，度脱众生，教化已周，入于涅槃……"② 等语，充分显示出该国归信佛法之忱。另外，在阇婆洲上的诃罗单国（一说为苏门答腊，一说为爪哇）于430年（元嘉七年）、433年（元嘉十年）、436年（元嘉十三年）、449年（元嘉二十六年）、452年（元嘉二十九年）先后遣使送物并国书来宋修好。国书中洋溢着

---

① 《高僧传》卷3《译经》下《宋京师祇洹寺求那跋摩》。
② 《宋书》卷97《夷蛮列传》。

佛教语意。① 502 年（梁天监元年）、518 年（天监十七年）、520 年（普通元年）诃罗单国国王瞿昙修跋陁罗、国王毗邪跋摩也遣使送物与梁通好，并以佛教语言致书。②

唐宋时期，爪哇岛上的诃陵国、苏门答腊岛上的室利佛逝国，与中国的佛教关系往来不断。中印两国僧人多由此道往来。义净从西天返航，曾先后在室利佛逝停留六年之久，并在此撰写《大唐西域求法高僧传》《南海寄归内法传》两书。印度僧人金刚智、不空也是经阇婆国入唐的。781 年（建中二年），诃陵国僧人辨弘入唐求授胎藏毗卢遮那大法，足见该地区的密教也是由中国传入的。③ 1003 年（宋咸平六年），三佛齐（室利佛逝）国王思离咪啰无尼佛麻调华不仅遣使送物入宋，还在本国为中国皇帝兴建佛寺。④ 1017 年（天禧元年），三佛齐国王霞迟苏勿吒蒲迷遣使携书入宋，还送来梵经。⑤ 凡此，说明唐宋时期，中国与印度尼西亚的佛教关系相当密切。

7~11 世纪，印度尼西亚是亚洲的一个重要佛教中心地。法显去该地时，婆罗门教及其他教派盛行于该岛。之后不久，求那跋摩把佛教传入该地区。尤其是在佛利微阇那王国时，683~684 年的国王是一个佛教信徒，故而大兴佛法。著名世界艺术宝库，在今印度尼西亚日惹的婆罗浮屠的三神龛建于 775~850 年之间。

其他东南亚地区

7~10 世纪期间，是佛教在东南亚最光辉灿烂的时代。近代以来，随着大批华人移居东南亚，中国佛教也传入马来西亚、新加坡。

古代马来西亚受印度文化强烈影响，居民大多信仰佛教和印度教。15 世纪时麻六甲王国宣布伊斯兰教为国教，佛教濒于灭绝。19 世纪以

---

① 《宋书》卷 97《夷蛮列传》。
② 《梁书》卷 54《诸夷列传》。
③ 见《大唐青龙寺潮供奉大德行状》，转引自中国佛教协会编《中国佛教》第一辑，知识出版社，1980，第 219 页；《宗教词典·青龙寺条》，上海辞书出版社，1981，第 628 页。
④ 《宋史》卷 489、490《外国列传》五、六。
⑤ 《宋史》卷 489、490《外国列传》五、六。

来，大批华人僧侣和佛教徒来到马来西亚，兴建佛寺，信徒逐渐增多，形成了槟城和吉隆坡两大佛教中心。

19世纪初，福建和广东等地人来到新加坡定居，佛教僧侣也来此地建筑佛寺和创校，传播佛教教义。

近代中国佛教又传入菲律宾，菲律宾信奉中国带去的佛教，教徒近5万人，主要集中在首都马尼拉。

参考文献

季羡林：《论释迦牟尼》，《世界宗教研究》1982年第2期。

季羡林：《佛教十五题》，中华书局，2007。

〔荷〕许理和：《佛教征服中国——佛教在中国中古早期的传播与适应》，李四龙、裴勇等译，江苏人民出版社，2003。

任继愈：《汉唐佛教思想论集》，人民出版社，1963、1972。

马祖毅：《中国翻译简史——五四以前部分》，中国对外翻译出版公司，1984。

中国佛教协会编《中国佛教》第一辑《中外佛教关系史略》，知识出版社，1980。

方立天：《中国佛教与传统文化》，上海人民出版社，1988、1993；长春出版社，2007。

陈运宁：《中国佛教与宋明理学——一次本土文化与外来文化融合的成功例证》，湖南人民出版社，1999。

刘岩：《南传佛教与傣族文化》，云南民族出版社，1993。

陈景富：《中朝佛教关系二千年》，北京宗教文化出版社，1999。

〔日〕道端良秀：《日中佛教友好二千年史》，徐明、何燕生译，商务印书馆，1992。

古丽比亚：《西天的回声——西域佛教艺术》，湖南美术出版社，1999。

贺云翱等编《佛教初传南方之路文物图录》，文物出版社，1993。

第五讲
汉文化与周边国家的交流及其影响

一 有关对文化及文化交流的一些认识

1. 关于"文化"内涵、文化圈的划分及汉文化的地位

关于"文化"内涵

有关"文化"的定义,目前国内外各家之说纷纭,其定义不下数十种。

文化应当包括一个民族通过长期体力劳动和脑力劳动所取得的物质的和精神的全部成就。比如衣食住行、生活习惯、典章制度、意识形态、学术思想、宗教、精神生活、民族精神、价值观、审美观,等等。这些物质和精神的结晶,都应包括在内。周一良先生认为,据此文化可以分为三个层次:

> 一般说起文化,就想到哲学、文学、美术、音乐以至宗教等主要与精神文明有关的东西,这可以说是与政治、经济相对而言的狭义的文化。其实,政治生活中的典章制度,经济生活中的生产交

第五讲　汉文化与周边国家的交流及其影响

换，社会生活中的衣食住行、婚丧嫁娶等风俗习惯，以及与衣食住行有关的物质条件如生产工具、服饰、房屋、饮食、车船等生活用具，也莫不都是一个民族通过长期劳动和经验所取得的精神的或物质的成就，是人们体力和脑力劳动的结晶，应该说是广义上的文化。无论狭义的或广义的文化，它产生之后，就会在当时的历史条件下发挥作用，并随着历史条件推移而变化，其作用的性质（进步或落后）也会有所变化，要作实事求是的分析。我们今天吸取各国文化的成果，当然也需要区分其进步的、民主性的菁华和落后的以至反动的糟粕。抉择和判断，有所去取，择善而从。

除此之外，我认为还有一个层次，姑名之为深义文化。这就是说，在狭义文化的某几个不同领域，或者在狭义和广义文化的某些互不相干的领域中，进一步综合、概括、集中、提炼、抽象、升华，得出一种较普遍地存在于这许多领域中共同的东西。这种东西可以称为深义的文化，亦即一个民族文化中最为本质或最具特征的东西。这样说也许太抽象，不妨举例以明之。

以日本而言，我觉得仔细分析追究起来，她的文化中包含若干本质特征。其中之一是日本传统文学艺术中每每崇尚两个特点，可以译为"苦涩"和"闲寂"，而二者又有相通之处。这二者的具体表现，可以形容为简单、质朴、纤细、含蓄、古雅、引而不发、不事雕饰，等等。文学作品中，俳句讲求这种意境，而日本人民所喜闻乐见的俳句体裁本身，是由五七五等共十七个音节构成的短句，当然也符合简单质朴的要求……再从广义文化来说，日本吉庆仪节之尚白色，建筑之喜本色木料不加油彩，席地而坐的房中陈设之简单朴素，用具如瓷器造型着色之古拙高雅，以至日常饮食之清淡简单，等等，其间可说都贯穿着"苦涩""闲寂"的精神……

再举一个例子。也许由于岛国山川秀丽、气候宜人的缘故吧，日本人自古以来对于大自然特别爱好，因而对于季节的转换，对于山川草木，都表现出特别的敏感。这也构成日本文化的特征之一……日本人住宅庭院尽管窄小，也往往布置纤巧的"泉石之胜"……插花艺术和具有"咫尺天涯"之妙的盆栽在日本盛行，也不外这个道理。还可以从社会领域考察。日本在江户时代除大名武士公卿之外，老百姓是不许有姓的。明治维新以后，一般人民方得称姓。今天日本最多的姓，东部是铃木、佐藤，西部是田中、山本，都离不开大自然。至于以山川草木花卉取名的习惯，就更为普遍。这些都说明，爱好大自然是日本文化的特征之一。

…………

从千百年来中外文化交流的历史来看……在这三个层次的文化之中，狭义和广义的文化可以互相学习、引进，在对方国家生根、发芽、开花、结果；而深义的文化，由于是长时期在特定的、自然的、历史的和社会的条件下所形成，成为民族精神的结晶，已经近乎民族性的东西，也可以相互交流学习，加深理解，作为参考。如上文所举日本文化若干特征中的两点，它们是日本民族之所以成为日本民族的构成部分，我们愿意理解它、欣赏它，但又不像狭义或广义的文化那样容易移植引进，拿过来化为我有。看来，无论哪一层意义上的文化，交流吸收过程中都必须考虑并结合自己的情况。①

文化圈的划分

文化圈即一种文化所渐被之区域。

在此，先介绍日本著名汉学家西岛定生的论述。他曾提出，在世界历史上，东亚世界是一个文化圈。② 这个世界以中国为中心，包括周边的朝鲜、日本、越南等。这个文化圈的要素，大致可归纳为四项：①汉字文化；②儒教；③律令制；④佛教。由于使用汉字，使这个文化圈的思

---

① 周一良主编《中外文化交流史》前言，河南人民出版社，1987。
② 〔日〕西岛定生：《东亚世界的形成》，见刘俊文主编《日本学者研究中国史论著选译》（二），中华书局，1993，第88~91页。

想、学术传播成为可能，而儒教、律令制、佛教，也都以汉字为媒介。但这个文化圈除具有自身的价值外，它更是以中国王朝的政治权力乃至权威作为媒介而传播、扩展的。

下面介绍季羡林的论述。①

他认为，人类文化的产生是多元的，人类文化绝不是哪一个国家或民族单独创造出来的。每一个民族国家的贡献不一样，有的民族或国家的文化对周围民族或国家产生了比较大的影响，积之既久，形成一个文化圈或文化体系。据他的看法，人类有史以来总共形成四大文化圈：

古希腊、罗马一直到近代欧美的文化圈；

从古希伯来起一直到伊斯兰国家的闪族文化圈；

印度文化圈；

中国文化圈。

上面的四个文化圈又可以分为两大文化体系：第一个文化圈构成了西方文化体系；第二、三、四个文化圈构成了东方文化体系。这里，东方既是地理概念，又是政治概念，即所谓的第三世界。两大体系之间的关系也是互相学习、互相渗透的。在四个文化圈内有一个主导的、影响大的文化，同时各个民族和国家之间又是相互学习的。而在各个文化圈之间，也是一个互相学习的关系，这种关系即文化交流。从目前看，统治世界的是西方文化。但从历史上看，"三十年河东，三十年河西"。对目前注意东方文化很不够的情况，应加以矫正和平衡。与此同时，季羡林先生提出："到21世纪，三十年河西的西方文化就将逐步让位于三十年河东的东方文化。"

汉文化的地位

汉文化对人类作出过巨大贡献。

物质方面，如中国的四大发明：纸、印刷术、指南针、火药。

16~17世纪，英国伟大的思想家培根曾说：纸、印刷术、指南针、火药的发明，改变了整个世界事物的全部面貌和状态……第一、第二种

---

① 参见季羡林：《二十一世纪：东方文化的时代》，《文汇报》1992年3月10日。

是在（知识传播）文献方面，第三种是在战争上，第四种是在航海上，并且跟着这些发明的利用又引起了无数的变迁。由此看来，世界没有一个帝国、没有一个教派、没有一个星宿比这三种机械发明对人类发生过更大的影响了。①

美国人卡特对四大发明有如下评价：

"欧洲文艺复兴初期，四种伟大发明的传入流播对现代世界的形成，曾起重大的作用。造纸和印刷术替宗教改革开了先路，并使推广民众教育成为可能。火药的发明，削除了封建制度，创立了国民军制。指南针的发明，导致发现美洲，因而使全世界，而不再是欧洲成为历史的舞台。这四种以及其他的发明，中国人都居重要的地位。"②

精神方面，儒学是汉文化哲学思想上的一个主要内容，在其自身生长的过程中，不断与外部思想文化互相渗透。当它形成一种独具民族特色的思想文化体系之后，便不断与域外思想文化互相渗透，互相整合，吐故纳新，变换损益，适应时代需要去充实自身内容，并向四周不同民族地区传播，形成一个外延模糊的所谓儒家文化圈。

儒学是中国古代社会占统治地位的主导思想，"五四"新文化运动以来，西方近代思想纷纷进入中国思想界，打破了儒学独尊的局面，儒学占统治地位的时代一去不复返。但儒学在历史上确实起过对外交流作用，即使到了已经过时的今天，仍不失历久常新、富有启迪作用的精粹思想。

2. 有关中外文化交流史的研究情况

首先，应该谈站在什么高度来谈中外文化交流。谈文化交流当然离不开古今中外，而古代、近代、当代的文化交流又是不一样的。

古代：每个国家、民族不论大小，都对文化作了贡献。自原始社会以来就有文化交流，如果没有文化交流，人类社会就无法进步。研究古代的文化交流，要总结历史发展的现象和规律。

---

① 〔英〕培根：《新工具》，许宝骙译，商务印书馆，2008。
② 〔美〕卡特：《中国印刷术的发明及其西传》序论，吴泽炎译，商务印书馆，1991。

近代：近代中国与外国的文化交流，又是与近代中国的半殖民地半封建的社会性质，和中国人民与帝国主义、封建主义、官僚资本主义的三大矛盾交织在一起的。由于以上三种矛盾的交织，盲目排外和唯洋是崇的心态交替出现。

当代：今天的中外文化交流是在国家独立自主地对外开放中进行的。交流的总格局是，由技术引进推动经济合作，由经济合作推动文化交流，而文化交流又反过来进一步推动经济合作。这是在社会主义现代化的总体战略部署下的新的双方的中外文化交流。交流的主题是"现代化"，应该站在这个高度来谈中外文化交流，正确处理中国文化的输出和外国文化的输入。

其次，介绍改革开放以来中外文化交流史研究情况的一些著述。

周一良主编《中外文化交流史》，河南人民出版社，1987。

王小甫、范恩实、宁永娟编著《古代中外文化交流史》，高等教育
　　出版社，2006。

何芳川主编《中外文化交流史》，国际文化出版社，2008。

以上三部全方位地论述中外文化交流历史的著作具有一定的代表性。周一良和何芳川主编的书，是按地区和国别来分篇的。王小甫等人的书，是按时代顺序，尽可能地分地域和类别介绍相关内容。三书各有其亮点及特色，如下：

周书不仅填补了中华人民共和国成立以来中外文化交流史方面的空白，还第一次提出文化的三个层次和深义文化的概念。这些，上面已有介绍。何书高屋建瓴，从全球文明的大视角，提出文化交流中一些值得探讨的理论问题。如文化交流中的接受与拒斥问题；文化交流中的"误读"现象；文化交流中的整合与改造等。王小甫等人的书是大学课堂系统地讲授中外文化交流史的教材。其内容全面，材料新颖，不只引用文献，还尽量用新的考古文物资料来说明问题。观点明确，采用较新的研究成果，并注意反映近年的学术发展。还有，它纲目清楚，并在各章后附列重点难点、思考题及参考文献，既适合课堂讲授，也便于个人自学。

此外，还要提到由萧克任编委会主任的《中华文化通志》（上海人民出版社，1998）中的《中外文化交流典》。其中有关亚非部分的有：

严绍璗、刘渤：《中国与东北亚文化交流志》；

王介南：《中国与东南亚文化交流志》；

芮传明：《中国与中亚文化交流志》；

薛克翘：《中国与南亚文化交流志》；

沈福伟：《中国与西亚非洲文化交流志》；

应该说，这些关于中国与亚非国家的文化交流志，在收集汉文史料上独树一帜，在吸收域外的研究成果上做到了尽其所能。它们既有学术论点，也有普及功能。

至于以国别为篇章的中外文化交流史，改革开放30年来的研究成果，可谓林林总总。这里要特别指出的两本书，一本是武安隆的《文化的抉择与发展》[①]，另一本是胡锡奎翻译日本人木宫泰彦的《日中文化交流史》[②]。前者主要谈日本吸收外来文化史说，虽谈日本，但对研究中外文化交流是有借鉴的。从后一本书中，了解日本学者的观点和论述，可以互相补充。

总之，当前国内的研究，从"史"的角度叙述的较多，但对总结出带有"论"的规律尚需努力。

二 中国儒学外传所产生的影响

1. 儒家学说与现代社会

众所周知，1919年五四运动之后，儒学在中国占统治地位的时代一去不复返了。那么，历久常新的儒学思想精粹在现代社会生活中还能起作用吗？答案是，能。

---

① 武安隆：《文化的抉择与发展》，天津人民出版社，1993。

② 〔日〕木宫泰彦：《日中文化交流史》，胡锡奎译，商务印书馆，1980。

第五讲　汉文化与周边国家的交流及其影响

日本和二十世纪八九十年代出现的"亚洲四小龙"（新加坡、韩国、香港地区、台湾地区），都是有汉字的国家和地区，都和儒家文化有血缘关系。它们在现代化的过程中，不仅向西方学习，同时也提倡儒家思想。特别是日本，在企业管理中运用儒家思想调节人际关系的做法很多。在日本曾掀起过探讨"儒教资本主义理论"，也就是儒学在亚洲经济中的作用。从《孔子思想在国外的传播与影响》[1]附录《20世纪日本主要儒学研究者及其主要著作和研究活动》一文中可知，日本有许多关于儒学的学术团体，也出版了许多儒学的学术著作。从这些材料中还看不出日本的经济腾飞与儒学有什么直接联系，但不言而喻，日本经济的腾飞确实与儒学研究的加强有关。关系究竟在哪里，这还是个谜。日本筑波大学的高桥进，专门从事儒学伦理与现代企业管理关系的研究。他认为儒学与现代工业的交汇点，在于前者的伦理思想与后者的企业管理，并坚定地认为，儒家伦理思想的运用是日本经济起飞的原因之一。在此，还可举个小例子，即日本警察的公务员汉学考。日本某市的国际课课长道出其原由，他说，日本公务员考试历来重视"汉学"。其因有二：一是日本传统认为"汉学"是衡量一个人修养的重要指标。尽管在明治维新以后，日本从政治、文化上全面倒向西方，但在修养方面，依然保留了传统看法。所以多少要懂点"汉学"，是日本政府保证招来的警察有一定素质而不是社会流氓的一个重要手段。二是日本传统认为"汉学"包含着重要实用的管理方法，自古以来，就将其视为"治世之术"。公务员懂得较多汉学，有利于更好地实施管理和完成自身职责。[2]儒家思想对日本社会的影响由此可见一斑。

韩国著名教授柳承国说，东方的文化、西方的技术，这便是我们的未来。这些说法是否过于乐观，可以研究，毕竟可备一家之说。

新加坡为适应建设任务需要，从20世纪80年代起，把儒家的伦理引入新加坡的教育系统。1982年2月3日，当时的副总理吴庆瑞博士

---

[1] 杨焕英编著《孔子思想在国外的传播与影响》，教育科学出版社，1987。
[2] 萨芬：《日本警察的公务员汉学考》，《报刊文摘》2008年5月16日。

向报界宣布,儒家伦理将作为给中学三、四年级学生设置六门宗教知识的选修课之一(其他五门为圣经研究、伊斯兰教、印度教、佛教、比较宗教)。当年秋,又邀请余英时、许倬云、杜维明三位知名的儒学家到新加坡,请他们与学界、政界、新闻界共商此事。这当是儒学发展史上值得大书的一件事。1987年,作为新儒家与儒学复兴的著名国际倡导者杜维明来中国,他说:"未来人类文化犹如一幅镶嵌画,儒家思想就是这幅镶嵌画中的一颗光亮夺目的瓷片。"

中国著名学者张岱年明确指出,儒家学术中至少有四个观点,至今仍具有重要的理论价值。如下:

一是人格意识。儒家认为,人之所以为人者,主要在于人具有关于是非善恶的意识,用近代名词来说,即具有道德理性。儒家强调做一个人应尽"为人之道",即坚持自己的人格尊严、独立意志,同时爱敬别人。儒家肯定人格的尊严,这在今天仍有重要意义。

二是儒家强调"人和"。孟子说:"天时不如地利,地利不如人和。"人和即密切团结,相互合作,人与人之间相互敬爱。中华民族几千年来表现出了坚强的凝聚力,与儒家的"人和"观念有密切关系。

三是儒家宣扬积极有为的生活态度。孔子倡导"发愤忘食,乐以忘忧",赞成"刚毅"的品德。《易传》提出"刚健"的生活原则,"天行健,君子以自强不息"。这是勇于进取的精神,在历史上对知识分子和劳动人民起了激励鼓舞的作用,今天仍给我们深刻启迪。

四是从孔子开始,儒家特别强调人的社会责任心、以天下为己任的精神。

进入21世纪后,有关"儒学"的社会功能更是一个热门话题。特别是在复兴中华文化、建设和谐社会的今天,儒学能发挥哪些积极的作用?在学术文化界的种种看法中,汤一介教授的见解有其独到之处。他认为,儒家的"天人合一""人我合一""身心合一"这三个哲学命题,也许可以说为当今人类社会存在的三大问题——人和自然的矛盾、人与人(人与社会)的矛盾、人自身的矛盾提供了某些宝贵的思路和

特别重要的思想资源。大体如下:

中国哲学的源头之一《周易》提出了"天人合一"的思想(即"易,所以会天道,人道者也"),对解决当今"人与自然"的矛盾,是作为一种思维模式、一种世界观和思想方式、一种思考问题的路径来看"天人关系"的,其意义在于赋予"人"一种不可推卸的责任。"人"必须在"同于天"的过程中(提高到"天"的境界)实现"人"的自身超越,达到理想的"天人合一"的境界。而儒家的"仁学"能对造就"人与人"乃至国家与国家、民族与民族、地域与地域之间的和谐,即对造就"和谐社会"有重要意义。至于儒家提倡的做人的道理——"修德""讲学""改过""向善",是使人自我身心内外和谐的有意义的路径。[①] 这些论述启迪我们进一步去探索和发现。

2. 儒学在历史上对朝鲜半岛、日本、越南产生的影响

朝鲜半岛

半岛的历史进程如下:

676年,新罗统一三国(高句丽、百济、新罗)。

900~911年,新罗分裂为后三国(后百济、泰封国、新罗)。

936年,高丽统一朝鲜半岛。

1392年,高丽灭亡,李朝建立。

新罗时代广泛吸取中国文化,具体措施有:545年,居柒夫等以汉文撰修新罗国史。682年,新罗建立国学,到747年置诸业(专业)博士、助教,招收15~30岁的贵族弟子,用9年的时间修业完毕。必修的科目是《论语》《孝经》,选修的科目为《礼记》《周易》《左传》《毛诗》《尚书》《文选》等儒家经典。788年,设读书三品科,实行国家考试以录用官员。为推动学习儒学的热潮,国王甚至到国学听讲,并在公元8~9世纪,派许多贵族弟子到唐朝留学。其中有许多人考上了唐朝状元,不仅培养出封建统治者的骨干,还出现了许多儒学家,值得

---

① 汤一介:《儒学的现代意义》,《光明日报》2006年12月14日。

一提的是在新罗哲学中占重要地位的大汉学家崔致远。他12岁时随海舶来唐，在814年18岁时中进士，后来曾在唐朝当官，做过今江苏镇江一带的县官。之后当了唐廷的大官，并参与镇压了黄巢起义，于28岁时返国。他的诗文集在中国学界、艺苑受到重视，名《桂苑笔耕集》。

公元993~1019年，高丽和契丹之间曾进行过三次战争。自五代到宋，中国有许多文人、武士到高丽做官。这些投奔高丽的文人、武士都要经过高丽朝廷的考试，然后才得录用。被录用者，高丽朝廷采取重酬重任的鼓励政策。他们对朝鲜的文化教育事业都作出过重要贡献。

1231~1257年，蒙古军前后七次对高丽发动了战争，占据了朝鲜半岛的北部，直到1356年被高丽收回。

在13世纪末14世纪初，程朱理学自元朝传入高丽，对高丽的学术和政局都产生了重大影响。相传在1289年，高丽儒学提举安瑞随宗烈王赴元，第一次见到《朱子全书》，认为这是"孔门正脉"，于是全部抄下，并摹写了孔子、朱子等人的画像，带回高丽传播。理学是南宋朱熹创建的维护封建统治的理论，它的主要思想是维护和加强封建等级制，在实践上提倡"三纲五常"。高丽的封建统治者极力推广，把它作为统治人民的思想武器。

李朝（1392~1916年）统治的五百年间，朱子学说起到了巩固封建统治地位的作用。朱子学在朝鲜半岛上有了进一步发展，其研究者不乏其人。

15世纪的代表人物是权近和郑汝昌。前者站在"斥佛扬儒"的立场上，支持李朝统治阶级的政治主张。后者进一步整理了程朱理学，提出更适合李朝封建统治者的理论，其哲学观点是理气说，认为理和气有密切关系。

16世纪的代表人物是徐敬德和李珥。前者对朱熹的"理气二元论"提出具有创见的批判论点——"气一元论"。后者被认为是"朝鲜朱子"，确立了正统的"理气二元论"。他认为形成天地万物的直接物质基础是元气，所有现象是阴阳二气相互作用的结果。他对封建社会的矛盾，采取揭露态度，并提出一些改革方案。在他的思想中，贯穿了谋求封建国家的繁荣和富强的爱国主义思想。他的思想对朝鲜实学思想的形成有很大影响。

日 本

首先，谈日本的遣唐使制度。

事实上，在唐朝之前日本已经有遣使到中国的制度，隋朝即有四次。公元607年（大业三年），日本使节小野妹子首次入隋。公元608年（大业四年）他与隋遣日使臣渡日，并于同年随隋使归国，又与高向玄理等8名留学僧、5名学问僧一起，再渡入隋。他于次年返回，留学僧等留中国。

在唐朝时期，日本的遣唐使从630年的第一次到834年最后一次（894年正式停派）共19次入唐（其中有4次未到长安，实际只有15次。其中又有两次陪送唐使返国，一次为迎接遣唐使返国，故有12次之说）。遣唐使入唐的目的，不同于单纯基于政治目的的使者，而是有意前来观摩、汲取唐朝的中国文化。选送入唐的人，有文艺优秀、通达经史的文臣，包括医师、阴阳师、画师、音乐师、学问僧、留学生等，每次派来的人有几百。这些人学习归国后，多列为公卿，参与国政。同时，中国的文物制度因以传入日本。

其次，介绍日本的大化革新。

公元645年的大化革新在日本历史的发展上是个重要的里程碑。其中心人物大兄皇子、中臣镰足，都受教于隋末唐初来华留学的日文南渊。高向玄理任职国博士，直接担负着革新的任务。这次改革被认为是通过改革建立了中央集权的天皇制国家，从基础到上层建筑全面学习唐朝。如土地制度，效仿唐的均田法，改为班田收授法，吸取了中国由国家向农民授田的办法；中央官制，唐为三省六部，日本为二官八省制；地方行政单位，仿唐的道、州、县为国、郡、里三级；在唐朝学习法律的大和长岗，与从唐归日的著名留学生吉备真备，依唐律删定日本律令。大和是当时日本最著名的法令家。

再次，有关儒家思想传播的情况。

公元708~714年，日本的元明天皇仿照长安，建造奈良的平城京，设大学寮，大学寮又设明经科。明经科以孔颖达的《五经正义》为教授课本。学生要学五经、三史、明法、算术、音韵、籀等六道。大学寮还讲授《春秋左传》《公羊》《穀梁》三传。在学习儒家经典的同时，还引进了儒家经典，吉备真备带回《唐礼》130卷，对日本的政治制度和朝廷礼仪有重大影响。公元831年，滋野贞编《秘府略》1000卷，这是中国传入日本书籍的总集，可见日本收藏汉籍之丰富，也说明了中国类书编纂法对日本的影响。

公元707年，文武天皇下令"凡为政之道，以礼为先"。公元757年（天平宝宇元年）诏书说："古者治民安国，必以孝理，百行之基，莫先于兹。"这充分说明礼和忠孝演化为日本统治阶级的指导思想。

越　南

从秦汉设郡到唐设安南都护府，安南正式纳入中国版图，其关系形同内地。公元939年，吴权称王，1174年（淳熙元年）宋朝正式承认其独立，与中国关系是"蕃属和邻邦"。其内容一是册封和朝贡，二是边衅和战争。其后的历史进程大体如下：

1009~1225年，李朝。

1226~1400年，陈朝。

1428~1592年，后黎朝。

1527~1592年，莫朝。

16~17世纪，南北朝对峙，郑、阮之争。

18~19世纪上半叶，北部封建危机，南部封建制度崩溃。1885年沦陷于法国殖民者。

1802~1945年，阮朝。

儒学对越南产生的影响，主要表现在典章制度上；中国的科举制度、中华法系、中国兵法，对越南产生了深远影响。

在越南独立之前，即模仿中国，以诗文取士。李朝仁宗太宁四年（1075年），"诏选明经博士及试儒学三场"，以后各朝均以诗赋、经义开科取士。中国式的教育和科举在越南已初步形成。陈朝时期，在考试制度方面有秀才、举人、进士及翰林之设。后黎朝"置百官，设学校，以经义、诗赋二科取士"。17~18世纪后，安南乡试、会试均用八股文，进士还有正副榜，第一甲有状元、榜眼、探花。科举制固然钳制了越南人民的思想，但它培养了一批"忠君爱国""尊王攘夷"的"忠臣义士"。在特定的历史条件下，在国家面临危亡之际起了作用。

"中华法系"是世界五大法系之一，《唐律疏议》是古代"中华法系"的结晶，同时也是越南封建统治者制定法律的蓝本。后黎朝的《洪德法典》，就是以唐律、唐令为依据，渗透了中国法典的精髓。事实上，在东汉马援入交州时，曾上表朝廷建议对越律与汉律十多条歧异之处进行改革。这是开中国法律南传之先河。越南历代王朝均以中国刑律为准则，结合其本身情况制定刑律。李太宗仿中国律书颁布刑书。阮朝忠实地继承清朝法典，甚至完全失去了越南法典的固有特性。

中国兵法传入越南后，被越南积极采用。越南的抗元将领陈国峻所著《兵书要略》，是越南兵书中的珍品。而早在宋朝，其君臣非常重视越南李朝的兵法，并效仿之。如蔡延庆钻研安南行军法，并加以实践，在边疆屡立战功。上书朝廷后，"宋神宗善之"。

三　汉文化与域外文化的交光互影

所谓交光互影，也就是汉文化与域外文化的相互吸收与创造，并以科学技术上的发明和文学艺术上的出新来丰富和发展人类文明。以下将按科学技术上的交光和文化艺术上的互影两个主题，分别介绍朝鲜半岛、日本、越南、柬埔寨、缅甸、泰国、马来西亚、印度尼西亚、菲律宾的有关情况。

1. 科学技术上的交光

朝鲜半岛

古代中朝科学技术交流所结硕果,莫过于高丽金属活字的发明与《东医宝鉴》一书。

据高丽朝李奎根的《东国李相国集》记载,1234~1241年间,高丽朝权臣崔瑀曾命令用金属活字印刷崔先仪撰的《古今详定礼文》50卷。高丽金属活字的发明,也是中朝文化交流的结晶。中国早在北宋庆历年间(1041~1048年)已有毕昇的胶泥活字。中朝文化交流密切而频繁,高丽在此基础上,发明金属活字,比德国用金属活字和中国用铜活字要早几个世纪。

汉方医学的交流,在中朝两国之间从古代就已经开始。李朝王室的御医许浚奉王命参考中国和朝鲜的医书,经过16年的努力,于1610年完成一本汉方医学书,即《东医宝鉴》。该书于18世纪广泛流行于中国和日本,受到中日医学界的重视,对中朝日三国医学的发展,作出了重要的贡献。

日　本

日本入唐留学的吉备真备,返国时带回唐朝的《大衍历》。《大衍历》传入日本后,代替了日本原用的《仪凤历》。在医学方面,日本学习唐朝设置的太医署,专设了典药寮,其下设有医博士、针博士、按摩博士各一人。唐代高僧鉴真将大量的中国医药知识带到日本。10世纪初日本编的药书《本草和名》中就有关于鉴真的记载,直至17~18世纪,日本药店的药袋上仍印有鉴真的图像,可见日本医药界对鉴真的敬仰,也证实唐代医学对日本"汉方医学"的形成所起的作用。

越　南

明朝在永乐年间(1403~1424年)曾到交趾网罗人才。1413年(永乐十一年),交趾工匠130多人携带家属到南京。其中范弘、王瑾、阮安三人到南京后,得到妥善安置。明成祖派官员教他们读书,攻研中国经史。范、王二人之后都在明朝任职，而阮安对明初北京城的建设作出了很大贡献。1406年（永乐四年），明成祖开始营建北京城，阮安负责总设计。其重点工程是紫禁城（即宫城）和皇城。紫禁城长960米，东西宽760米，有前三殿（皇极殿、中极殿、建极殿）和后三殿（乾清宫、交泰殿、坤宁宫），在四年中完成。经过修建的北京城布局匀称，庄严雄伟。阮安还对北京的九门城楼、五府、六部、诸司公宇的建筑，以及治理杨村驿诸河均有功绩。

至于医药，越南和朝鲜、日本一样，都有和中国的交流。他们接受中国医学的影响，又结合本国情况有所创新。中国医书《内经》《脉经》于隋唐时期传入安南。明代李梴的《医学入门》、张介宾的《景岳全书》和李时珍的《本草纲目》等医药著作都先后传入越南。越南医生对中医中药加以研究并发挥，写出了一些著作，如《中越药性合编》。还有号称"越南医圣"的黎有卓所写的《海上医宗心领全帙》，计有66卷，是越南第一部内容完备的医书。该书在理论方面采用《内经》，在用药方面，则一半采用中国药，一半采用越南药。

缅甸

缅甸盛产玉石、宝石、琥珀等。自13世纪中国云南的小商贩无意中在缅甸发现玉石后，一批批的云南人相继到缅甸北部开采玉石，把中国开采玉石的技术带到缅甸，促进了缅甸玉石开采业的发展。明朝时期，每年去缅甸北部开采玉石的工人多至千人，玉石产品多时可达数千担。他们把从缅甸开采出来的玉石原石运到云南腾冲，琢磨加工，制成各种装饰品，运到内地和东南沿海一带销售。据载，当时中国仅在缅甸经营玉石的珠宝店就多达百余家。在缅甸古都阿摩罗补罗遗址的一座中国古庙中，就刻有5000个中国玉石商人的名字。后来，中国工人还把开采银矿的"采化良法"技术带入缅甸。

泰国

1238年，泰国历史上第一个以泰族为主体的统一国家——素可泰王国建立，汉文史书称之为"暹国"。中国的干支纪年法传入了素可泰。所谓干支，即天干（甲、乙、丙、丁、戊、己、庚、辛）和地支（子、丑、寅、卯、辰、巳、午、未、申、酉、戌、亥）的合称。以十干同十二支循环相配，可称甲子、乙丑、丙寅等六十组，周而复始，循环使用，古代中国用来表示年、月、日、时。素可泰人使用中国的干支纪年法可从素可泰的碑铭中得到证实。

从1292~1518年间的20块素可泰碑铭来看，其中7块使用了中国的干支纪年和纪日。素可泰人曾经使用五种方法纪年：大历、小历、佛历、十二生肖纪年、干支；用三种方法纪日：阴历白分黑分纪日法、七曜星期周、干支。素可泰人把干支纪年和干支纪日明确注明是泰式或泰日。例如1357年3号碑写有"历法1279（大历，即公元1357年）……泰式己酉……泰式壬寅……泰日丙申"。1361年的7号碑写着"泰式辛丑年……泰式年乙卯"等。其中的"泰式"或"泰日"，是指泰族人按自己的方式来称呼的日子。这些当是素可泰人吸收中国文明的例证。

中国的陶瓷工艺传入泰国也值得一提。据载，素可泰王朝兰甘亨国王曾多次遣使访问中国，并带回四五百名中国陶瓷工匠，在京都素可泰建窑烧制陶瓷器。在中国工匠的指导下，仿造磁州窑器，开创了泰国的陶瓷业。素可泰窑又称图凉窑。至今，在素可泰县仍留有烧窑遗址50座，通称素可泰窑群，可见当时陶瓷制作的兴盛。到1377年，阿瑜陀耶王国遣使访问中国，明太祖准许来使带回中国制陶匠，到泰国开窑烧制陶瓷。这说明泰国不断吸收中国先进的陶瓷烧制技术，生产泰国人民需要的产品。

马来西亚

自15世纪"郑和下西洋"后，中国与马来西亚的贸易日益频繁，中草药成为中马贸易中的重要货物。根据明人张燮的《东西洋考》记载，当时从麻六甲（今马六甲）进口犀角、玳瑁、乳香、片脑、苏合油、没药；从彭亨（今马来西亚彭亨州一带）进口沉香、速香、降香；从柔佛（今马来西亚柔佛地区）进口血竭、槟榔等。[①] 可知，马来西亚

---

① 见谢芳点校本《东西详考》，中华书局，1981。

很早就成为中国药材的供应者。据统计,马来西亚的中草药有456种之多,其中包括沙苑(东葵子)、川加皮、牛七、菖蒲、沙参、明冉(党参)、风眼草、益智子、白豆蔻、白芷、金牛、周胆星、九里明、苏木、柴胡等。①

从《马来亚医药书》开列的马来药方(配方)543项中,可以见到不少中草药,如中国茄根、中国纸(在其上涂以蛋清、椰油、生姜丝等,敷于患处,用以治胃痛)、良姜、甘草、米酒(烧酒)、大茴(八角)、川槿皮、菝葜、川芎、灵香草(百草香)、菖蒲(香甘草)、桂皮、佛手、白芥子、白菜饼等。②而在马来西亚民间,还有把中草药和马来西亚草药混合服用的习惯。这种医药领域中的交流,使中马两国人民受益匪浅。

印度尼西亚

中国与印度尼西亚的医药交流历史悠久。从明代李时珍的《本草纲目》中可以了解到有许多来自印度尼亚的药物:苏木、沉香、丁香、肉豆蔻、犀角、降真香、龙脑香、玳瑁、槟榔、檀香、胡椒、珊瑚、婆娑石(摩挲石)、蓬砂(鹏砂、盆砂)、益智子等。这些药数世纪以来源源不断地输入中国,丰富了中国的医药宝库。而随着中国移民进入印度尼西亚,带去了中医和中草药。日久天长,一些中草药成了印度尼西亚草药不可缺少的组成部分,如大茴(八角)、胖大海、蕲艾、中国蓖麻子、佛手、菝葜、当归、桧叶、杜仲、藏红花、白花菜、米仔兰、猪苓或茯苓、破铜钱、水君子、麝香等。

此外,中国固有的一些生产技术,如青铜和铁器制造术、犁耕和种植法、制茶术、造纸术、蔗糖制造和甘蔗酿酒法、榨花生油法、造船法、锡器制造术、雕刻术、火药、火器制造法等,大体在19世纪之前,通过中国移民(华侨)传入印度尼西亚。

---

① 周南京:《回顾中国与马来西亚、文莱文化交流的历史》,周一良主编《中外文化交流史》,河南人民出版社,1987,第407~408页。
② 周南京:《回顾中国与马来西亚、文莱文化交流的历史》,周一良主编《中外文化交流史》,河南人民出版社,1987,第407~408页。

菲律宾

在此首先要提到的是把印刷术介绍到菲律宾的华人龚容，其教名是胡安·德·维拉。他在1593年印刷了菲律宾的第一部书《基督教教义》。1602年，他和西班牙神甫弗兰西斯科·布兰卡斯·德·圣·何塞创造了第一部活版印刷机。西班牙天主教神甫阿杜阿尔特称赞他道："胡安·德·维拉（龚容）不仅仅是一个虔诚的天主教徒……考虑到通过虔奉宗教的和虔诚的书籍，他将会取得很大的成果，遂致力于在这块土地上制造一台印刷机，而在这里没有任何印刷机可供借鉴，也没有任何欧洲式印刷机（它与中华帝国的印刷术迥然不同）可供他学习。上帝帮助了这个虔奉宗教的事业。胡安·德·维拉不懈地、千方百计地、全力以赴地工作……因此，华人基督徒胡安·德·维拉是菲律宾活版印刷机的第一个制造者和半个发明者，他是在神甫布兰卡斯的指导下工作的。"[①]

菲律宾的农业生产技术、手工业生产技术都是由中国引进的，由中国的移民传入，这将在后面的华侨华人章节中作具体阐述。采铁矿和铜矿的技术，以至使用罗盘的航海技术也是由中国人引进的。

2. 文化艺术上的互影

朝鲜半岛

世人皆知，汉字分别东传到朝鲜半岛、日本，南传到越南，对三个国家的语言文字都给予深刻的、不可磨灭的影响。以下，将介绍《训民正音》。

朝鲜半岛现行的拼音文字，是以李朝王室学术研究机构集贤殿的学生成三问、申叔舟等为中心，于1443年制定出来的。国王世宗积极参与其事，因而这个拼音方案定名为《训民正音》。该文字的优点，主要在于它能完满地标记所有的朝鲜语固有的词汇和所有的汉语词汇。

此前，从高句丽、百济、新罗三国鼎立时期起，逐步形成了利用汉

---

① 周南京：《中国和菲律宾文化交流的历史》，周一良主编《中外文化交流史》，河南人民出版社，1987，第453~454页。

字的音或意来表达意思的"吏读文字"。它曾经被用来创作记录过一些诗歌，也用以夹注于汉文字句之间，表示朝鲜语语法关系，以帮助理解汉文。但"吏读文字"标记法不完善，只能作为辅助文字使用。朝鲜半岛从古代到李朝末年朝野正式通用的文字一直是汉文。

《训民正音》制定后，曾用它来记录过《龙飞御天歌》等诗歌，翻译过儒家经典、佛经、韵书等。但由于朝野保守势力强大，它未能得到推广。后来在朝鲜反对日本、争取民族解放运动中，《训民正音》与对民众的宣传相结合，其强大生命力日益充分发挥出来，使它在朝鲜文化史上成为一件具有划时代意义的大事。特别在文学上，有了它，从形式到内容才能称其为名副其实的朝鲜文学作品。

日　本

日本古来只有语言而无书，也就是无文字。一般认为，百济博士从朝鲜到日本，教皇子稚郎子以《认语》《千字文》，这是日本人学习汉文的开始。478年（南朝宋升明二年），倭王武遣使中国，使臣所携带的表文纯属汉文。但从日本出土的这一时期的镜、铁刀、铁剑来看，除使用汉文外，当时日本已开始利用某些汉字作为音标，类似后来的假名，即日文字母。

汉字传入日本，主要用于官方语言及贵族之间。由于汉字与日本语言脱节，使人感到不方便，于是逐步用汉字的音来"写"日本语言，出现了"假名"。所谓"假名"，盖其形由真名（汉字）假借而出。毕竟汉字难写，使用中逐步发生简易化的倾向。长期演变结果，在10世纪中期之后，形成了用汉字的草体写成的"平假名"。之后，又形成了取汉字某一部分写成的"片假名"。"平假名""片假名"的产生，标志着日文字母的出现，意义重大。由于它是由汉字脱胎而来，是由汉字素材加工改革而成，在实际使用中，又与汉字交杂使用。这种音节文字和汉字，日本一直沿用至今。著名日本作家井上靖尊敬并热爱中国，他"虔诚地认为那是一个给了我们汉字的国家"。①

---

① 引自陈玉龙等《汉文化论纲》第一章，北京大学出版社，1993。

越　南

越南古代也和朝鲜、日本一样，曾经长期使用汉文、汉字。直到十三十四世纪之交，越南人才创造出"字喃"（意即越南字），即以汉字为素材，运用形声、会意、假借等造字方式来表达越南语。直到近代，越南才有了用拉丁字母书写的越南文。

汉语和越语（京语）均属单音语系。汉字，越南人又称为"儒字"，约在公元前2世纪传入越南，是越南使用的第一种文字。可以划分为两个阶段：一是10世纪中叶之前，为初播阶段。这时越南尚未独立，在中国版图之内，汉字是官方文字。二是10世纪中叶，越南独立且建立国家，但仍继续沿用汉字，为借用阶段。约在13世纪初，越南人感到汉字不能适应他们的需要，于是采用汉字的结构和形声、会意、假借等造字方法（研究汉字形体的传统理论称为六书：指事、象形、会意、形声、转注、假借），创造出一种新的俗字，即字喃（意为"南国之字"）。它是一种仿效汉字结构的越语化象声文字，其结构形式凡数种，如：

Năm（年）　　　写作"䄉"——象声法
Cò（有）　　　 写作"固"——假借法
Troi（天）　　　写作"盃"——会意法

字喃的发源较早，在李朝碑文上已出现；李朝的一些学者用字喃写碑文。到陈朝时期，字喃已系统化，且广泛流行。字喃书写越语，曾一度作为正式文字，跟汉语文言并行。但字喃的缺点与汉字一样，书写繁复，且不能表音，而笔画比汉字更多。有口传其音而难写成字，音节脱离，因而逐步走向衰微，到了17世纪为拉丁化文字所代替[①]，法国殖民政府下令规定拉丁化新文字为"国语"。于是字喃成为历史上的一种死文字。

柬埔寨

中柬艺术交流莫过于扶南乐进入中国宫廷。

[①] 陈玉龙等：《汉文化论纲》第五章注（51）："法国神甫，一说是葡萄牙传教士亚历山大·罗德创制用拉丁字母拼缀越南语"，北京大学出版社，1993。

243年（赤乌六年），扶南国王范旃遣使入吴，并献乐人及方物。东吴大帝特建"扶南乐署"教宫人演习。隋代曾设置七部乐，并杂有七部外诸国之乐，其中即有"扶南乐"。唐代将"扶南乐"列入南蛮之乐中，并有具体的描写："扶南乐，舞二人，朝霞行缠，赤皮靴。"唐诗中还有诗人王维写的《扶南曲歌词》五首。① 可以说，"扶南乐"的传入丰富了中国音乐的内容。

缅　甸

中缅自古有着"胞波"（缅甸语的意思是"一母所生的同胞"）般的情谊，而情谊中的奇葩是骠国乐入唐。

根据中国史书记载，120年（永宁元年）掸国（缅甸）国王雍由调"献乐及幻人（杂技演员）能变化吐火自支解、易牛马头；又善跳丸，数乃至千"②。这说明远在唐代之前，中缅在艺术上即有交往。802年（贞元十八年），骠国（缅甸）王雍羌遣王子舒难陀率领包括有35名乐工的使团入唐，并在大明宫的麟德殿演出。唐德宗率文武百官观看，轰动了长安城。著名诗人白居易赋诗《骠国乐》："骠国乐、骠国乐，出自大海西南角……玉螺一吹椎髻耸，铜鼓千击文身踊。珠缨炫转星宿摇，花蔓抖擞龙蛇动……"③ 诗人元稹、胡直钧也为骠国乐写下了赞美的诗篇。④《唐会要》还记载了它优美的舞姿："每为曲皆齐声唱，各以两手十指齐开齐敛，为赴节之状，一低一昂，未尝不相对，有类中国柘枝舞。"⑤ 由此可知其演出盛况。

除演出外，骠国乐曲和乐器也传入中国。乐曲有12首：佛印、赞安罗花、白鸽、白鹤游、斗羊胜、龙首独琴、禅定、甘蔗王、孔雀王、野鹅、宴乐、涤烦（笙舞）。乐器有19种之多，计32件。打击乐器有：铃钹4、铁板2、三面鼓2、小鼓4。弹奏弦乐器有：大匏琴2、独弦匏

---

① 《全唐诗》第4册，中华书局，1960、1979，第1235页。
② 《后汉书》卷86《南蛮西南夷列传》。
③ 《全唐诗》第13册，中华书局，1960、1979，第4698页。
④ （唐）元稹：《骠国乐》，《全唐诗》第12册，第4679页。（唐）胡直钧：《太常观阅骠国新乐》，《全唐诗》第14册，中华书局，1960、1979，第5276页。
⑤ 《唐会要》卷33《南蛮诸国乐》，上海古籍出版社，1991，第723~724页。

琴、小匏琴2、鼍首筝2、凤首箜篌2、龙首琵琶1、云头琵琶1。吹奏乐器有：螺贝4、横笛2、两头笛2、大匏笙2、小匏笙2、牙笙1，三角笙1、两角笙1。无疑，这些乐曲和乐器的传入给唐代乐舞增加了营养。

泰　国

中泰双方在文化上的交流表现在语言文学上。

泰族的文字创立于13世纪素可泰王朝时期。据《素可泰城腊马坎亨王碑文》记载："过去是没有这些泰族文字的。在沙加1205年即羊年（1283年），腊马坎亨国王专心致志地创造这种泰文，因此泰文的出现是由于国王的创造。"① 腊马坎亨王召集一批文人，沿用孟·吉蔑的文明模式，在广泛吸收和整理国内各民族语言文字的基础上，创造了古泰文（与后来经过改革的泰文差别很大）。之后，泰人又吸收外国词汇来丰富泰语，中国语言是来源之一。明清时期，由于粤籍移民大批迁入泰国，随之带去了客家话、潮州话、海南话，从而，丰富了泰语中的日常用语。泰人用语中有许多属海南音、潮州音，有的发音甚至与广东方言相同。另外，泰语中还掺有大量中国音的词汇。泰语从汉语借用的词汇量，估计每千字中有三百字以上。②

1371年（洪武四年），泰国派人到中国的"国子监"学习。这是泰国重视中国文化的具体行动。明朝时，中国设"四夷馆"培养翻译人才，1497年（弘治十年）暹罗（泰国）遣使入华，而"四夷馆"内无懂泰文者。1515年（正德十年）暹罗又遣使来华。后来，明廷聘入明暹罗使人教习泰文。1578年（万历六年）"四夷馆"内增设暹罗馆。当时，中泰师生共同编纂了泰汉辞典《暹罗馆译语》。这本最早的《辞典》当是中泰文化交流的结晶。

中国的古典文学作品深受泰国人的喜爱。1782年曼谷王朝建立，马拉一世（1782~1809年）非常欣赏中国的《三国演义》，并高度赞扬

---

① 该碑文原载《暹罗学会学报》1971年7月第39卷第2期，转引自《东南亚历史译丛》1982年第2期。
② 葛治伦：《1949年以前的中泰文化交流》，周一良主编《中外文化交流史》，河南人民出版社，1987，第498~499页。

第五讲　汉文化与周边国家的交流及其影响

书中的斗智艺术，责令精通两国文字的贸易和对外关系部的本隆大臣主持将罗贯中的《三国演义》翻译成泰文。书中的人名和地名采用按潮州方言的译音。另一本明人甄伟所撰《西汉通俗演义》也是马拉一世命令宫内皇帝侄子主持翻译的。到了马拉二世（1809～1825年）时期，又翻译了《水浒传》《西游记》《红楼梦》《聊斋志异》等书。这些古典文学作品长时期在泰国流传，富有情趣和哲理的内容，生动和引人入胜的情节，对泰国文学的影响既深且巨。①

马来西亚

中国与马来西亚的文化交流离不开华侨和华裔的作用。在16世纪葡萄牙人所绘的马六甲地图上，即标有中国村、中国溪、中国山、漳州门等。② 这说明当时马六甲的华侨居留地已初具规模。在19世纪前，由于移民华人以男性为主，最初他们与巴塔克和巴厘女奴通婚，后来渐与当地马来女人通婚。结果，逐渐形成了土生华人社会，即巴巴和娘惹社会文化群。土生华人创造了巴巴马来语或华裔马来语，而使用者也是土生华人。该语言的基本语法和词汇属于马来语，但包含了大量的汉语（主要是闽南方言）借词，主要是社会、日常生活和商业用语，并从口语发展到文字，于19世纪后半叶采用了拉丁字母。巴巴马来语对马来西亚语是有影响的。《马来纪年》书中指出，在民族杂居的马来西亚，马来人、中国人、西方人、印度人、爪哇人等，在语言方面互相影响和混杂。根据《马来大词典》标明汉语词源的词，可以统计出马来语中吸收了279个汉语借词。因借词涉及日常生活用语，实际的汉语借词比这一数字要多。③

这里还应提到明代的《满剌加国译语》。这部字典晚于1521年由皮加费塔编辑的世界上第一部马来语字典，是第二部马来语字典。它共

---

① 葛治伦：《1949年以前的中泰文化交流》，周一良主编《中外文化交流史》，河南人民出版社，1987，第516~517页。
② 周南京：《回顾中国与马来西亚文莱文化交流的历史》，周一良主编《中外文化交流史》，河南人民出版社，1987，第402页。
③ 周南京：《回顾中国与马来西亚文莱文化交流的历史》，周一良主编《中外文化交流史》，河南人民出版社，1987，第404页。

收入482个词，包括天文、地理、时令、花木、鸟兽、宫室、器用、人物、人事、身体、衣服、饮食、珍宝、文史、彩色、数目、通用等部分。这部字典的出现，对推动华人在马六甲的交际和交易起到了一定的作用。但用汉字注音造成拼音不准确，甚至个别的字义解释错误等，是该部字典的毛病，不过它毕竟是华人编纂的第一部马来语字典，在中马文化交流史有不可忽视的影响，意义重大。①

印度尼西亚

中国与印度尼西亚文化交流的主角是中国移民及其后裔土生华人。特别值得提出来的是中华—马来语的形成。

中华—马来语的形成约在19世纪中期的巴达维亚（今雅加达），使用者主要是土生华人，而其他种族集团也懂得并使用它。事实上，中华—马来语已经成为当地所有居民的交际混合用语。它的基本语法属马来语，吸收了大量的汉语（闽南方言）借词。实际上中华—马来语是马来语或印度尼西亚语的一个分支。印度尼西亚1945年独立后，中华—马来语消失，混合为统一的印度尼西亚语。有关中华—马来语的历史地位，印尼语言学家塔克迪尔·阿里夏巴纳和作家阿尔麦因·巴尼等人明确指出：中华—马来语是低级马来语或巴达维亚马来语，是马来语的一个分支，它对统一的印度尼西亚语的形成起了重要的作用。②

有关印度尼西亚语中的汉语借词，北京大学华侨华人历史学家周南京教授已作过细致的推敲和考核，列出饮食类、农作物、医药类、日用品类、服饰类、商业类、游戏赌博娱乐类、航运类、节日类、宗教迷信类、社交称呼类、建筑场所类、其他等计13大类的汉语借词。与此同时，周教授还列举了华语（闽南、客家方言）也吸收了不少马来语或印度尼西亚语借词，并分别以饮食类、水果类、日用品类、地区类、其他等5类予以介绍。这些，将在后面的华侨华人章节中作具体阐述。

---

① 周南京：《回顾中国与马来西亚文莱文化交流的历史》，周一良主编《中外文化交流史》，河南人民出版社，1987，第404页。
② 周南京：《历史上中国和印度尼西亚的文化交流》，周一良主编《中外文化交流史》，河南人民出版社，1987，第198~203页。

菲律宾

与印度尼西亚一样,华侨仍然是中菲文化交流中的主角。唐代以来,中国人逐渐移民于菲律宾沿海。到了明代,华侨已深入菲律宾内地定居。由于华侨多不携带家眷,与当地妇女通婚后,形成了人数日益众多的华菲混血种。18世纪中期,华菲混血种已占菲律宾总人口的5%,且形成了独特的中菲混合文化。而中国文化通过华菲混血种更加广泛深入地在菲律宾传播开来。在此,仅就日常生活中人们交际的工具——语言上的互为影响略作一介绍。

在菲律宾的他加禄语中,有许多来自汉语(主要是闽南方言)的借词。菲律宾的语言学家埃·阿尔森尼奥·曼努埃尔认为,当前他加禄词汇中约有2%可能来自汉语。他曾经列出他加禄语单词中的381个汉语借词(不包括异体字、派生词和复合词),其中有关食物和烹饪法的占20%,有关抽象概念或名词的占10%,冶锻名词占9.2%,亲属名词占6%,其余是关于农业、用具、工具、商业、工业和娱乐的名词。而他加禄语也影响了华侨使用的闽南方言,形成了菲律宾式的闽南方言,即闽南方言中夹杂许多菲律宾语借词。它不同于福建、台湾地区、新加坡或雅加达使用的闽南方言。①

参考文献

周一良主编《中外文化交流史·前言》,河南人民出版社,1987。
季羡林、赵宝煦、罗荣渠:《笔谈中外文化交流》,《光明日报》1990年7月20日。
何芳川主编《中外文化流史》上卷,国际文化出版公司,2008。
张岱年、汤一介:《文化的冲突与融合》,北京大学出版社,1997。
关世杰主编《世界文化的东亚视角 中国哈佛—燕京学者2003北京年会暨国际学术研讨会论文集》,北京大学出版社,2004。
张岱年:《儒家学术与现代社会》,《走向世界》1991年第5期。

---

① 周南京:《中国和菲律宾文化交流的历史》,周一良主编《中外文化交流史》,河南人民出版社,1987,第459~460页。

汤一介：《儒学的现代意义》，《光明日报》2006年12月14日。
辛冠洁：《孔子思想的对外传播》，《走向世界》1991年第5期。
陈玉龙等著《汉文化论纲兼述中朝中日中越文化交流》，北京大学出版社，1993。
严绍璗、刘渤：《中国与东北亚文化交流志》，上海人民出版社，1998。
王介南：《中国与东南亚文化交流志》，上海人民出版社，1998。
〔日〕木宫泰彦著《中日文化交流史》，胡锡年译，商务印书馆，1980。

第六讲
伊斯兰教的传入与穆斯林来华

一　有关伊斯兰教的情况

1. 当今世界的穆斯林

"伊斯兰"是阿拉伯语的音译，它的意思是"服从"，即服从真主"安拉"的旨意。"穆斯林"是一主动名词，系"伊斯兰"一词的变格，意思是服从者，即服从"安拉"意志的人，现在为伊斯兰教徒的通称。

"安拉"也是阿拉伯语的音译，为伊斯兰教所信仰的神的名称。伊斯兰教徒信仰"安拉"是创造万物、大仁大慈、赏善罚恶、无形像、无方位、无所不在的宇宙唯一主宰。中国通用汉语的穆斯林称其为"真主"。

伊斯兰教是一个传播广泛、信徒众多、在世界上有重要影响的宗教。因此，它与佛教、基督教并列为世界三大宗教。目前，全世界伊斯兰教的信徒仅次于基督教，而多于佛教，约有11.7933亿信徒，占世界人口的19.8%。全世界有伊斯兰教的国家90多个，其中，信徒占全国总人口80%以上的国家有30多个。在亚洲、非洲地区，不少国家把伊斯兰教定为国教。世界伊斯兰教组织有：世界穆斯林大会、伊斯兰教世界联盟、伊斯兰事务最高理事会等。

2. 创始人及其教义

创始人穆罕默德（约570~632年），出生于麦加（今沙特阿拉伯麦加），属于古莱氏部落的哈希姆族。哈希姆家族从事商业，但在穆罕默德诞生时，家庭已十分不景气。70多岁的老祖父在社会上有一定地位，因为掌管着克尔白神庙的钥匙。父亲在他出生前两个月去世，虽然经商，但只留下5只骆驼和一群山羊。母亲在他6岁时去世，祖父在他8岁时也去世了。故而，穆罕默德幼年生活很贫困，失学后替人放牧，12岁开始随伯父出外经商。后来，他受雇于富孀赫蒂彻，并为其经商，到过今天的叙利亚、巴勒斯坦等地区。于是，他广泛接触到社会各阶层人物，对当时阿拉伯社会存在着的贫富悬殊、部落氏族对立、战争频繁而造成四分五裂的情况有较深的了解，并体察到人们渴望统一和摆脱困境的愿望。约在25岁时，他和比他大15岁的赫蒂彻结婚。从此，生活安定富裕，便投身到宗教活动中。

穆罕默德经常隐居在麦加郊区希拉山的一个小山区里，沉思默想，以求解决困扰着世人的问题。约40岁时，他外出传教，声称他在山洞里接到了安拉通过天使吉卜利勒给他的启示，要他作为安拉在人间的"使者"、最后的"先知"，传播安拉的启示。其内容大体是，宇宙间只有一个唯一真神，即安拉，他是万物的唯一主宰。同时指出，人的最终归宿决定于他在世的行为，行善者进入永恒的天国，行恶者投入永恒的火狱，要人们止恶行善，停止部落世俗间的争斗。另外还主张限制高利贷，赈济贫困者。在他传教初期，其活动没有什么特殊之处，在当时的阿拉伯各地，有不少类似的先知在活动。最初的信仰者只有他的妻子、堂兄弟及族人和一些贫民、奴隶等。

当时的麦加是红海古商道上的一座重要城市。5世纪时，麦加已成为一个繁华的商业中心,境内有著名的"天房"、克尔白神庙和清澈的"渗渗泉"。这些,是古代阿拉伯人的精神崇拜中心。穆罕默德在这里所作的一神教宣传,必然威胁到克尔白供奉的旧神。于是便激起了麦加城中当权者伍麦叶家族的反对,他们不断迫害穆罕默德及其信徒。622年,穆罕默德及其信徒迁徙到麦地那(原称雅思里布)。在初到麦地那时,他只作为当地纷争中阿拉伯人的一个调解者。许多阿拉伯人改信了他的宗教,但当地犹太人固守其信仰。为了争取犹太人改宗,穆罕默德陷入和犹太教的争论中,由于他对犹太教信奉的《旧约》了解粗浅,遭到犹太教学者的嘲弄,从而促使穆罕默德要发展自己的宗教的特性,规定了祈祷、斋戒等各种仪式,形成了伊斯兰教的主要内容。

625年、627年,麦加人进攻麦加那,麦加人失利,穆罕默德愈战愈强。于是,他在麦地那建立了神权统治,成为领袖,先后消灭了当地的犹太族,也吸收了一些贝都因部落人入伊斯兰教。这时,麦加人认识到不可能把他消灭,遂与他在628年订立休战和约,允许他及信徒每年三天到麦加朝觐克尔白神庙。630年,他进入麦加,捣毁了克尔白神庙中的偶像,631年,克尔白被宣布为伊斯兰教单独朝觐的圣地,非穆斯林不许朝觐。这标志着伊斯兰教在阿拉伯半岛上取得了统治地位。632年,他在亲自领导了克尔白的朝觐后不久,在麦地那逝世。

穆罕默德是个目不识丁的普通阿拉伯人,短时间内成为一代宗教领袖,组织起伊斯兰教的基本系统,创立了穆斯林公社,使之发展成为国家。这固然是因为其适应了当时阿拉伯半岛社会发展的要求,但也反映了他个人出众的才能。历史学家认为,他有政治头脑,能看清形势,作出正确判断。他知人善任,宽大为怀,吸引了许多人才,为他效忠。他一生生活简朴,到逝世时,还住在麦地那的简陋土屋中。

有关伊斯兰教教义,大体如下。

穆罕默德宣传的宗教被称为伊斯兰教,上面已交代,伊斯兰的原意为服从,指它是服从真主意志的宗教。它与犹太教、基督教一样,同为一神教,崇拜唯一的真神安拉(中国称真主)。安拉被说成是万物的创造者，全知全能，至仁至慈，是自我存在的，不生不灭。他有 99 个美名，有 99 种德性。伊斯兰教教义基本包括在《古兰经》中，被认为是真主的语言，是天使吉卜利勒降示给穆罕默德，再由穆罕默德传授给世人的。其实，它反映的是穆罕默德本人的思想。最早，在他讲解《古兰经》时，他的弟子有些零散的记录，后来辑成各种不同的抄本流传。第三任哈里发（阿拉伯文译音，意为继承者、代理人，伊斯兰教和伊斯兰教国家领袖的称号）奥斯曼（644～656 年）时期统一编定为一册，而将其余的抄本销毁。这个定本一直流传至今，全书共 114 章 6236 节。《古兰经》在伊斯兰教信徒的宗教与世俗生活中占有重要地位。伊斯兰世界的各个派别、各种学种，都以《古兰经》为其经典（理论）依据。同时，它在阿拉伯文学史上、伊斯兰教文化史上都占有重要地位。

至于《古兰经》的汉文译本，早在 19 世纪中下叶出现过《古兰经》的选译本，后来陆续出现了通译本，但译者均不懂阿拉伯文，而由日文或英文转译。直至 1946 年出版于上海的《古兰经译解》（丙种），是由通晓原文的学者王静斋阿訇翻译的，较为完善。新中国成立后的 1950 年，北京大学出版了马坚教授翻译的《古兰经》上册，并附有译者对《古兰经》的简介和简注。1981 年，中国社会科学出版社又出版了马坚教授的全部《古兰经》正文译本。

伊斯兰教信徒称为穆斯林，规定信徒应尽五种义务（中国称为五功）。

  信仰：应信唯一真神安拉，可归结为"除真主外，别无神灵，穆罕默德是真主的使者"这样一句话。

  礼拜：每个穆斯林每天应向克尔白方向拜五次，礼拜有规定仪式，并诵阿拉伯经文。每星期五举行公众礼拜，于清真寺内进行。

  施舍：穆斯林自愿施舍财物，救济穷人。后来演化成一种税收制度，即每个人捐献收入的 2.5% 为济贫税。

  斋戒：每年阴历九月为斋月，从破晓到日落不饮不食，并戒除一应

第六讲 伊斯兰教的传入与穆斯林来华

享乐之事。

朝觐：每个穆斯林一生中应到麦加朝觐一次。朝觐也有一套仪式，包括朝拜天房、在麦加附近两个山丘中奔走，最后以宰牲吃喝结束。

穆罕默德在世时，就预见到教内分派的问题，曾经说过："犹太教分71派，基督教分72派，我的人将分73派。"在他去世之后，围绕着继承权问题，派系之争更为激烈，在长达一千多年的时间里，形成许许多多不同的流派。这些流派与派别代表着不同的政治集团和各个阶级的政治和经济的利益，有逊尼派、什叶派、哈瓦利吉派、穆尔太齐赖派、苏菲派、瓦哈比派、巴布派、巴哈派。

中国的穆斯林绝大多数属逊尼派，在新疆地区也有少数什叶派信徒。

二 伊斯兰教在中国的流传

1. 传入中国的时间和路线

伊斯兰教传入中国，先后被称为"大食法""西域教门""回回教门""回回教""天方教""清真教""回教"等。伊斯兰教创立不久，就传入中国，至于来华的最早年代，说法不一。

有说在隋开皇年间（581~600年），有说唐武德年间（618~626年），有说贞观初年（627年），有说永徽二年（651年），等等。但根据史学家陈垣的《回回教入中国史略》一书，确认651年是伊斯兰教传入中国的时间。他是根据《旧唐书》"大食条"① 的记载而确认的。在此，先将大食国的情况作一简略介绍。

中国史书上称的"大食国"，就是7世纪崛起于阿拉伯半岛的伊斯兰教国家，称为阿拉伯帝国，即萨拉森帝国。阿拉伯人在穆罕默德领导

---

① 《旧唐书》卷198《西戎列传》。

下完成统一后,即在伊斯兰教的旗帜下,迅速向外扩张。8世纪中征服了今天的叙利亚、巴勒斯坦、埃及、非洲北岸及西班牙等地,又深入中央亚细亚,占领了阿富汗、印度半岛西北部,并曾进入印度河流域,领土横跨欧、亚、非三洲,成为封建军事大国,伊斯兰教也随之传播到各地。帝国的政治、宗教中心原在麦加——麦地那,倭马亚王朝(661~750年)时期移至大马士革(叙利亚),阿巴斯王朝时期(750~1055年)又移至巴格达(伊拉克)。9世纪时,帝国的政治、经济势力达到了最盛时代,科学、文化有重大成就。当时,长安和巴格达是世界上两大文明中心。大食国于"永徽二年遣使朝贡"入唐,这一年即651年,正值大食国第三任哈里发奥斯曼当政。他派使节到唐朝京城长安,朝见唐高宗。使臣向唐高宗介绍了哈里发国家建立的经过、国内的习俗和伊斯兰教的情况。在此之前,伊斯兰教已占领了阿拉伯半岛和波斯,而到中国来经商的阿拉伯人、波斯人、大食人中,大部分为伊斯兰教徒。他们在中国停留、居住、过宗教生活。因此,伊斯兰教实际上在651年前就已传入中国。关于伊斯兰教入中国的时间,在中国伊斯兰教史研究领域中仍然是一个值得探讨的问题。

有关伊斯兰教教义和伊斯兰国家风土,中国的最早记载是杜环的《经行记》。该书在第二讲已有较详细的介绍。

有关伊斯兰教礼拜寺的最早记录

广州怀圣寺,位于广州光塔街。相传为唐初到中国的阿拉伯传教师赛尔德·宛葛斯所建。关于寺的记载,最早见于9世纪中叶的《中国印度见闻录》[①]。在南宋方信孺的《南海百咏》中提到"番塔始于唐时,曰怀圣塔,……下有礼拜堂"。1350年(元至正十年)经重修,尚有郭嘉撰文的《重建怀圣寺碑》。后来明、清、民国时期皆经重修。中华人民共和国建立后,经过几次大规模的修缮。

泉州圣友寺,亦称清净寺,又名麒麟寺,位于泉州市涂门街。据寺存阿拉伯文石刻记载,建于1009~1010年(北宋真宗祥符二、三年)。

---

① 该书由穆根来、汶江、黄倬汉翻译,中华书局,1983。

该寺包括寺院、望月台、祝圣亭、大门、奉天坛（礼拜堂）等石结构建筑和木塔。石墙及礼拜堂正门门楣上均有阿拉伯文字浮雕。该寺在元、明、清时期曾多次修建，现为全国重点文物保护单位。

杭州真教寺，因原寺形似凤凰，亦名"凤凰寺"。位于杭州羊坝头巷。始建于唐，毁于宋。据重建碑记载，1281年（元至元十八年）西域大师阿老丁重建。寺以无梁殿著称，寺内保存汉文、阿拉伯文和波斯文等石碑19方。现为全国重点文物保护单位。

扬州仙鹤寺，因原寺形似仙鹤，故名。位于扬州南门街。相传为穆罕默德16世裔孙普哈丁于南宋咸淳年间（1265~1274年）来扬州传教时所建。[①] 后经明代重建重修。礼拜堂为大木框架结构，顶柱微曲，现仍可供人瞻仰。

有关穆斯林坟墓的最早记录

据《拙斋文集》卷15林谞《泉州东坂葬番商记》记载，1162~1163年（宋绍兴卅二至隆兴元年）穆斯林商人试那围在泉州建立了番商公墓。

有关伊斯兰教传入中国的路线

传入路线可分海路和陆路两条。

海路：由波斯湾、阿拉伯海出发，经孟加拉湾、过马六甲海峡，抵中国南海，到达广州、泉州、杭州、扬州等地。

陆路：经波斯、阿富汗，抵达新疆天山南北，再过青海、甘肃直至长安一带。即传统的"丝绸之路"。

伊斯兰教就是从以上两条路线传入中国的。中国东南及沿海各省的伊斯兰教，是由海路传入的。而中国西北地区的伊斯兰教，则是经陆路传入的。

2. 伊斯兰教在中国的传播和影响

伊斯兰教传入中国，是与大食人、波斯人来中国经商密切联系的。

---

① 《嘉靖淮扬志·杂志》。

唐宋是方兴未艾时期

大食、波斯商人来到中国，不带眷属，与当地居民结婚。他们通过定居、婚娶、雇用中国人，使伊斯兰教得到自然而然的传播，宗教思想也必然渗透到中国人的思想意识中。特别是唐、宋的朝廷对这些番商采取了宽容的态度，对他们的信仰予以容纳和尊重。他们兴建了宏大的清真寺，如上面介绍的广州怀圣寺、泉州的圣友寺、杭州的真教寺，是他们进行宗教活动的地方，其影响是相当广泛的。广州是当时中外贸易的重要商埠，根据唐人笔记小说，在广州可以见到婆罗门、波斯、崑峇、师子等国家的船舶，波斯船上还放信鸽。① 扬州是当时南北交通的枢纽，大食、波斯人居住其间，多以买卖珠宝为业。另外，唐朝安史之乱（755～763年，天宝十四至宝应元年）时，唐廷为平定叛乱，借大食、西域之兵20余万。这些士兵曾"客入长安"，"从城南过浐水东下营"。后来其中一部分被准允留居中国，久者或有40余年，皆有妻子，买田宅，举质取利，安居不欲归。曾检括有田宅者，凡得4000人。这是781年（贞元三年）统计的。尽管如此，唐、宋时期来的波斯人、大食人不认为自己是中国人。

从宋末到元朝是中国伊斯兰教的兴盛时期

伊斯兰教在元朝得到迅速发展，称之为"回回遍天下"。这与1219年成吉思汗西征、1253～1259年旭烈兀攻下巴格达、蒙古贵族先后征服了葱岭以西、黑海以东信仰伊斯兰教的各民族有关。每次打胜仗之后，大批的中亚人、波斯人、阿拉伯人被迁徙来中国，其中多为士兵、工匠，也有学者及其他上层人士。这些人，元朝称为"回回"，其社会地位低于蒙古人，高于汉人。东来的"回回"士兵被编入"探马赤军"，参加了统一全中国的战争，有仗打仗，无仗则在各地驻防和屯田。东来的工匠不下数万人，仅1220年的撒马尔罕战役，俘虏工匠及供军役的服务人员就达3万。这些东来的"回回"，大多未带家眷，随地择偶，

---

① 〔唐〕段成式撰《酉阳杂俎》前集卷之十六《三月篇》，方南生点校，中华书局，1981，第154页。

繁衍后代。

元朝时，不仅有东来回回，还有相当多的汉人、唐古特人、蒙古人、维吾尔人都是伊斯兰教徒。他们定居中国，自由贸易，自认为是中国人。特别是在原镇守西夏的宗王阿难达皈依伊斯兰教后，所属15万士兵之大多数都皈依伊斯兰教。11世纪时，新疆仅西南一隅流传伊斯兰教，1363年（元至正二十三年）时则风靡天山南路，到15世纪时维吾尔族全部信仰伊斯兰教了。元朝政府专设管理伊斯兰教的机构"回回掌教哈的所"，并设回回国子学，涌现出了各方代表人物，如：

赛典亦瞻思丁，曾任陕西、四川、云南的平章政事，其职位仅次于丞相。

阿老瓦丁、亦思马因，造炮能手。

扎马鲁丁，天文学家，曾编造《万年历》并七种天文仪器。

亦黑米尔丁，曾为北京京城绘制建设蓝图。

瞻思，博通经史、地理的学者。

萨都，诗人。

高克恭，画家。

明朝对伊斯兰教徒采取怀柔与限制两面政策

明初建国，不少伊斯兰教徒是开国功臣。但信仰伊斯兰教的色目人中，有许多是元朝的倚重力量，故而明朝统治者对伊斯兰教徒怀有戒心，采取怀柔与限制的两面政策。其结果反而助长了回回人口的增长，并在统一通用汉语的基础上，形成了一个民族共同体——回族。从明末到清初，随着回回教社会生产的发展，宗教上层出现了新的情况，如甘肃出现了门宦制度；陕西开始建立经堂教育；江南一带出现了汉文译著教义的活动。下面，就门宦制度作约略介绍。

伊斯兰教传入中国后，与中国封建制度相结合，形成具有门宦制特殊性的中国伊斯兰教，其特点是：

（1）设立教主，由地主、大地主担任，管辖各教坊；各教坊的教长，由教主委任或直接兼任。教主与教长是隶属关系。

（2）它是在苏菲派（伊斯兰教神秘主义派别）传入中国后，与中国的封建主义相结合的产物。教主被神化，教民对教主"服从唯谨，虽令之死，亦所甘心"。教主死后，在其葬地建筑拱北。（拱北，阿拉伯语 Kubba 的音译，原意为"圆屋顶建筑"，盛行于阿拉伯的一种建筑形式。在中国主要指"门宦教主"墓地，或教主的修道处所修建的建筑物，为门宦的活动中心。——作者注）拱北也是教民崇拜的圣地。

（3）实行世袭罔替的封建特权制度，"以始传者之子孙世世为掌教"。

清朝统治者对伊斯兰教由宽容到镇压

清廷承认伊斯兰教的合法存在，褒奖效力朝廷的伊斯兰上层。1781年（乾隆四十六年）发生了陕甘回民起义，清廷对之实施高压政策。以后对伊斯兰教的态度日趋严厉。

三 穆斯林来华所起的历史作用

1. 促进了中国与阿拉伯世界的经济、文化交流

在阿拉伯世界的历史上最重大的事件就是诞生了伊斯兰教创始人穆罕默德。而阿拉伯半岛的统一正赖于伊斯兰教的产生、发展和传播。在穆罕默德诞生前，他所属的古莱氏人已占领半岛西部希贾兹地区的商业城镇。他们以麦加为中心，成为专门从事商业的部落。6世纪时古莱氏人的商业经济已发展到相当大的规模，希贾兹商道成为半岛上阿拉伯人进行商品贸易的重要通道。其中的麦加城正处于从也门到叙利亚和从埃塞俄比亚到美索不达米亚的商道中心。各地的阿拉伯人每年禁月几次到麦加朝觐并参加商业贸易。麦加也与埃及、北非和印度等地建立了商业联系。从而，往来麦加的骆驼商队络绎不绝。伊斯兰教诞生的前夕，麦加已成为一个商业贸易中心。

伊斯兰教的传播，使阿拉伯的各部落在共同信仰真主的基础上统

第六讲　伊斯兰教的传入与穆斯林来华

一起来。穆罕默德是真主在大地上的唯一合法代理人，一切穆斯林都是兄弟，不论是商人还是牧民、贵族还是贫民，在真主面前都是平等关系。这样，伊斯兰教把向来散漫的阿拉（比亚）伯人团结起来，使他们成为一个坚强的民族，把一个仅仅是地理上的名称——阿拉比亚——改变成一个有组织的国家。从而，为商业经济的进一步发展创造了良好的社会条件。伊斯兰教认为经商是真主喜爱的事业，在坚守信仰的前提下鼓励教徒艰苦奋斗、远行经商。在《古兰经》及圣训中，还有许多关于商业规范与经商道德的论述。故而穆斯林商人遍及世界各地，中国也不例外。应该指出的是，这里讲的穆斯林包括了波斯人。因为在第二任哈里发时期，波斯已被征服，成为阿拉伯帝国的领地。在伊斯兰远征的军事行动以及阿拉伯帝国与东方的商业活动中，波斯湾对于阿拉伯半岛具有重要的军事和经济的战略地位。

下面将介绍大批波斯人、大食人来中国经商的有关情况。

从唐朝至宋朝（618～1279年）的五六百年间，波斯人、大食人留在中国的不断增加，最盛时达几万乃至十几万人。其中有商人、士兵以及传教士，有的是"土生蕃客"，也有的属几代繁生的"五世蕃客"。他们多居住在蕃坊，一般不参与蕃坊以外的事，均属外国侨民。又由于这些来华的大食、波斯人不带眷属，定居下来后，便与当地女子结婚。所以唐文宗（827～840年在位）曾下令禁止与蕃商胡贾通婚。而在北宋、南宋时期也曾有政令，即"蕃坊"的穆斯林商人不要参与"蕃坊"以外的事务。然而，在实际生活中，他们不仅定居于城市，渐渐与中国人杂居，而且娶妻生子、繁衍后代。宋朝时有达官贵人将其妹嫁给大食富商，所以说，不仅是民间，显宦中和胡人通婚者也屡见不鲜。

来华的大食商人多侨居广州、泉州以及江、浙沿海港埠，往往和波斯人会聚在一处。唐朝重视对蕃商的贸易，在唐玄宗开元年间（713～714年），在广州设司舶使，一般由宦官担任，以处理与侨民和外商的交往事宜。到宋朝发展为市舶司，这是中国古代管理对外贸易的机关。唐代还颁布了一系列有利于蕃商贸易的诏令，唐文宗（827～840年在位）时规定对蕃商"舶脚、收市、进奉外，任其自由往来交易，不得重加率税"。种种有利的措施，使侨民或定居唐代沿海商埠的阿拉伯人、波斯人，往往达到数以千计，这从下列事件中可得到证实。758年（至德三年、乾元元年）发生过旅居广州的波斯人、大食人赶走广州刺史并劫掠城市的事件。① 两年之后的760年（乾元三年、上元元年），有数千大食、波斯商旅在扬州的一次兵祸中遇难。② 在唐末农民起义领袖黄巢攻下广州后，大食、波斯、犹太教徒等遇难者达12万人，一说20万人。

在众多的大食、波斯商旅中不乏留名者，如八九世纪时，阿曼人阿卜·乌拜达，在758年前从事对中国的沉香木贸易。巴士拉人纳札尔·本·麦伊蒙曾以居间撮合对华贸易而致豪富。巴士拉人伊本·瓦哈卜从故乡乘海舶到广州，后住长安，并在876年（乾符三年）拜见唐僖宗（874~888年在位）。

宋代对大食商人较唐代更为宽厚。

大食商人是蕃商之首，居住在广州、泉州、福州、明州（今浙江宁波）、杭州等地，依然立蕃坊、置蕃长或都蕃长，处理公事。宋对大食人的宽厚具体表现在，其同类相犯，多听由蕃长按伊斯兰教法处置。不是蕃汉之间的重大案件，官方不理。这样的决策是与宋朝国库日益依赖市舶的收入有关。在宋徽宗崇宁年间（1102~1106年），市舶岁收约110万缗，是其国库收入的1/60。南宋时，广东、福建两处的市舶之利达200万缗，成了南宋偏安政府的主要收入来源。

此期间大食等富豪商旅留名者有：

11世纪中期，广州有阿曼人辛押陀罗留居中国数十年，起"开导种落、岁致梯航"的作用，并"捐赀卖田，协助复兴郡学"。可见在其乡里之影响。

1131年（绍兴元年），曾有大食人进贡大象牙209支、大犀角

---

① 《资治通鉴》卷220。
② 《旧唐书·田神功传》《新唐书·邓景山传》。

35株。

1149年（绍兴十九年），犹太大家族卡里米氏家族人从事对中国的布帛贸易。该族的伊祖丁·故临·卡里来从阿勒坡移居巴格达，先后到中国五次，依靠贩运中国瓷器等珍品而发了大财。

元代继续注重市舶之利，设立市舶司，掌管对外贸易。最初有好多口岸，13世纪末，确立了庆元（宁波）、泉州、广州三地。泉州在元朝时盛极一时。担任泉州提举司舶一职的是南宋的蒲寿庚。他是大食人，1276年（宋景炎元年、元至元十三年）叛宋降元。1278年（至元十五年）成为福建的行政长官之一，负责招抚南海、西域诸国，与元朝通好。他与其子掌握市舶之利30年，富冠一时。儿子继其官，孙子又任福建等处都转运盐使。女婿有海船80艘，死后无子，官收其资，仅珍珠就有130石。

下面介绍文化交流中的有关情况，仅就较重大的事迹予以阐述。

波斯人传播摩尼教

该教在3世纪时由古波斯人摩尼创立。汉译有"明教""明尊教""末尼教""牟尼教"之称。它在旧有琐罗亚斯德教的理论基础上，吸收了基督教、诺斯替教、佛教等教义思想而形成了自己的信仰。其教义为"二宗三际论"，有自己独特的戒律和寺院制度。约在6~7世纪传入中国的新疆地区，694年（武则天长寿三年、延载元年）波斯人拂多诞等携《二宗经》入唐，至长安。8世纪中叶至9世纪初，曾在长安和长江流域的荆、洪、扬、越各州以及河南府、太原府等地方立摩尼教寺院。后被严禁，但仍秘密流传，转而被农民起义用作组织形式。其中最著者，为920年（后梁贞明六年）的陈州人母乙起义和1120年（宋宣和二年）的方腊起义。摩尼教的残经曾在敦煌被发现，见于《敦煌石室遗书》中。

大秦景教流行中国碑

此碑为唐代基督教碑刻，现藏西安陕西省博物馆。此碑立于781年（唐德宗建中二年），1623年（明天启三年）在陕西盩厔（今周至县）

出土。碑全高约2.80米，宽0.85米，厚约0.16米，碑额题"大秦景教流行中国碑"，额上部刻立于莲座上的十字架，碑背面无字。碑正面下部及左、右两侧用古叙利亚文和汉文合刻70名景教僧的名字和职衔。正面碑文正书32行，每行62字，由景教士景净撰、吕秀岩书，记述了自635年（贞观九年）大秦僧阿罗本从波斯将景教（基督教聂斯脱利派）传入唐朝，后在长安建寺、度僧和宣传教义的情况。这当是基督教传入中国的最早见证物了。

天文学上的交流

继印度天文学随着佛教传入后，中国的天文学又汲取了阿拉伯—伊斯兰天文学的营养。宋、元、明三代都有较突出的事例。

961年（建隆二年），阿拉伯人马依泽出使中国，得到宋太祖赵匡胤的赏识，请他留宋参与编撰《应天历》，使伊斯兰的星期制度第一次引入中国。963年（乾德元年），马依泽授职司天监，他不仅熟知日月交和五星方位的推算，而且还精通阿拉伯天文星占。后来他的儿子马额继任司天监。他们父子把黄道十二宫的方位及太阳入宫日期的推算方法引进了中国天文学，这在中国天文史上也是第一次。①

元代来华的阿拉伯天文学家扎鲁马丁的贡献最大，受到元世祖忽必烈的重用。1267年（至元四年），他依据伊斯兰历法，结合中国文化的特点，撰进《万年历》。后世祖在全国范围内少量颁行，以适应穆斯林宗教活动的需要。同时，他还造西域仪象，研制出了七种天文仪器：浑天仪即多环仪、测验周天星曜之器的方位仪、斜纬仪、平纬仪、洋天图即天球仪、地理志即地球仪、昼夜时刻之器即观象仪或星盘。② 1271年（至元八年）元廷在上都（今内蒙古正蓝旗东闪电河北岸）建立回回司天台，任命扎马鲁丁为台长。在司天台里，他用研制出的仪器观测

---

① 陈久金：《伊斯兰天文学在中国的传播与发展》，《文史知识》编辑部、国务院宗教事务局宗教研究中心编《中国伊斯兰文化》，中华书局，1996，第85~92页。
杨怀中、余振贵主编《伊斯兰与中国文化》，宁夏人民出版社，1995，第182~197页。
② 张广达：《海舶来天方，丝路通大食》，周一良主编《中外文化交流史》，河南人民出版社，1987，第780~781页。

第六讲 伊斯兰教的传入与穆斯林来华

天文,并编印历书。台里还藏有大批阿拉伯文、波斯文的天文、数学书籍,其中有托勒密的《天文学大成》、欧几里得的《几何原本》等。

明代也非常重视回回天文学。1369年(洪武二年)设回回钦天监,除留用元朝旧人外,又吸收新来华的阿拉伯、波斯天文学家,其中马德鲁丁父子的贡献最大。1369年马德鲁丁带领三个儿子来华定居。明太祖朱元璋命马德鲁丁为回回司天监监正,其长子被招为驸马。后长子、次子继其父为回回司天监监正和监副。两兄弟曾受命分别翻译《天文书》和《回回历法》。《回回历法》不是单纯的译本,而是长子马沙亦黑翻译、编撰的成果。内容有四部分:太阴历、太阳历、日月五星行度的推算和日月食的预报。它融汇了阿拉伯天文学和中国回回天文学的成果。次子马哈麻翻译的《明译天文学》,原作者为波斯天文学家阔识牙耳(970~1029年)。书内有译者序,特别是在《说杂星性情》一节中,第一次介绍了20个阿拉伯星座的名称和30颗恒星的星等和黄经,这是西方星等概念首次传入中国。[①]

医学上的交流

据波斯文版《伊朗医学史》记载[②],在萨珊王朝霍斯罗·帕尔维兹称帝时期(590~627年),中国的皇后生了病,当时中国大夫均束手无策。一位名为霍尔达·巴尔席恩的波斯大夫到中国,为皇后治疗,药到病除。中国的医药也对波斯有影响,如中国的"脉学"在11世纪就传入波斯。波斯的医学家阿维森纳在其名著《医典》一书中,就论述了关于脉有沉浮、强弱以及把脉得在"寸关节"上。这些,均与中国的《脉经》相同。1313年,波斯名医、历史学家拉希杜丁·法杜拉编纂了一部《中国医学百科全书》,对脉学、药理学等都有论及。

此外,这一期间有大批的波斯和阿拉伯的药材输入中国,同时中国

[①] 陈久金:《伊斯兰天文学在中国的传播与发展》,《文史知识》编辑部、国务院宗教事务局宗教研究中心编《中国伊斯兰文化》,中华书局,1996,第85~92页。
杨怀中、余振贵主编《伊斯兰与中国文化》,宁夏人民出版社,1995,第182~197页。
[②] 叶奕良:《丝绸之路上中国与伊朗的文化交流》,何芳川主编《中外文化交流史》,国际文化出版公司,2008,第528~529页。

的许多药物也传到波斯、阿拉伯地区。

还应提上一笔的是李珣和《海药本草》。李珣是唐、五代前蜀的著名词人,其祖先是波斯人。他不仅在诗词上有造诣(《全唐诗》收录其诗50多首),还将海外传来的药物进行编纂并加解析,写成一部《海药本草》。该书为宋代唐慎微的《证类本草》和明代李时珍的《本草纲目》所引用,可知其医药价值了。

下面介绍《回回药方》。

《回回药方》原有36卷。目前只见到4卷明代抄本的《回回药方》,收藏于国家图书馆。传统的看法认为,这是元代传入中国的阿拉伯—伊斯兰医书,并进行了翻译。但经过中国学者宋岘研究、考释①,认为《回回药方》的原本不是流行于伊斯兰世界的医学著作,而应该是在中国以伊斯兰世界的各种医学名著为基础编纂而成的。正如法丽达·王复在《回回药方考释·致读者》中指出的:"13世纪,由于成吉思汗·旭烈兀的蒙古西征,致使大量波斯文、阿拉伯文的伊斯兰医、药书籍被随征的穆斯林医生带到中国,其中不少存于元、明两朝的中国皇宫里。一些穆斯林将这些医书译成汉文,或者重新编写成用汉文表述的伊斯兰医书,中国统称为回回医书。《回回药方》就是其中之一种。"

根据仅存的《回回药方》4卷(目录卷之下,卷十二,卷三十,卷三十四),宋岘作了深入的考证、研究,其论点大体如下:《回回药方》的成书在明朝初期的洪武年间(1368~1398年);从目录卷之下的内容看,它是一部内容丰富的医学百科全书,其内容是译自拉齐、侯奈因、萨卜而、麦朱西、伊本·西那(阿维森纳)等人的著名的伊斯兰医学经典;从4卷中见到有医治风科及其他各种病的方剂650余种,而其中的110余种方剂与阿维森纳《医典》的方剂完全相同;方剂内容来自阿拉伯、波斯等地的伊斯兰医书,分明是外国医书的编译本,而汉文表达的体例,皆仿宋赵佶的《圣济总录》之格式,许多药名已用传统中药名来表示。如此,就使得《回回药方》成为内容是伊斯兰的,但表

---

① 宋岘:《回回药方考释》(上、下),中华书局,2000。

达方式却是中国的这样一部作品。以上论述充分说明，《回回药方》是汉文化同外来的阿拉伯、波斯等伊斯兰文化交流、融合的结果。

2. 穆斯林文献中有关中国的记述

据称，穆罕默德有一条圣训："学问，即便远在中国，亦当求得之。"遵此教导，来华的穆斯林，不仅有商人，也有来求知、游历的人士。从下面一些依据传闻或者亲身经历写成的穆斯林著述，可以知道当时阿拉伯—伊斯兰世界对中国的认识与了解。

《中国印度见闻录》（旧称《苏莱曼东游记》）

此书是阿拉伯作家关于中国的最早著作之一，写于9世纪中叶到10世纪初，用阿拉伯文写成。自18世纪以来，该书出现多种语言译本。20世纪30年代，刘半农父女合译费琅的法译本，称之为《苏莱曼游记》。因费琅法译本存在一些问题，故中华书局于1983年又据法人索瓦杰的译本（卷一）、日人藤本盛次的译本（卷二）重新翻译出版，书名为《中国印度见闻录》（译注本）。

全书两卷。卷一作者佚名，据一个旅居中国的阿拉伯商人苏莱曼在华经商归国后的叙述编写，约在851～852年间成书。卷二的作者是从尸罗夫港移居巴士拉的阿布·赛义德。他似乎未到过中国，是在详读卷一的基础上，又广泛征询，收集到过中国、印度等地的海员、商人之见闻，约于916年编写而成。

综观该书的卷一、卷二，除了对自波斯湾出发至中国的航海路线和航行过程中的有关情况作了写实外，特别是对中国的情况有生动的记叙，偶尔还将中国与印度相比较。对中国人的行政、司法、税收、货币、信仰、习俗等，有栩栩如生的描绘。以下，将作简要择录。[①]

"据说，中国有二百个府城，每个府城有其王侯和宦官，并有其他城市隶属于它。广府就是其中一例。广府是个港口，船只在那

---

① 据穆根来、汶江、黄倬汉译本，中华书局，1983。

里停泊，另有其他近二十个城市归于广府管辖。"

"他们使用铜钱交易，他们有着其他国王所有的那样国库。但除他们外，没有别的国王占有铜币，因为这是他们的国币。"

"这种铜钱，是用铜和其他（金属）混合而成的合金铸造的。大小和巴格利——迪尔汗相同，中间开有一个大孔，可以用绳子串起来。一千枚铜钱，相当于一枚米斯卡尔金币。把绳子穿入一千枚铜钱时，要每隔一百枚打一个结子。买主不论购置田产和傢什，或是购买蔬菜和其他物品，都是按价支付铜钱。在尸罗夫也发现铸着汉字的（中国）铜钱。"

"没有土地税，但有人头税，根据表面的财富，每个男性必须交纳一定数量的税收。在中国的阿拉人或其他外国人，要按其动产交纳税收，以便能保全自己的财产。当生活费用上涨时，政府从库中取出一部分食物，用低于市场的价格出售，因此百物昂贵的情况不会太长久。因此，国库的收入只靠税收。广府尽管不是中国最大的城市，但我估计，纳入国库的钱每天可达五万迪纳尔。"

"中国人的粮食是大米，有时，也把菜肴放入米饭再吃。"

"中国居民无论贵贱，无论冬夏，都穿丝绸，王公穿上等丝绸，以下的人各按自己的财力而衣着不同。"

"中国人不讲卫生，便后不用水洗，而是用中国造的纸擦。"

"不论贫富，不论老少，所有中国人都学习认字、写字。"

"如果到中国去旅行，要有两个证明：一个是城市王爷的，另一个是太监的。城市王爷的证明是在道路上使用的，上面写明旅行者以及陪同人员的姓名、年龄，和他所属的宗族，因为所有在中国的人，无论是中国人、阿拉伯人还是其他外国人，都必要使其家谱与某一个氏族联系起来，并取该氏族的姓氏。而太监的证明上则注明旅行者随身携带的白银与货物，在路上，有关哨所要检查这两种证明。为了不使其白银或其他任何物品有所丢失，某人来到中国，到达时就要写明：'某某，某某之子，来自某某宗族，于某年某月某日来此，随身携带某某数目的白银和物品。'这样，如果出现丢失，或在中国去世，人们将知道物品是如何丢失的，并把物品找到交还他，如他去世，便交还给其继承人。"

"在商业交易上和债务上，中国人都讲公道。"

"海员从海上来到他们的国土，中国人便把商品存入货栈，保管三个月，直到最后一船海商到达为止。他们提取十分之三的货物，把其余的十分之七交还商人。这是政府所需的物品，用最高的价格现钱购买，这一点是没有差错的。每一个曼那的樟脑卖五十个'法库'，一法库合一千个铜钱。这种樟脑，如果不是政府去购买，而是自由买卖，便只有这个价格的一半。"

"商人苏莱曼提到，在商人云集之地广州，中国官长委任一个穆斯林，授权他解决这个地区各穆斯林之间的纠纷，这是照中国君主的特殊旨意办的。每逢节日，总是他带领全体穆斯林作祷告，宣讲教义，并为穆斯林的苏丹祈祷。此人行使职权，做出的一切判决，并未引起伊拉克商人的任何异议。因为他的判决是合乎正义的，是合乎尊严无上的真主的经典的，是符合伊斯兰法度的。"

最后，还应该指出的是，该书卷二中记述了唐代黄巢领导的农民起义占领广州的有关情况。这些耳闻目睹的鲜活的历史资料，实属可贵。

《道里邦国志》

作者为阿拉伯人伊本·胡尔达兹比赫（820年或825~912年），是波斯人的后裔。书编成于846年左右，885年完成修订本。中华书局于1991年出版了宋岘的译注本。

作者博学多才，在阿拔斯王朝的杰贝勒省当过邮政和情报长官。阿拔斯王朝的统治者为获得巨额财富，特别注意国内税收和国际贸易，因此，需要了解世界各地情况。该书便应运而生。

该书的主要内容是记述各地之间的道路及路程，各地的商品货物及其质量和价格，商路上的食宿条件、情况，海港与海上航程情况等。

特别要指出的是第一次记载了巴格达北到中亚、南到印度的道路，这为我们提供了大呼罗珊路的确切而翔实的知识。至于北到中亚，正如张广达教授为该书所写"前言"中提及的："大呼罗珊路在阿梅越过乌浒水可至法腊勒，再经拜坎德过长城门至布哈拉，而后沿泽拉夫珊河左岸至撒麻耳干（'王家大道'）。大呼罗珊路在呾密越过乌浒河可至石汉那、久越得健、珂咄罗等地区，另一路经铁门、碣石至撒马耳干。大呼罗珊路从撒马耳干以北去苏的沙那的扎敏路分两叉，左叉可至石城（今塔什干）及锡尔河下游，右叉越过锡尔河上游可至大宛（费尔干纳）。扎敏城一路东通顿建城，一路北通白水城（今奇姆肯特）。自白水城又分二叉，西通讹答剌，北进怛罗斯。从怛罗斯到中国边界热海南岸的拔塞干城的道里和沿线诸城绝大部分可以和贾耽记载的路程一一对勘。"

该书还为我们提供了一个存在于9世纪的国际贸易网络。它的范围是广大的，东面有倭国（日本）、新罗、麻逸（今菲律宾的民都洛岛）、香料群岛（今印度尼西亚的马鲁古群岛）及中国；西面有法兰克、安达陆西亚（西班牙）、比勒陀尼亚（不列颠群岛）。其中详细地描写了犹太商人、罗斯（古俄罗斯）商人及伊斯兰帝国的穆斯林商人在当时国际贸易中的活动和作用。

至于中国情况，有专门一节"通向中国之路"。兹扼要摘录如下。

"从栓府（译者注：即占婆）至中国的第一个港口鲁金（译者注：即唐代的编龙，今越南河内一带），陆路、海路皆为100法尔萨赫。在鲁金，有中国石头、中国丝绸、中国的优质陶瓷，那里出产稻米。从鲁金至汉府（译者注：即广州），海路为4日程，陆路为20日程。汉府是中国最大港口。汉府有各种水果，并有蔬菜、小麦、大麦、稻米、甘蔗。从汉府至汉久（译者注：应指杭州，抑或今福建一带各城，尚待考）为8日程。汉久的物产与汉府同。从汉久至刚突（译者注：即江都郡）为20日程。刚突的物产与汉府、汉久相同。中国的这几个港口，各临一条大河，海船能在这大河中航行。这些河均有潮汐现象……"

"全中国有 300 座人口稠密的城市。其中较为著名的有 90 座……"

"有人问及大海涨潮落潮的规律。人们答道,当月亮初升之际,波斯海上有潮汐。大海每年只有两次大涨潮,第一次发生在夏季的六个月中,从东北方起潮。其时,大水在中国海的东方涨潮。西方大海的水就退潮。第二次在冬季的六个月中出现,即从西南方起潮,大水从西方涨潮,中国海水就退缩。"

此外,有关阿拔斯王朝的行政、区域的划分,民族的分布,土地税收,农田水利的兴废等有关情况,书中也作了较翔实的记载。

《黄金草原》(又有《黄金牧地》《黄金草原和珍奇宝藏》之称)

作者为古代阿拉伯的马苏第。1998 年青海人民出版社出版了耿昇据最新法译本翻译的汉文译本。

马苏第的全名为艾布·哈桑·阿里·马苏第,是古代阿拉伯著名的历史地理学家。据纳忠教授介绍:"公元 9 世纪后期出生于巴格达,生年不详。他的大半生是在旅途中度过,在 30 余年的旅行生涯中,他足迹遍及亚非各国。第一次旅行始于 10 世纪初,历波斯、印度、锡兰,经马来群岛抵中国海。回程经印度洋,到桑给巴尔。第二次旅行始于 920 年,历巴勒斯坦、叙利亚、安条克、高加索、阿塞拜疆。晚年定居埃及,956 年卒。他的旅行既非经商,也非览胜,而是当时盛行于伊斯兰学术界的学术旅行。晚年,他以 12 年的岁月,整理记录,从事著作。"[①]

马苏第知识渊博,写下了数十种著作,但经过战火浩劫、天灾人祸,至今见到的只有《提醒与监督》和《黄金草原》两书。前一书是"史鉴"性的著述,后一书《黄金草原》已非原书全貌,仅为纲要,内容不及原书的十分之一。该书阿拉伯文原本共四卷,第一卷记古代东方各国,后三卷记古代阿拉伯国家。第一卷的第 15 章有"中国中原和突

---

① 〔古阿拉伯〕马苏第著《黄金草原》汉译本序,耿昇译,青海人民出版社,1998。

厥人的国王，阿穆尔后裔的分布，有关中国及其国王的资料，其王统和他们的政治制度"的记述。

总览有关中国的记述，不乏神奇传闻的色彩。毕竟作者本人只抵达中国海，也就是南海中国境，未深入中国内地。即使如此，其中如对唐代黄巢领导的农民起义攻陷广州的描述是真实的。其中提到"用武力强夺该城并屠杀了该城数量众多的居民。据估计，在面对刀剑的逃亡中死于兵器或水难的穆斯林、基督徒、犹太人和祆教共达20万人"①。这里的20万人与《中国印度见闻录》所记受难者"12万"是有出入的。这虽为历史学家所诟病，但可认为这是源于穆斯林之间的以讹传讹。因为马苏第成书时已距黄巢起义有40余年了。

另一则有关中国国王的动人故事也值得提及。

巴士拉古莱氏族一富翁后裔是位智叟，他穿越印度洋，到达中国广州，后又去了西安府。中国国王召见了他，并与中国国王通过翻译进行对话。他对中国国王讲了许多赞誉之词，受到国王的赏识。故而，当他返国时，国王"令人赐给我贵重的礼物和豪华的礼服，并令人用驿站骡子把我送到广州。他致书其他总督，要他好好照顾我并将我排在围绕他的贵人中的第一行，一直留到我出发。因此，我留在他身边，生活在富贵和娱乐之中，一直到我离开中国为止"。回国后锡拉夫的总督向他询问过有关中国王都西安府城的情况，他讲述如下："该城由一条长而宽的街道分隔成了两部分。国王、宰相、大法官、军队、太监和一切与政府有联系的机构占领了位于东方的右部。任何级别低下的人都不居住在他们之中，在那里见不到市坊，但街道都沿其长度开有沟，两边栽成对称的树木和盖成的宽大房屋。""位于西方的左部分分配给民众、商人、供应货栈和市坊使用。在天刚拂晓时，我们就会看到国王的管家、总管、代理人、官员们的年青奴隶或步行、或骑马前往该城中没有市

---

① 〔古阿拉伯〕马苏第著《黄金草原》，耿昇译，青海人民出版社，1998，第180页。

第六讲　伊斯兰教的传入与穆斯林来华

坊和商人所在的那一半去。他们在那里采购商品和所需之物，接着就返了回去，到第二天之前就没有必要脚踏此地了。该城是一个非常迷人的地区，植物生长茂盛，由无数的渠沟分隔开。然而，在那里有时会遇到棕榈树。"①

这仅仅是一个历史故事中的叙述，从其字里行间不难看出一个穆斯林对中国的友好情怀。在千百年后的今天，当我们读到这些，也深感其意义之深远。

《伊本·白图泰游记》（又名《异域奇游胜览》《在美好国家旅行者的欢乐》）

本书由伊本·白图泰（1304~1377年）口述、摩洛哥苏丹的秘书穆罕默德·伊本·朱赞·凯洛比笔录成书，1356年书写完毕。宁夏人民出版社于1985年出版了马金鹏译本《伊本·白图泰游记》。海洋出版社于2008年出版了李光斌翻译的《异境奇观——伊本·白图泰游记》（全译本）。

伊本·白图泰是古代伊斯兰世界最著名的旅行家。正如译者马金鹏所介绍的："他于公元1304年出生于摩洛哥的丹吉尔。21岁时，去麦加朝圣，开始了周游各国的旅行，行程几乎达12万公里，历时28年，遍访穆斯林各国。他长途跋涉……曾三次出游，四访麦加。他担任过德里和马尔代夫群岛的法官，陪伴过希腊公主去君士坦丁堡，浏览过苏门答腊和爪哇，并曾以苏丹使者的身份于1346年（元至正六年）来到我国泉州，继去广州、杭州及元大都（北京）等地游历，考察了中国民情风俗，结识了一些中国穆斯林名流。然后，于1349年短期回归故国。不久，又启程前往格拉纳达王国，由此横贯非洲，到达尼日尔盆地。"② 伊本·白图泰后来成了买勒族的素丹阿布·安纳尼的幕僚，在随侍苏丹时，常讲述他旅途中的奇闻，令人敬佩。于是素丹责令其秘书

---

① 〔古阿拉伯〕马苏第著《黄金草原》，耿昇译，青海人民出版社，1998，第188~189页。
② 引自马金鹏《伊本·白图泰游记》"译者的话"。

穆罕默德·伊本·朱赞·凯洛比将伊本·白图泰口述的一切记录成书，至1356年书写完毕，名为《异域奇游胜览》。

按中译本所示，全书分上、下两册。在下册的目次中可见"素丹命我出使中国""向中国送礼的原因，随行人员和礼品"……"中国船只""出发去中国与其结局"……"中国瓷器""中国鸡""中国人的一些情况""交易时通用的钞币""代替木炭的泥土燃料""中国人的精湛艺术""船舶登记律例""防止商人堕落的惯例""沿途保护商旅""奇异的故事""故事""总长官郭尔塔""魔术师故事""号称可汗的中国和契丹素丹""可汗的宫殿""可汗的出征和战死""回中国又去印度"等记述中国的篇章。兹抄录"中国瓷器""交易时通用的钞币"篇章，摘录"沿途保护商旅"的片段，如下。

中国瓷器

　　至于中国瓷器，则在刺桐和隋尼克兰城制造。系取用当地山中的泥土，像烧制木炭一样燃火烧制。其法是加上一种石块，加火烧制三日，以后泼上冷水，全部化为碎土，再使其发酵，上者发酵一整月，但亦不可超过一月。次者发酵十天。瓷器价格在中国，如陶器在我国一样或更价廉。这种瓷器运销印度等地区，直至我国马格里布。这是瓷器种类中最美好的。

交易时通用的钞币

　　中国人交易时，不使用金银硬币，他们把得到的硬币，如上所述铸成锭块。他们交易时却使用一种纸币，每纸大如手掌，盖有素丹的印玺。如该项纸币旧烂，持印人可去像我国的造币局一样的机构，免费调换新纸币，因局内主管人员都由素丹给薪俸。该局由素丹派一大长官主持。如有携带金银硬币去市上买东西者，则无人接受。

沿途保护商旅

　　对商旅来说，中国地区是最安全最美好的地区。一个单身旅客，虽携带大量财物，行程九个月也尽可放心。因他们的安排是每一投宿处都设有旅店，有官吏率一批骑步兵驻扎。傍晚或天黑后，官吏率录事来旅店，登记旅客姓名，加盖印章后店门关闭，翌日天明后官吏率录事来旅店，逐一点名查对，并缮具详细报告，派人送往下站，当由下站官吏开具单据证明全体人员到达。如不照此办理，则应对游客的安全负责。中国各旅站皆如此办理，自隋尼隋尼至汗八里各旅站亦皆如此。此种旅店内供应旅行者所需的干粮，特别是鸡和米饭。至于绵羊，他们这里较少。

总览全书有关中国的口述笔录，可以用"眼见为实"四字来概括。但也不能忽略亲历者是以神秘、好奇的眼光来环顾一切的。尽管如此，它对当时伊斯兰世界了解和认识中国，还是起了很大的作用。

《沙哈鲁遣使中国记》

该书作者为波斯的火者·盖耶速丁。中华书局于1981年、2002年出版，重印何高济据波英对照本译出的汉文本。

明朝永乐年间（1403～1424年），明成祖和波斯帖木儿王朝的沙哈鲁国王之间有着友好的交往，双方多次派使节互访。第二讲中介绍的《西域行程记》《西域番国志》（《使西域记》）两书，是明朝使臣出访波斯帖木儿王朝的见证。而《沙哈鲁遣使中国记》则是帖木儿王朝使臣出访中国的纪实。

1419年沙哈鲁国王遣使中国，其中一名画师火者·盖耶速丁以国王之子身份参加代表团，并受国王之命以日记的形式记录出使的过程。迄今，这份日记的内容保存在波斯的《历史精华》史书中。由于盖耶速丁在出使前已受国王之命日记其事，故而记录翔实，可靠性强。综观所记，对明代的城市建筑、礼仪典章、人民生活、伙食起居、文化娱乐，直到外宾礼仪等方面，都有较细致的描述。如对明代的报警制度以及烽火台和急递铺的实录。

烽火指的是一所高二十码的房子,在这座建筑物上总有十个人在守望。他们实际上把它建筑得高到从那里可以望见另一座烽火。倘若突然发生了意外的事,例如在边境地点出现了外国军队,他们马上点燃烽火。下一个烽火一发现火的信号,就照样行动。这样在一天一夜的时间中得知三个月旅程外发生的事。紧跟这烽火之后,所发生的事被记在一份信件了,由急差一手交到另一手。急递铺指的是很多长期驻守在一个特殊地点的人户。他们的职掌和工作是这样:当接到一份信件时,一个作好准备的人立刻把它火速送往另一急递铺。他又用同样的方法送往下一个,直到把它送达都城。从一个急递铺到另一个,中间有十个固定的站,每十六个站相当于一标准法儿珊①。屯驻在烽火台的人轮番更替。每过十天他们就离开,由另十人代替他们的位子。但住在急递铺里的人永远在那里定居。他们在那里有家,从事耕垦。他们的唯一工作是一得到消息就把它送到下一个急递铺。

又如,盖耶速丁以非常惋惜的手笔记叙了他亲眼所见的"奉天、华盖、谨身"三大宫殿失火事件。根据《明实录》记载,此事件发生于永乐十九年(1421年)四月庚子。

……在主马答第一月20日(5月23日)……这天晚上,由于天意,碰巧发生大火,其起因是空中的雷电击中了皇帝新建的宫室顶。在那座宫殿中发生的火把它卷没,以致看起来就像里面点着千万支添油加蜡的火把。火灾最早烧着的那部分宫室,是一座长八十腕尺、宽三十腕尺的大殿,殿是用熔铸的青精石制成的光滑柱子支撑,柱粗甚至三人不能合抱。火势猛烈,乃至全城都被火光照亮,同时火从该地蔓延至离它二十腕尺远的一个室殿,也把在朝见殿后面、建筑比它更豪华的后宫焚毁。在那座宫殿四周都是用作库藏

---

① 法儿珊(farsang),波斯长度名,相当于三英里。(原注)

的厅室和屋舍,这些也着了火,其结果是大约二百五十听的地方化为灰烬,烧死了很多男人和女人。它像那样继续烧到白天,尽管极力抢救,在午后祈祷时刻之前不能把火控制住。

无疑,盖耶速丁留下的丰富记载,不仅对把当时的中国介绍给波斯起了积极作用,它还可以与中国史料相互参照,有一定的参考价值。

《哈塔伊游记》(《中国纪行》)

作者为阿里·阿克巴尔·哈塔伊,他于1506年来中国,旅行了一百天。回国后据旅途中所见所闻,写成这部游记。这部用波斯语写成的书,介绍了中国的社会,有关政治、经济、文化、军事、法律以及生活等方面都作了详细的记叙。

参考文献

白寿彝:《中国伊斯兰史存稿》,宁夏人民出版社,1982。

马　通:《中国伊斯兰教派与门宦制度史略》,宁夏人民出版社,1983。

南文渊:《伊斯兰教与商业经济》,《世界宗教研究》1989年第2期。

纳忠、朱凯、史希同:《传承与交融:阿拉伯文化》,浙江人民出版社,1993。

《文史知识》编辑部、国务院宗教事务局宗教研究中心编《中国伊斯兰文化》,中华书局,1996。

阿卜杜拉·马文宽:《伊斯兰世界文物在中国的发现与研究》,宗教文化出版社,2006。

《中国印度见闻录》,穆根来、汶江、黄倬汉译,中华书局,1983。

《伊本·白图泰游记》,马金鹏译,宁夏人民出版社,1985。

〔波斯〕火者·盖印速丁:《沙哈鲁遣使中国记》,何济高译,中华书局,1981、2002。

〔美〕劳费尔:《中国伊朗编》,林筠因译,商务印书馆,1964。

第七讲
阿拉伯人控制印度洋时代的南海贸易与中非交通

一 南海、印度洋交通航道的开辟

1. 南海的地理概念

南海自古以来就是中国的南大门,是中国海上对外交通的主要区域。南海这一词汇随着历史的发展,包含的地理概念也有所不同。大体在汉代以前,中国人的南海一词泛指南方,或兼指今之东海。汉代以后才专指中国以南的广大海域。所以,古代的南海概念并不限于今之南中国海,往往还泛指南洋(又称东南亚)一带的海域及沿海各国。

20世纪80年代韩振华教授主编了《我国南海诸岛史料汇编》一书。① 该书收集了有关记述我国南海诸岛的中外历史文献,其中的第一篇是古代时期(汉至鸦片战争前)有关我国南海诸岛主权及其地理和航线的记载;第二篇是近代时期(1840~1949年)中国史籍中有关南

---

① 韩振华主编《我国南海诸岛史料汇编》,东方出版社,1988。

第七讲　阿拉伯人控制印度洋时代的南海贸易与中非交通

海诸岛的记载；第四篇是国际条约、国际会议及外国政府承认南海诸岛属我国主权的文件和资料；第五篇是外国书刊、地图有关我国南海诸岛的记载。这些篇章不仅使我们掌握了有关南海和南海诸岛丰富的历史知识，还给我们提供了解释、解决当今南海和南海诸岛纷争的重要凭据。

此外，还要明确所谓四大群岛，即东沙群岛、西沙群岛、中沙群岛、南沙群岛和黄岩岛。南沙群岛中的曾母暗沙是我国领土的最南点，西沙群岛中的永兴岛面积最大，东沙群岛的位置最北。

2. 中国人的有关记载

《汉书·地理志》中记载了一条我国在西汉时期的远洋航线。这条航线已进入印度洋。《汉书》成书于公元82年（东汉建初七年），它记载了公元前206年（汉王刘邦元年）至公元23年（新地皇四年、汉更始皇帝刘玄元年）的事情。

> 自日南障塞、徐闻、合浦船行可五月，有都元国；又船行可四月，有邑卢没国；又船行可二十余日，有夫甘都卢国。自夫甘都卢国船行可二月余，有黄支国，民俗略与珠崖相类。其州广大，户口多，多异物，自武帝以来皆献见。有译长，属黄门，与应募者俱入海，市明珠、璧琉璃、奇石异物，赍黄金杂缯而往。所在国皆禀食为耦，蛮夷贾船，转送为之。亦利交易、剽杀人。又苦逢风波溺死，不者数年来还。大珠至围二寸以下。平帝元始中，王莽辅政，欲耀威德，厚遣黄支王，令遣使献生犀牛。自黄支航行可八月，到皮宗；航行可二月，到日南象林界云。黄支之南，有已程不国，汉之译使自此还矣。

这段记载反映了公元前2世纪到公元1世纪初中国与东南亚、南亚的海上交通路线，也说明了当时中国人已经开辟了从中国至印度半岛、从太平洋进入印度洋的海上通道。这段记载比托勒密关于东南亚、南亚的记载要早二百年。（托勒密，一说为古埃及国王，另一说为出生在埃及的古希腊天文学家,曾著《地理学指南》一书。)至于这条路线的具体航程,由于学者对古国名今地的考论未能定于一,故而对这条航线的具体走向上出现分歧。大体有三:认为都元国是今湄公河三角洲某城市说的航线(图7-1);都元国苏门答腊说的航线(图7-2);都元国新加坡地峡说的航线(图7-3)

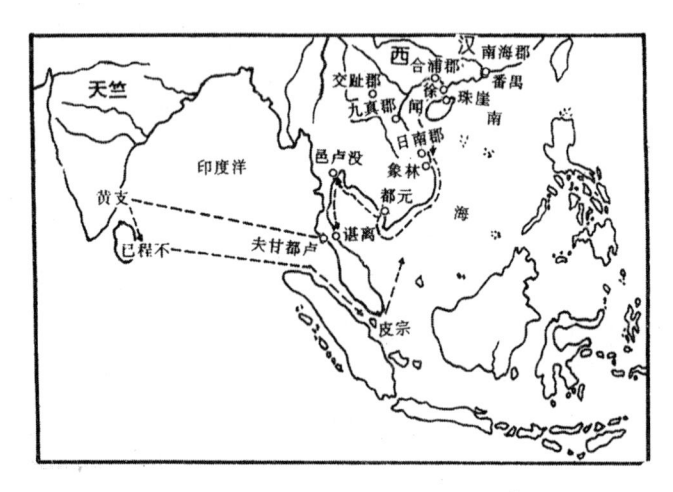

图7-1 湄公河三角洲某城市说图①

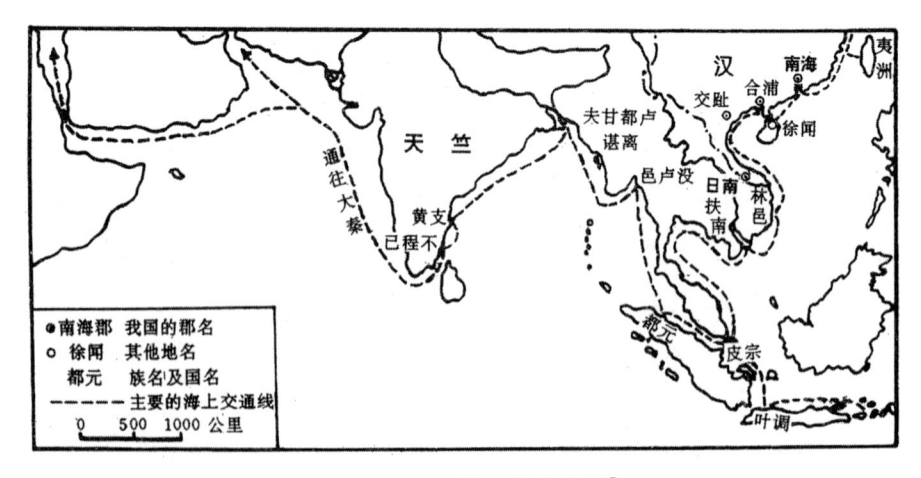

图7-2 都元国苏门答腊说图②

---

① 引自姚楠、陈佳荣、丘进《七海扬帆》,中华书局(香港)有限公司,1990,第31页。
② 引自章巽《秦汉三国时代的海上交通》,《地理知识》1955年12月号。

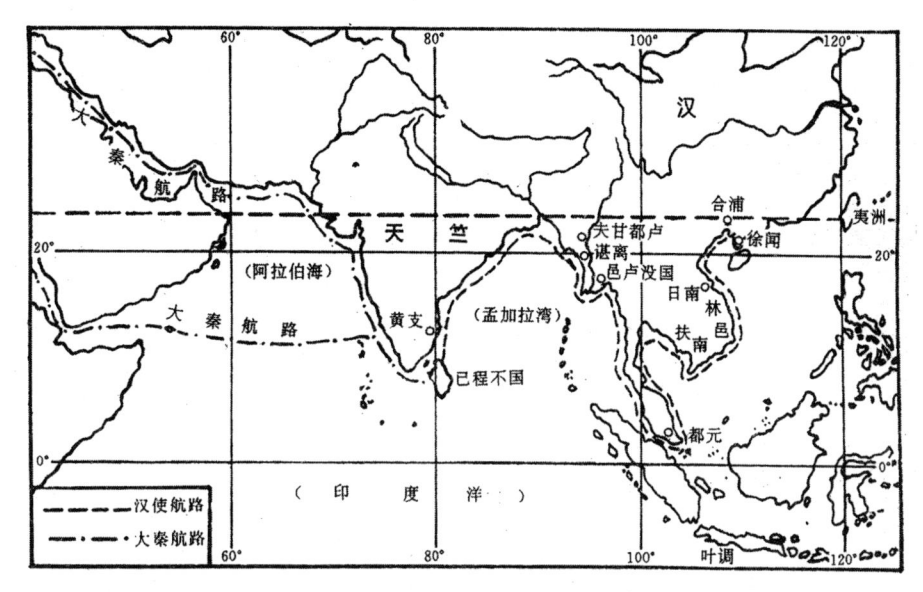

第七讲 阿拉伯人控制印度洋时代的南海贸易与中非交通

图7-3 都元国新加坡地峡说图[1]

下面扼要介绍古地、古国的今名考释。

日南：汉朝郡名，今地在越南平治天省及广南—岘港省的沿海一带。

徐闻、合浦：今中国广东省西南部的雷州半岛。

都元国：一说在马来半岛，又有马来西亚的吉打、瓜拉龙运，泰国的北大年、洛坤、克拉地峡以北的Htayan及马六甲海峡东北口岸，即唐代罗越等不同地点的看法。

另一说在印度尼西亚苏门答腊岛东北岸，也有认为在巴赛河口一带，还有认为在塔米安河流域的嘽杨、淡洋、毯阳等不同地点的看法。

再有一说，认为是在湄公河三角洲某城市。

邑卢没国：多数学者认为在缅甸的勃生、勃固至萨尔温江下游一带。也有人认为在泰国的曼谷湾附近。

谌离国：一说在缅甸伊洛瓦底江下游地区，又有蒲甘附近的Sillah、

---

[1] 引自孙光圻《中国古代航海史》，海洋出版社，1989，第163页。

卑谬、勃固、锡里等不同地点的看法。

另一说主张在泰国西岸，又有佛统、尖喷、巴蜀等不同地点的看法。

夫甘都卢国：一般认为在今缅甸西南部一带，似应濒孟加拉湾。也有认为在马来半岛北部，或印度尼西亚爪哇岛等说法。

黄支：一般认为是印度东海岸的建志补罗，即康契普腊姆（Conjevaram）。另有它是恒河流域的国家，或克里希纳河入海口的维查雅瓦达一带的看法。但也有主张在波斯湾头的霍木兹，或印度尼西亚苏门答腊的亚齐，或马来半岛等地的看法。

皮宗：大体泛指马来半岛南岸的皮散岛，即香蕉岛。另外，有在泰国北大年一带、印度尼西亚苏门答腊岛东岸的皮散岛、马来半岛北部、越南南端金瓯角及其附近的 Byong 或 Panjiang 岛之种种说法。

已程不国：今之斯里兰卡。

至于这条航线的具体历程，今按姚楠先生等的都元国是湄公河三角洲某城市的说法，交代如下。

大体上汉使乘船离开日南或徐闻、合浦后，顺印度支那半岛（中南半岛）南行，经过五个月到湄公河三角洲，泊于都元国，即今越南南部迪石一带。复沿中南半岛西岸北行，经过四个半月抵达泰国的湄南河河口，停靠在邑卢没即今之佛统一带。由此南下沿马来半岛东岸，经二十余日驶抵谌离，即今泰国之巴蜀。在此弃舟登岸，横越地峡，步行十余日到达夫甘都卢，即今缅甸之丹那沙林。从此处再登船，向西航行于印度洋，经两个多月终于抵达黄支国。返国时，由黄支南下至已程不国，然后向东直航，经八个月驶抵马六甲海峡，泊于皮宗即新加坡西部的皮散岛。最后再航行两个来月，由皮宗驶还日南郡的象林县境（今越南雄川县南的茶荞）。另两种说法的航行历程在此从略，请参考图7-2、图7-3。

尽管因地名考释不同，使这条航线历程不能定于一，然学者对这条

第七讲　阿拉伯人控制印度洋时代的南海贸易与中非交通

航线还是有共识的。

一是从不同的航线图来看，这是当时世界上最长的远洋航线之一。当然，其航海技术还不高明，航行是属于利用季风的沿岸航行，实际时间是去时一年，返回十个月。

二是公元前2世纪末，汉使在谌离国登陆前所乘的都是中国船。在谌离由陆路到达夫甘都卢后，就改乘印度的得楞船了。可以认为，中国商船在公元前2世纪末，至迟公元1世纪初，已经到达克拉地峡的西端。印度船通常只会聚在新加坡海峡的皮宗。自此以东的南海船业都被中国船和马来船所包揽。

三是西汉时，中国东南沿海的航海家驾驶的海船就已经越过马六甲西航。在中印航海家的共同努力下，实现了中国和南印度的通航。

3. 外国人的有关记述

除中国人的记述之外，有关情况还有外国人的记述。在此，应该提到两本书。

一本名为《厄立特利亚海航行指南》，又名《红海回航记》。作者为一名操希腊语的商人，一说他是一名航海的船长，居住在埃及的亚历山大里亚。他到过红海、波斯湾以及印度的西海岸和东海岸。根据其经历，写下这本航记，成书约在1世纪。

书中记述了希腊水手熟知的贸易路线，指出了印度洋的西部和红海南部出现的固定停泊港和市场，称曼德海峡以外的海面为"外洋"，其中有著名的港口亚丁。亚丁是货物中转站，由此航向印度河口和南印度各港口进行贸易。日本学者村川坚太郎写过《厄立特里海环行记中所见公元一世纪时的印度洋贸易》一文[①]，值得认真阅读。其中难能可贵之处是提到了秦国、秦尼，即中国，如下：

> 过克利斯国 Chryse（今下缅甸和马来半岛）到了秦国，海乃

---

① 日本史学会创立五十年纪念文集《东西交涉史》卷上，东京，1933。

止。有大城曰秦尼 Thinae，在其国内部，位于北方。从这里，生丝、丝线和丝织品由大夏经陆路运到巴里格柴 Barygaza（印度西部纳巴达河口之布罗奇 Broach 港），另由水路经恒河运往李米里斯 Limyrice（今印度东科罗曼德沿岸）。往其国甚不易，由其国来者，亦极少也。

此段文字中的"秦国"是欧洲各种文字中最先记录者。这里清楚地说明了中国丝织品，经过陆路大夏（巴克特里亚）到达印度西部、南部港口，介入印度洋贸易。之后，中国的丝织品再转运到亚历山大里亚等城市当是可能的。

另一本为托勒密、克罗丢的《地理书》，亦称《地理志》，也记载了中国。

作者是一个出生在埃及的希腊人，家住亚历山大里亚。他研究过天文地理等，可能是根据从亚历山大里亚得知的传闻，并通过地理的研究而得到较多的有关中国的情况。成书约在150年。

书中记载了秦尼国及赛里斯国，如下：

> 大地上，人类可居之地，极东为无名地 Unknown 与大亚细亚最东之秦及国 Sinae 及赛里斯国 Serice 为邻。
> ……
> 可知世界之极东，至秦尼国之都城而止。

秦尼和赛里斯二名是古代罗马对中国的称呼。据亨利玉尔的考证，赛里斯为中国新疆境内，秦尼则为中国内地。①

值得提出的是，作者认为从埃及到中国有可以通行的商道。关于这一点，我们可以作如下的理解。

希腊罗马时代，也就是从公元前5世纪到公元5世纪，亚历山大里

---

① 引自张星烺编注、朱杰勤校订《中西交通史料汇编》第一册，中华书局，1977，第30页。

第七讲　阿拉伯人控制印度洋时代的南海贸易与中非交通

亚城市与印度的海路交通贸易大体有三条航线。

（1）从红海北部南航，环绕阿拉伯半岛东南部，北转入波斯湾到幼发拉底和底格里斯河口的航路。

（2）从红海北部南航，出曼德海峡，转东，沿阿拉伯半岛南岸北向，再沿伊兰高原南海岸而东，到信度河（印度河）口 Patala，或再向南到印度纳巴达河口的婆卢羯车（今印度西部坎贝湾东岸之布罗奇）的航线。

（3）从红海南航出曼德海峡，一直东航到南印度或斯里兰卡，与更东方的黄支、日南路衔接。

这里的第三条航线明确指出是与更东方的黄支、日南路相衔接，正与《汉书·地理志》所记汉使出航路线抵黄支国相吻合。而汉使航船上即带有交易的明珠、璧琉璃、杂缯等，不言而喻，这些中国的商品可以转运至埃及。在《厄立特利亚海航行指南》中提到，中国丝织品经陆路抵大夏，后再到印度西、南海口转运埃及。此处则透示了中国丝织品海运至黄支，而后海运转至埃及。如此，托勒密所述之中国有通埃及之商道问题就清楚了。

二　南海、印度洋交通贸易的发展

1. 发展背景

著名科学家李约瑟说过："从 8 世纪到 13 世纪是中国和阿拉伯交往的伟大时代。"① 为什么会有这个结论？因为在亚洲的东边有强盛的唐帝国，在亚洲的西边则与伊斯兰教统一阿拉伯、建立了强大的哈里发国家分不开。

阿拉伯人的有关情况大体如下。

640 年，阿拉伯人取代了东罗马帝国对埃及的统治，8 世纪时征服了

---

① 〔英〕李约瑟：《中国科学技术史》第一卷，科学出版社，1975，第 475~476 页。

马格里布（包括北非的摩洛哥、阿尔及利亚、突尼斯三国），非洲北部被纳入大食帝国的版图。阿拉伯人很早就懂得利用印度洋上的季风，到非洲东海岸进行贸易。从695年开始，阿拉伯人更直接向非洲东海岸移民。

中国唐、宋时期的有关情况

根据中国史书记载，唐代称阿拉伯为大食。661年穆罕默德的继承者迁都大马士革，建立倭亚马王朝（661～750年）的统治，中国史籍称其为白衣大食。8世纪20年代，伊拉克的大地主阿巴斯推翻了倭亚马王朝，迁都到巴格达，史籍称黑衣大食，因为阿巴斯王朝（750～1258年）崇尚黑色，旗和官服皆为黑色。查阅史籍，从691年（载初元年，天授元年）至798年（贞元十四年），大食遣使入唐就达39次。[①] 但要指出的是751年（天宝十年），唐与大食在中亚发生过怛罗斯战役，此事件已在第二讲中作过交代。仅就唐人被俘者杜环遍历阿拉伯各地，归来所写《经行记》而言，这对唐代朝野认识与了解大食、整个阿拉伯世界乃至北非，都起了积极作用。这次战事在唐与大食的关系上未留下副作用，仅仅是双方的一次遭遇战。

有宋一代，包括辽，与大食的关系仍然友好。自924年（契丹天赞三年）到1207年（宋开禧三年），大食遣使来华约有34次之多。[②]

唐宋时期大食遣使来华，说明了在这段时间里，中国和阿拉伯双方都在实施着友好相处和对外开放的政策。然而，由于历史条件不同，又各有其特点。中国以农业、手工业为主，它虽向外发展，但主要采取通好和鲜縻的政策，这是传统的天朝大国政策。大食原是一个游牧民族的国家，急剧对外攻战，征服和占领了一些比它经济、文化先进的地区。要适应新的历史环境，经济贸易、政治文化的发展就是兴衰的关键。特别是经济贸易乃当时游牧民族立足世界舞台的命根子，游牧封建的大食帝国以"重商主义"为立国之本。故而积极开展海外贸易当是其基本国策。阿拉伯人有商业传统，阿拉伯商人遍及中亚的河内地区（阿

---

① 张俊彦：《中古时期中国和阿拉伯的往来》，《北京大学学报》1981年第3期。
② 张俊彦：《中古时期中国和阿拉伯的往来》，《北京大学学报》1981年第3期。

第七讲 阿拉伯人控制印度洋时代的南海贸易与中非交通

姆河流域、锡尔河流域)、印度半岛、地中海;他们的商业城市和据点也分布于印度洋和南海航道上。印度的马拉巴尔海岸和柯钦、奎朗、孟加拉、苏门答腊、印度支那、远及东非桑给帝国的基瓦尔港,都有阿拉伯人的商站和足迹。游牧和经商的阿拉伯人养成了侨居的习惯,有着非常强的地域适应性。

宋代与大食的海上贸易较唐代进一步发展,原因有以下几点:辽的建立切断了河西走廊的通道;南宋迁都杭州,泉州成为对外贸易第一港;宋瓷代表着宋代的新兴手工业,已超过唐代丝绸,且外销更适宜海上运输;宋代缗钱(一千文为一缗)作为对外支付手段,大量在国际上流通。

以上情况可以归结为促使南海印度洋交通贸易发展的社会因素。下面要说的是科学技术在南海印度洋交通贸易的发展上,也起了一定作用。

唐代由于海外交通的快速发展,不仅促进了造船事业的兴盛,同时海洋学和气象学的研究成果也相继问世。

当时,中国船员以善于利用海上信风和纯熟的驾驶技巧著称于亚洲。造船之地密集在中国东南沿海各港。唐德宗时期(780~804年),中国的南海官员已有私家造的远洋大舶,从事远洋海上外贸活动。如王锷的私家造船厂,其造船技术是首屈一指的。唐人继承了西汉的尾钉和钉子钉船,又吸收了新罗、日本、阿拉伯人的造船技术,用各种技巧增加船体纵向和横向的强度以及抗摇性,并采用水密隔舱法增加抗沉性。航行在南海上的商船,以唐舶为最大。因此,它航行到波斯湾尸罗夫港(今伊朗南部曼特河口略东),需要换船到幼发拉底河口,因为那个地方的水不深,只能用阿拉伯的小船转运商货,到巴士拉和巴格达等地。在南印度的故临国(今奎隆)要纳过口税。唐船要纳1000个(弟)纳尔,其他各国的船则看大小而定,从1至10(弟)纳尔不等,可知唐舶之大。

8世纪成书的《海涛志》,是研究海潮的一部专著。作者是浙江人窦叔蒙。书中正确地指出了潮汐与月亮的关系，并揭示了潮汐的涨落规律。当时远洋航行无不根据季节的信风而定，唐人已将风力分为8个等级，比英国蒲福氏的风力等级规律要早上1000年。唐代航海家以善于利用海上信风闻名于世界各国。

值得大书特书的是宋代，指南针已正式成为导航仪器装备在船上。春秋战国时期，中国人已经知道利用磁石指极性，制成最早的指南针，叫司南。经不断研究，过了1500年，人们将司南改进成为用于航海的指南针，这说明中国古代磁场学导航术领先于世界。它对提高远洋航海能力具有重要意义。唐代人只知道海、大瀛海、涨海，而宋代人已弄清了海和洋的概念。所谓洋，是有独特的潮汐系统和强大的海流系统。海，是大洋的边缘部分，面积较小，温度受大陆的影响较大，有显著的季节变化。

2. 交通网络

关于南海、印度洋交通贸易发展时期的网络，可以用中国史书上唐人的一段记载和宋人的一段记载来说明。

贾耽（730~805年）是唐德宗贞元年间（785~804年）的宰相。他主持与各族、各国往来及朝贡的事情，所以熟悉边疆及海外的地理风土，又勤于从中外使臣口中收集各种资料，遂撰成《海内华夷图》《皇华四达记》等重要地理著作。原书已佚，仅能在《新唐书》中见其扼要。他记下了当时中外海陆交通的7条路线，其中海路2条、陆路5条。两条海道，一条是通朝鲜半岛的，在此从略。另一条是"广州通海夷道"，原文如下。①

广州东南海行，二百里至屯门山（今广东深圳南至九龙西北部一带），乃帆风西行。二日至九州石（今海南岛东北之七州列

---

① 《新唐书》卷43下《地理志》七下。文中今地名注释主要依据陈佳荣、谢方、陆峻岭《古代南海地名汇释》，中华书局，1986。

第七讲　阿拉伯人控制印度洋时代的南海贸易与中非交通

岛)。又南二日至象石(今海南岛东南岸之独珠山)。又西南三日行,至占不劳山(今越南东岸的占婆岛),山在环王国(今越南中南部,或即占城)东二百里海中。又南行二日至陵山(今越南归仁以南的燕子岬)。又一日行,至门毒岛(今越南归仁)。又一日行,至古笪国(今越南芽庄)。又半日行,至奔陀浪洲(即宾童龙,今越南潘朗)。又两日行,到军突弄山(今昆仑岛)。又五日行至海峡(今马六甲海峡),蕃人谓之"质"(马来语海峡之意),南北百里,北岸则罗越国(今马来南半岛南端),南岸则佛逝国(今印度尼西亚苏门答腊东南部)。佛逝国东水行四五日,至诃陵国(今印度尼西亚爪哇岛),南中洲之最大者。又西出硖,三日至葛葛僧祇国(今马六甲海岸南部伯劳韦 Brouwecs 群岛),在佛寺西北隅之别岛,国人多钞暴,乘舶者畏惮之。其北岸则个罗国(今马来半岛西洋之吉打 Kedah 一带)。个罗西则哥谷罗国(今马来半岛克拉地峡附近)。又从葛葛僧祇四五日行,至胜邓洲(今苏门答腊岛东北海中)。又四五日行,至婆露国(今苏门答腊岛西北海中之 Breuch 岛)。又六日行,至婆国伽蓝洲(今斯里兰卡东南面,或指尼科巴群岛)。又北四日行,到师子国(今斯里兰卡),其北海岸距南天竺国(今南印度)大岸百里。又西四日行,经没来国(今印度尼西亚马拉巴海岸之奎隆 Quilon),南天竺之最南境。又西北经十余小国,至婆罗门(指印度)西境。又西北二日行,至拔䫻国(今印度西北部之布罗奇 Broach)。又十日行,经天竺西境小国五,至提䫻国(今印度河口以西,巴基斯坦卡拉奇以东),其国有弥兰大河(阿拉伯人对印度河的称呼),一曰新头河(指印度河),自北渤昆国(今克什米尔西北部)来,西流行提䫻国北,入于海(指阿拉伯海)。又自提䫻国西二十日行,经小国二十余,至提罗卢和国(今波斯湾头之阿把丹 Abadan 一带),一曰罗和异国,国人于海中立华表,夜则置炬其上,使舶人夜行不迷。又西一日行,至乌剌国(今伊拉克南部巴士拉 Basra,为古名 al-'ubullat 的简译，希腊人称为 Apologos），乃大食国（阿拉伯地区的泛称）之弗利剌河（今幼发拉底河），南入于海。小舟溯流，二日至末罗国（今伊拉克南部巴士拉的西南祖贝尔 Zubair 村），大食重镇也。又西北陆行千里，至茂门王（Amir al Muminenin 之音译，即哈里发，意为"首领"）所都缚达城（今巴格达）。

自婆罗门南境，从没来国至乌剌国，皆缘海东岸行；其西岸之西，皆大食国，其西最南谓之三兰国（约在今桑给巴尔海峡附近）。自三兰国正北二十日行，经小国十余，至没国（今南也门之席赫哈 Schehr）。又十日行，经小国六七，至萨伊瞿和竭国（今河曼哈德角），当海西岸。又西六七日行，经小国六七，至没巽国（今阿曼苏哈尔 Sohar 一带）。又西北十日行，经小国十余，至拔离诃磨难国（今波斯湾巴林 Bahrain 岛麦纳麦）。又一日行，至乌剌国，与东岸路合。

以上所述航程，请参见图 7-4。

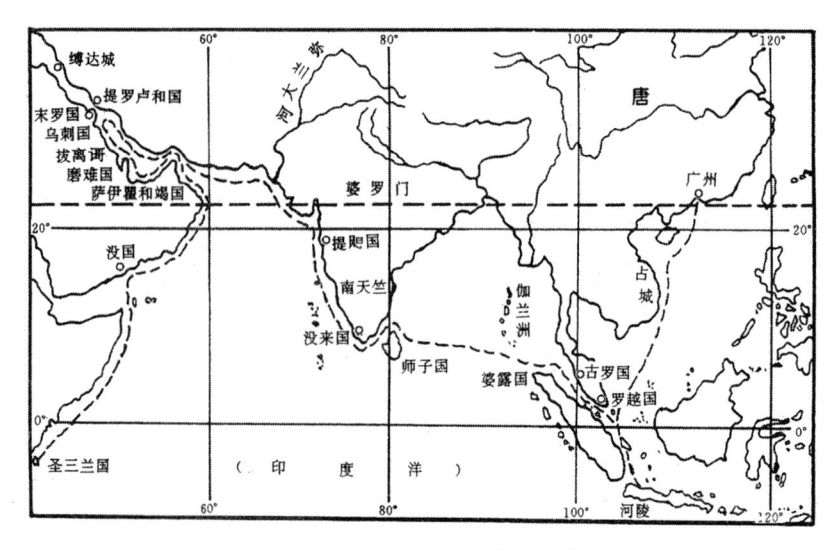

图 7-4 "广州通海夷道"图①

---

① 引自孙光圻《中国古代航海史》，海洋出版社，1989，第 312 页。

第七讲　阿拉伯人控制印度洋时代的南海贸易与中非交通

关于这段航程有两段说，也有四段说，用今地名来概括四段说，如下：①从广州通新加坡海峡；②从新加坡到斯里兰卡；③从斯里兰卡到波斯湾；④从波斯湾西岸直到东非达累斯萨拉姆。这段航程，表明了唐代对外贸易中心已移到岭南大港广州，其目的港直指波斯湾的巴士拉和巴格达，并指出了南北沿海航线。

贾耽所记的这段航程，与《中国印度见闻录》上所记来华航程，即从波斯湾到广州，基本一致。只是在行程日期上有异，从马六甲到广州，特别是从广州到占婆岛，贾耽记载不到十日，而穆斯林文献记录需要一个月。其原因是进入西沙群岛后，附近礁多、风险、浪大，而波斯湾传统的造船方法是用椰索捆绑，这种船只虽灵活，但不耐狂风激浪吹打。因此航程行进中常遭遇阻力，航期长当属自然。

宋人所记载的是崛起于印度洋上的注辇国使臣娑里三文来华的海路行程。注辇是9~13世纪南印度的一个大国，即玄奘在《大唐西域记》中所记的珠利耶。在开国之初，版图仅限于今天的马德拉斯以北，彭那（Penra）河以南一带，至9世纪之后版图拓展到整个科罗曼德尔海岸，并征服了斯里兰卡、缅甸南部沿海。同时还创立舰队，称雄海上，其势力扩及苏门答腊、马来半岛等地。1015年（大中祥符八年）、1020年（天禧四年）、1033年（明道二年）、1077年（熙宁十年），注辇国遣使来华，进贡珍珠等物。1015年国主罗茶罗乍遣使臣娑里三文、副使蒲恕、判官翁勿、防援官亚勒加等52人携国书朝见宋真宗皇帝。三文自述了从注辇国到广州的海路航程，如下①：

> 自昔未尝朝贡。大中祥符八年九月，其国主罗茶罗乍遣进奉使侍郎娑里三文、副使蒲恕、判官翁勿、防援官亚勒加等奉表来

---

① 《宋史》卷489《外国列传》五。文中今地名注释主要依据陈佳荣、谢方、陆峻岭《古代南海地名汇释》，中华书局，1986。

贡。……三文离本国，舟行七十七昼夜，历那勿丹山（今印度东南的纳加帕塔姆 Naga Patam）、娑里西兰山（娑里即梵文 Cola，泰米尔语 Sōra，汉译珠利耶、注辇、锁里、琐里，在今印度科罗曼德尔沿岸。西兰山即今斯里兰卡。当时斯里兰卡屡被琐里人侵略，故合称之为娑里西兰山）至占宾国（今地在斯里兰卡至缅甸的航道间）。又行六十一昼夜，历伊麻罗里山（今地在缅甸的伊洛瓦底江口，或缅甸西南端的讷格雷斯 Negrais 角略北）至古罗国（今地有两说：一说在缅甸的勃固 Pegu 至仰光一带；另一说为马来半岛北部克拉地峡一带）。国有古罗山，因名焉。又行七十一昼夜，历加八山（今马来半岛西岸外，巴来西亚巴生 Klang 港外的巴生岛，或凌加卫 Langkawi 岛。还有认为指尼科巴群岛）、占不牢山（今地一说在马来半岛西岸一带，一说为马来西亚森美兰 Negri Sembilan 州沿岸）、舟宝龙山（今地为新加坡海峡沿岸，也有认为在泰国洛坤 Nakhon Srithamarat）至三佛齐国（今印度尼西亚苏门答腊岛巨港 Palemkeng 至占碑 Jambi 一带）。又行十八昼夜，度蛮山水口（指马六甲海峡，或新加坡南面的林加 Lingga 群岛一带），历天竺山（指马来半岛东岸外的奥尔 Aur 岛，也有指越南南面海山昆仑 Condore 岛），至宾头狼山（一般认为指越南东南部，藩朗南面的巴达兰 Padaran 角，即卡纳 Ga Na 角），望东西王母冢（指越南东南岸外的昆仑岛，传说西王母住昆仑山），距舟所将百里。又行二十日昼夜，度羊山（今越南中部归仁港外东南面，一般认为指瓜岛 Gambir）、九星山（海南岛东面的七洲列岛）至广州之琵琶洲。离本国九千一百五十日至广州焉。

以上航程，请参见图 7-5。

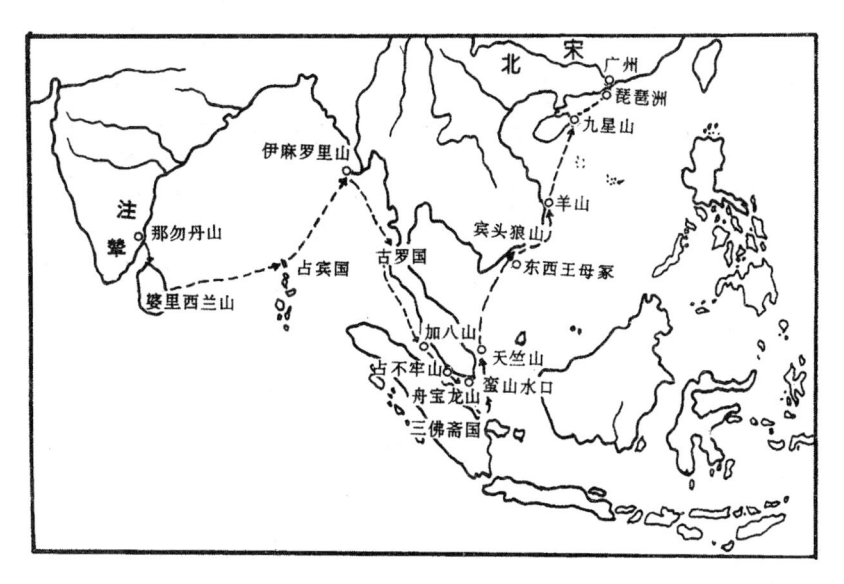

第七讲　阿拉伯人控制印度洋时代的南海贸易与中非交通

图 7-5　娑里三文来华航线图①

从三文自述的航程，可以了解到，三文离开本国，舟行 77 昼夜，到印度东南的纳加帕塔姆、斯里兰卡、安达曼群岛。又舟行 61 昼夜，经过缅甸的西南端，到马来半岛北部的克拉地峡。又舟行 71 昼夜，经过马来半岛西海岸、新加坡海峡沿岸，到苏门答腊的东岸。又行 18 昼夜，过新加坡南面的林加群岛一带，经马来半岛东岸，到越南南部。又行 20 昼夜，过越南归仁东南面、海南岛东面的七洲列岛，抵广州黄埔港西面的琵琶洲，计 9150 日。然而，按所述实算为 247 个昼夜。显然，这段航程的记叙上是有误差的，应当有专文考证。但在这段航程上有值得重视的一点，即从斯里兰卡横渡孟加拉湾的直通航线。这表明了注辇的航海者已经掌握了比较先进的航海技术。

3. 贸易的有关情况

在谈贸易情况之前，先介绍一幅《圣经》插图《东方的商贾》（见图 7-6）。

---

① 引自姚楠、陈佳荣、丘进《七海扬帆》，中华书局（香港）有限公司，1990，第 142 页。

图 7-6 《东方的商贾》①

在这幅图上，我们看到了一艘收起篷帆的阿拉伯天鹅船首的海船，停泊在岸边，码头上有七个人物在活动着。仔细分辨画面，从人物的衣着上看，说明他们来自不同的国度。从人物的举动上看，表现出他们正在进行瓷器和丝绸的交易。其中站在船前的，左手叉腰、右手捋胡须、身着敞袍、头戴头巾的，显然是阿拉伯商人；与这个商人对话的是一个双手捧瓷罐、头戴无沿毡帽、身着黑边短袖束腰背搭的西亚人，似乎在兜售他的商品。在阿拉伯人与西亚人之间有一筐瓷器，筐里有一个细颈瓶和大腹瓶，筐外有一个细颈瓶和小碗。在西亚人的后面有一个包扎头巾、身穿直裰、卷袖露背、弯腰双手捧一个圆形器皿的人，大概是阿拉伯人的伙计。在阿拉伯人的后面有一个头顶大包、裸露右肩右臂、赤脚行走的人，无疑是商船上的苦力。现在我们把视线移到画的另一端，可以看到一个头戴皮帽、身着短袖长袍的老年波斯商人，和一个头戴千顶帽、身穿宽袖长袍的中国商人一起拉扯着一匹绸缎，似乎在品评质量和价格。而站在中国商人旁边、头戴尖顶帽、身着直裰、手抱一捆丝绸的人，可以断言是中国商人的伙计。尽管这幅画的作者和成画时间尚待进一步推敲，但它仍不失为描绘 13 世纪海上交通贸易的一个形象资料。由于画中的交易品是中国的特产瓷器和丝绸，交易者是中国人、阿拉伯人、波斯人，即使说不出这艘海船停泊港口的名称，也不妨碍这幅画作为中国人参加印度洋贸易的佐证。而这正是笔者推荐此画的着眼点。

通过上面对图像的解释和介绍，说明南海印度洋有通畅的交通及

---

① 引自《圣经》，《新约全书》，第 296 页。

第七讲　阿拉伯人控制印度洋时代的南海贸易与中非交通

兴盛的贸易，其中应该说阿拉伯人起了一定的作用。阿拉伯半岛的位置非常有利，它既是东方同西方的交通枢纽，也是由亚洲到非洲、或非洲到亚洲的踏脚石。红海的航运权一向掌握在阿拉伯人的熟练水手中。此外，还出现了许多"多财善贾"的阿拉伯商人。正如其寓言所说："法兰克人的头脑、中国人的手、阿拉伯人的舌头。"古代阿拉伯人的港口是最繁华的商业区。

8～15世纪，阿拉伯人一直是印度洋上无可争辩的主人。他们在印度洋上组织了一个纵横交错的贸易网，并且控制着印度洋上的运输业。当时的亚、欧差不多靠着他们的运输业进行贸易。他们将东方货物运到南阿拉伯的一些港口，如亚丁，然后通过红海，并经过陆路到达地中海。他们垄断了红海上的一切贸易，并在印度半岛西海岸的科泽科德和马来半岛的马六甲，先后设立了永久的商业居留地。如此，他们的贸易网便遍及印度、斯里兰卡、马来西亚、泰国、印尼、菲律宾，乃至中国。与此同时，东非在阿拉伯人的贸易网中也占有重要地位。阿拉伯人用亚洲的纺织品、丝绸、金属用具各种制造品及珠子等，来换得东非的象牙、香料，如龙涎香及黄金等，再转售于东方和西方。东非的货物由阿拉伯人的手转到了亚洲人和欧洲人手里。南阿拉伯自然成了远东、波斯湾以及地中海滨的国家进行海上贸易的中心。当时由东方运到西方的货物主要有中国的丝绸、瓷器、大黄；印度的棉布、胡椒、宝石。而由波斯湾运到东方的货物主要有阿拉伯的铜、美索不达米亚的马。由于阿拉伯人的转手贸易，促使东非海岸的商业城市和商业区增多了，扩大了，而且繁荣起来。

在阿拉伯人中，阿曼的商人是深入东非的。由于它东北、东南两面都濒临印度洋，故对印度洋的贸易具有较有利的条件。因此，对阿拉伯人在印度洋贸易的发展上占有重要地位。阿曼在11世纪以善于造船而见称于世，这更有利于阿拉伯人的海上交通和海洋贸易。东非的象牙先运到阿曼，然后再转运印度和中国，都是用阿曼船运的。阿拉伯地理学家伊德里西在12世纪中叶叙述道：由于黑人没有船，阿曼船到黑人那里，将他们的货物运到爪哇，以交换爪哇的货物。可想，当时所谓的大食船，其中一定包括了一些阿曼船。①

至于中国人，远在汉武帝时就参与了印度洋贸易，唐、宋、元三代当是逐步发展时期。这里，要指出古代中国人参与海外贸易的一些特色。

中国自古是文明贸易。文明贸易的对象是物而不是人，是由中央集权的封建国家控制的。古代中国人还设立了专管海外贸易的机构，即唐代的市舶制度。到了宋代，这一机构有了较完善的职能。从对外港口的形成与变迁上，可以了解到广州港一直是唐宋时期的对外大港。泉州是宋元时期闻名世界的港口。中国的传统出口商品是丝绸、瓷器、漆器，而进口商品主要是香料。无可否认，在 8~15 世纪的印度洋贸易中，中国人也作出了一份贡献。

三　中非交通的进一步发展

1. 中国最早对非洲的记载

《魏略·西戎传》中有关于埃及亚历山大城的记载。《魏略》一书50卷，今已不存，只能在《三国志·魏书》中见到片段。作者鱼豢，成书于 240~250 年（正始元年至嘉平二年）间。该书叙事从魏武帝（155~220 年）开始，到明帝景初三年（239 年）为止。所记如下：

> 大秦国一号犁靬，在安息、条支西大海之西，从安息界安谷城乘船，直截海西，遇风利二月到，风迟或一岁，无风或三岁。其国在海西，故俗谓之海西。有河出其国，西又有大海。海西有迟散城，从国下直北至乌丹城，西南又渡一河，乘船一月乃过。西南又渡一河，一日乃过。凡有大都三，却从安谷城陆道直北行之北海，

---

① 引自张铁生《中非交通的历史关系初探》，生活·读书·新知三联书店，1965、1973，第22页。

第七讲　阿拉伯人控制印度洋时代的南海贸易与中非交通

复直西行之海西，复直南行经之乌迟散城，渡一河，乘船一日乃过。周回绕海，凡当度大海六日，乃到其国。①

据考证，这段记载中所提大秦国即东罗马帝国。安谷城是指幼发拉底河下游的鄂下柯（Orchoë），即今伊拉克的瓦尔喀（Warka）②。迟散城、乌迟散城，即今埃及亚历山大。乌丹城，应即今阿拉伯半岛西南的亚丁，也有认为该城在红海西岸的。这段近1800年前的记述，为我们提供了以下的一些情况。

此处所提迟散城、乌迟散城是今天埃及的亚历山大。这当是古代中国人对非洲的最早记录。而要首先明确，此时的埃及是在罗马帝国的统治下，迟散城是罗马帝国的东方都会。称雄一时的罗马帝国常想通使远方的中华帝国汉朝，但为安息（后为波斯萨珊王朝所灭）所阻。在162～165年间，罗马派兵打败了安息，夺取了美索不达米亚，控制了波斯湾，实现了遣使汉朝的目的。据《后汉书·西域列传》记载，166年（汉桓帝延熹九年）罗马皇帝安敦派遣使臣，自埃及亚历山大起程，经红海、印度洋，抵达越南，到中国。并向汉廷赠送了象牙、犀牛等贵重礼品。据考，这些赠品都产自非洲东海岸地区。这当是非洲物产传入中国的最早记载了。

《魏略》的这段记载，不仅对埃及的地理位置及其以东的红海、以西的地中海作了准确的定位，还对埃及境内的尼罗河与亚历山大有了认识与了解。同时，又指出了安息的南、北（海、陆）两道即波斯湾通往亚历山大的海道、两河流域通向尼罗河三角洲的陆道。无可否认，《魏略》的记述代表了3世纪中国人对非洲的认知。

随着海外交通贸易的发展，中国人对非洲的了解逐步扩大与增多。唐代人杜环写的《经行记》和段成式写的《酉阳杂俎》均见有关非洲的记述，特别是后一书中提到了东非。

---

① 《三国志》卷30《魏书·乌丸鲜卑东夷传》。
② 安谷城今地的另一说是土耳其的安提俄克（Antioch）。参见沈福伟《中国与非洲——中非关系两千年》，中华书局，1990，第32页。

杜环与《经行记》在第二讲中已作过介绍。这里要强调的是，杜环是汉文记载中到过非洲的第一位中国人。他笔下所记的"摩邻国"（故地一说为今摩洛哥，一说为今肯尼亚的马林迪）如下：

> 又去摩邻国，在秋萨罗国西南，渡大碛，行二千里至其国，其人黑，其俗犷，少米麦，无草木，马食干鱼，人食鹘莽，鹘莽，即波斯枣也。瘴疠特甚。①

成书于 850~860 年间的《酉阳杂俎》是一部唐人的笔记小说。作者段成式及其家世均为仕宦，他在解印闲居时撰成此书。鲁迅称之为"所涉甚广，遂多珍异"。兹将书中所见拨拔力国（泛指今索马里）、悉怛国（今之苏丹）、勿斯离国（今之埃及）的记述转录于下。

> 拨拔力国，在西南海中，不食五谷，食肉而已。常针牛畜脉，取血和乳生食，无衣服，唯腰下用羊皮掩之。其妇人洁白端正，国人自掠卖与外国商人，其价数倍。土地唯有象牙及阿末香，波斯商人欲入此国，团集数千，赍彩布，没老幼共刺血立誓，乃市其物。自古不属外国，战用象牙排、野牛角为稍，衣甲弓矢之器。步兵二十万，大食频讨袭之。②

> 悉怛国……出好马。马四岁两齿，至二十岁，齿尽平。体名有输鼠、外兔、乌头、龙翅、虎口。猪槽饲马，石灰泥槽，汗而系门，三事落驹。回毛在颈，白马。黑马鞍下腋下回毛，右胁白毛，左右后足白。③

> ……勿斯离国，石榴重五六斤。④

从两书各条目的描写中，可知唐人了解到的非洲各地风土人情、物

---

① 张一纯：《经行记笺注》，中华书局，1963。
② （唐）段成式：《酉阳杂俎》前集卷之四。
③ （唐）段成式：《酉阳杂俎》前集卷之十六。
④ （唐）段成式：《酉阳杂俎》续集卷之十。

第七讲 阿拉伯人控制印度洋时代的南海贸易与中非交通

产等。虽是一知半解，但它代表了中国人在10世纪对非洲的认知，除了北非，还有东非的情况。

2. 中国与东非交通贸易的发展

先简略交待东非的有关情况，后扼要交待贸易特点，再较详细地阐述体现交通贸易发展的文献记载和非洲出土的大量中国文物。

7~10世纪是阿拉伯商人和波斯商人移居东非的高潮，其中以阿曼酋长苏力曼和赛德等人的家属及部落，以及哈萨七弟兄和波斯设拉子苏丹哈桑·阿里等人最为有名。相传哈萨弟兄在索马里开建了摩加迪沙和布腊瓦，设拉子哈桑等人开辟了基尔瓦、蒙巴萨、奔巴岛等地。975年，以基瓦尔（今坦桑尼亚南部古城）为中心，建立一个自索马里周巴河以南直到莫桑比克海岸的"桑给帝国"（即僧祇帝国）。根据波斯语称谓，桑给巴尔即"黑人之地"。这个东非海岸上商站联邦性的王国，由于历史渊源，它与阿拉伯帝国有着频繁的贸易联系。无疑，阿拉伯是当时印度洋上最活跃的商人了。唐朝与东非"僧祇"国家的贸易，主要是通过大食商人中转进行的。而在中国的唐宋时期，基尔瓦一直是东非海岸的政治和进出口贸易中心，是百物散集之地。这些，从马苏第据其耳闻目睹所著《黄金草原》一书中的记述可得到证实："桑给取牙，杀象甚多，运到阿曼，复由此转运印度和中国。"还记述了阿曼和西拉夫的商船来到桑给之地进行贸易，中国舶航行到"阿曼、西拉夫、奥波拉和巴士拉，而这些国家的船只直接航行到中国"。这与汉文的记载亦是相吻合的，贾耽的"广州通海夷道"中就明确指出，唐朝的船舶已航行到波斯湾的巴士拉等地。

至于贸易的特点，大体如下：由点成线，先从埃塞俄比亚、索马里开始，然后逶迤拉开；由北南沿，从两汉时东非的红海岸到宋朝时期的坦桑尼亚海岸；由中转到直接，最初由印度，后由大食中转，到元明时期的直接交易。

有关文献记载，主要在宋人写的两书中，即周去非于1178年（淳熙五年）成书的《岭外代答》和赵汝适于 1225 年（宝庆元年）成书的《诸蕃志》中，以及亲临非洲的元代航海家汪大渊于 1349 年（至正九年）成书的《岛夷志略》中。

《岭外代答》中有"木兰皮国"条。据考证，此国在今非洲西北部和欧洲西班牙南部一带，原指 11 世纪末至 12 世纪中叶统治非洲北部和西班牙南部的穆拉比特（al-Murabitum）王朝。其中心区在今摩洛哥，以马拉喀什（今摩洛哥西部）为首都，塞维利亚（在西班牙南部）为陪都。兹摘录相关记述：

> 木兰皮国所产极异，麦粒长二寸，瓜围六尺，米麦窖地数十年不坏，产胡羊高数尺，尾大如扇，春剖腹取脂数十斤，再缝而活，不取则羊以肥死。其国相传又陆行二百程，日晷长三时。①

此外，在该书卷 3《外国门》下的"航海外夷"条中提到："若夫默伽国、勿斯里等国，其远也，不知其几万里矣。"按考证，默伽国即今北非摩洛哥，勿斯里即今埃及。显然，周去非当时对这两个地方的情况还是了解不多，都不合事实，仅提上一笔。

晚于《岭外代答》47 年成书的《诸蕃志》所记述的，则对非洲的认识与了解进了一步。综览全书，其中有层拔国（即 Zanzibar 简译，今地为非洲东岸索马里以南一带）、弼琶啰国（今地为非洲索马里北岸的柏培拉）、中理国（今地为非洲索马里东北角沿岸一带）、木兰皮国、勿斯里国、遏根陀国（今地指亚历山大港）条目。兹分别摘录杨博文《诸蕃志校释》（中华书局 1996 年版）如下：

> 层拔国在胡荼辣国②南海岛中，西接大山。其人民皆大食种落，遵大食教度。缠青番布，蹑红皮鞋。日食饭面、烧饼、羊肉。

---

① 据杨武泉《岭外代答校注》本，中华书局，1999。
② 今地在印度西北古吉拉特一带。

第七讲　阿拉伯人控制印度洋时代的南海贸易与中非交通

乡村山林多障岫层叠,地气暖无寒。产象牙、生金、龙涎、黄檀香。每岁胡茶辣国及大食边海等处发船贩易,以白布、瓷器、赤铜、红吉贝为货。

弼琶啰国,有四州、余皆村落,各以豪强相尚。事天不事佛。土多骆驼、绵羊,以骆驼肉并乳及烧饼为常馔。产龙涎、大象及大犀角,象牙有重百余斤,犀角重十余斤。亦多木香、苏合香油、没药、玳瑁至厚。他国悉就贩焉。又产物名骆驼鹤①,身项长六七尺,有翼能飞,但不甚高。兽名徂蜡②,状如骆驼,而大如牛,色黄,前脚高五尺,后低三尺,头高向上,皮厚一寸。又有骡子③,红、白、黑三色相间,纹如经带,皆山野之兽,往往骆驼之别种也。国人好猎,时以药箭取之。

中理国人露头跣足,缠布不敢着衫,惟宰相及王之左右乃着衫缠头以别。王居用砖甓瓮砌,民屋用葵茆苫盖。日食烧面饼、羊乳、骆驼乳,牛羊骆驼甚多,大食惟此。国出乳香。人多妖术,能变身作禽兽或水族形,惊眩愚俗,番舶转贩,或有怨隙,作法咀之,其船进退不可知,与劝解方为释放,其国禁之甚严。每岁有飞禽泊郊外,不计其数,日出则绝不见其影,国人张罗取食之,其味极佳。惟暮春有之,交夏而绝,至来岁复然。国人死,棺殓毕欲殡,凡远近亲戚慰问,各舞剑而入。啾问孝主死故。若人杀死,我等当刃杀之报仇。孝主答以非人杀之,自系天命,乃投剑恸哭。每岁常有大鱼死④,飘近岸,身长十余丈,径高二丈余,国人不食其肉,唯刳取脑髓及眼睛为油,多者至三百余瓼,和灰修舶船,或用点灯,民之贫者取其肋骨作屋桁,脊骨作门扇,截其骨节为臼。国有山与弼琶啰国隔界,周围四千里,大半无人烟。山出血碣、芦荟,水出玳瑁、龙涎,其龙涎不知所出,忽见成块,或三五斤,或

---

① 杨注:沙漠地区之飞禽。
② 杨注:长颈鹿之异译。
③ 杨注:乃非洲之斑马。
④ 杨注:此鱼乃鲸也。

十斤，飘泊岸下，土人竞分之，或船在海中蓦见采得。

有关"木兰皮国"的描述仅将《岭外代答》中未见的摘录如下：

木兰皮国，大食国西有巨海，海之西有国不可胜数。大食巨舰所可至者，木兰皮国尔。自大食之陀盘地国①发舟，正西涉海百余日方至其国。一舟可容数千人，舟中有酒食机杼之属，言舟之大者莫木兰皮若也。

勿斯里国，属白达国②节制。国王白皙，打缠头，着番衫，穿皂靴。出入乘马，前有看马三百匹，鞍辔尽饰以金宝，有虎十头，縻以铁索，伏虎者百人，弄铁索者五十人，持擂棒者一百人，臂鹰者三十人，又千骑围护，有亲奴三百，各带甲持剑，二人持御器械导王前，其后有百骑鸣鼓，仪从甚都。国人惟食饼肉，不食饭。其国多旱，管下一十六州，周回六十余程，有雨则人民耕种反为之漂坏。有江水极清甘，莫知水源所出，岁旱诸国江水皆消灭，惟此水如常，田畴充足，农民藉以耕种，岁率如此。人至有七八十岁不识雨者。旧传蒲啰牛第三代孙名十宿，曾据此国，为其无雨，恐有旱干之患，遂于近江择地置三百六十乡村，村皆种麦，递年供国人日食，每村供一日，三百六十村可足一年之食。又有州名憩野，傍近此江，两年或三年必有一老人自江水中出，头发黑短，须鬓皓白，坐于水中石上，惟现半身，掬水洗面，剔甲，国人见之，知其为异，近前拜问今岁人民凶吉。如其人不语苦笑，则其年丰稔，民无扎瘥；若蹙额，则是年或次年必有凶歉疾疫，坐良久复没不见。江中有水骆驼、水马，时登岸啮草，见人则没入水。

遏根陀国，勿斯里之属也。相传古人异人徂葛尼，于濒海建大塔，下凿地为两屋，砖结甚密，一窖粮食，一储器械，塔高二百丈，可通四马齐驱而上，至三分之二，塔心开大井，结渠透大江以

---

① 杨注：今埃及杜姆亚特（Dumyat）港。
② 杨注：为 Baghdad 之对音。巴格达，阿巴斯王朝时期之都城也。

第七讲 阿拉伯人控制印度洋时代的南海贸易与中非交通

防他国兵侵，则举国据塔以拒敌，上下可容二万人，内居守而外出战。其顶上有镜极大，他国或有兵船侵犯，镜先照见，即预备守御之计。近年为外国人投塔下。执役扫洒数年，人不疑之，忽一日得便，盗镜抛沉海中而去。

从以上的摘录中，可以知道 10 世纪后中国对北非已经有了进一步认识，如勿斯里国人以尼罗河灌溉土地，遏根陀国即亚历山大港的灯塔情况。特别要指出的是东非的有关记述：层拔国盛产龙涎香；弼琶啰国产长颈鹿、斑马等；中理国能见到印度洋里搁浅的鲸鱼，其脑髓、眼睛、肋骨等有多种用途。

元代民间航海家汪大渊先后于 1330~1334 年（至顺元年至元统二年）、1337~1339 年（至元三至五年）两次浮海。第一次航海所到之处以印度洋区域为主，第二次仅在南洋一带。一般认为，他的西航终点在东非沿岸。他将两次远航的实地见闻，于 1349 年（至正九年）写成《岛夷志略》。书中有层摇罗条，即今地索马里以南桑给巴尔小岛。其记述如下：

国居大食之西南，崖无林，地多淳，田瘠谷少，故多种薯以代粮食。每货贩于其地者，若有谷米与之交易，其利甚溥。气候不齐，俗古直。男女挽发，穿无缝短裙，民事网罟，取禽兽为食。

煮海为盐，酿蔗浆为酒。有酋长。地产红檀、紫蔗、象齿、龙涎、生金、鸭嘴胆礬。贸易之货，用牙箱、花银、五色缎之属。

汪大渊写下的百十来个汉字，代表了 14 世纪中国人对非洲东部地区的认知。不仅有风土、人情、物产的描述，更重要的是使我们了解到，当时用中国的物品——牙箱、花银、五色缎与东非进行贸易。

以下，将介绍非洲出土的中国瓷器和钱币。

先谈瓷器。

自 19 世纪 80 年代以来，非洲大地上出土了大量的中国瓷器。20 世纪 80 年代已有中国学者孟凡人、马文宽写了《中国古瓷在非洲的发现》① 一书。兹将该书中有关东非的埃塞俄比亚、索马里、肯尼亚、坦桑尼亚等国出土中国瓷器的情况介绍如下。

埃塞俄比亚 根据考古学家的断定，今天索马里的撒达丁岛是中世纪时期的卸货场，穿越印度洋而来的中国瓷器都是从这里集散，尔后通过陆地运往高原各处。因此在今天埃塞俄比亚和索马里交界处的奥贝尔、奥博巴、德比尔和谢赫巴卡布4个遗址，以及达加布尔东南的鲁加伊、西北的哈拉尔、西北部塔纳湖中的里马岛、塔纳湖之北的贡德尔等地（见图7-7）出土或发现了12~17世纪的中国青花瓷器。其中值得提出的有两处：

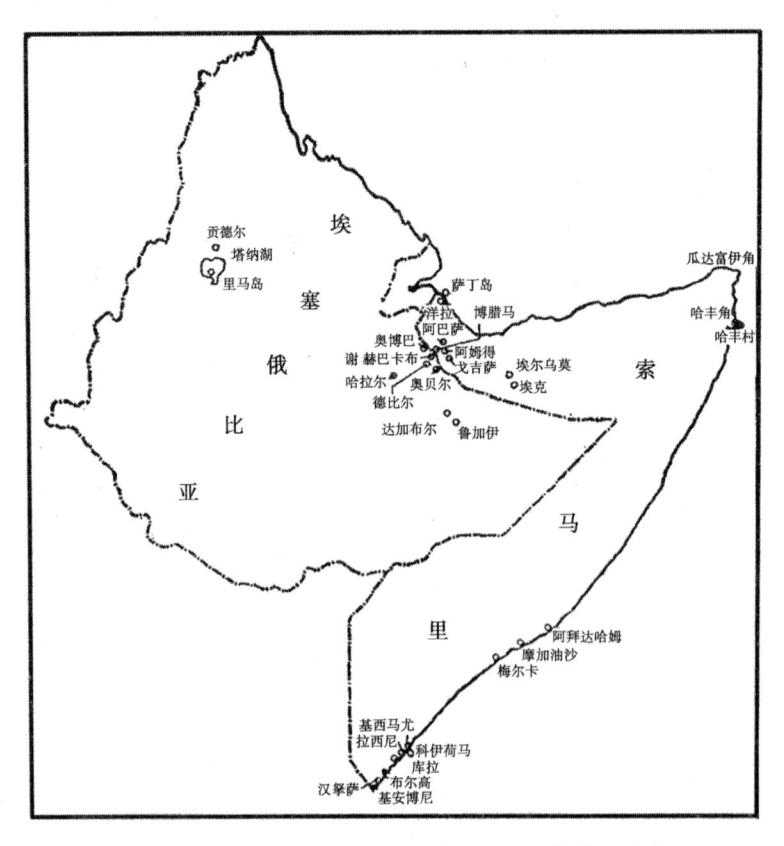

图7-7 埃塞俄比亚、索马里出土中国瓷器的地点②

---

① 孟凡人、马文宽：《中国古瓷在非洲的发现》，紫禁城出版社，1987。
② 引自孟凡人、马文宽《中国古瓷在非洲的发现》，紫禁城出版社，1987，第8页。

第七讲　阿拉伯人控制印度洋时代的南海贸易与中非交通

一处是里马岛上的教堂里保存了一个精致的中国明朝的瓷罐，罐内装着顿加尔王的内脏；另一处是在贡德尔17世纪建造的宫殿遗址中，发现了许多中国古瓷，而在伊亚索统治时期（1682～1706年）建造的宫殿墙壁上，镶嵌着中国古瓷，以作装饰。由此可见古代非洲人对中国瓷器的喜爱。

索马里　中国瓷器在这个国家出土的地点主要集中在索马里和埃塞俄比亚交界处、索马里的南部海域以及索马里与肯尼亚的边界附近。在索马里和埃塞俄比亚交界处的博腊马地区有阿姆德、阿巴萨、戈吉萨、哈萨丁尔、达米拉哈德、库尔加布、阿罗加拉布、比约达德拉、德尔比加阿达德、穆萨哈桑和卡巴布等11处遗址。经过1934年、1943年和1950年三次对这些遗址的调查与发掘，发现了12～15世纪，也就是宋元明时期的中国青瓷，以及16～17世纪明清时期的中国青花瓷和少许釉里红瓷片、浅青白色釉瓷片。另外，在萨丁岛（撒达丁岛）、泽拉城以及埃尔乌莫、埃克，甚至哈丰村，都发现了中国青瓷和青花瓷片。还有摩加迪沙及其北的阿拜达哈姆、其南的梅尔卡，都出土或发现了中国的青花瓷片，其时代有早到14世纪的。而索马里南部的基西马尤、拉西尼、库拉、布尔高、汉挈萨和位于索马里与肯尼亚边界附近的基安博尼角以及南部海域的科伊荷马群岛等地（参见图7-7），都发现了大量的中国古瓷片。

肯尼亚　"从14世纪到19世纪中叶，肯尼亚从中国进口陶瓷的数量等于或往往超过了所有其他国家进口的陶瓷的总和。"这是在肯尼亚作过多年的考古调查、发掘和研究，并在20世纪60年代曾任蒙巴萨Fort Jtsus国立公园园长的杰姆斯·柯克曼（James Kirkman）得出的结论。[①] 该国发现中国古瓷的遗址大约有40处以上。这些遗址大体分布在三个区域内：北部海域的拉姆群岛区；从塔纳河至加拉纳河口马林迪海岸区；南部海岸的蒙巴萨区（参见图7-8）。其中特别要注意的是拉姆群岛区曼达城伊斯兰遗址，它的时代上限可到9世纪。在这里出土了9～10世纪的越窑青瓷和白瓷，这是东非沿岸发现的较早的中国瓷器。另外，

---

① 引自孟凡人、马文宽《中国古瓷在非洲的发现》，紫禁城出版社，1987，第10页。

在马林迪海岸区的给地遗址出土了一件元代釉里红瓷瓶,这是一件可复原的釉里红瓷器,极为珍贵。还有,在蒙巴萨区的杰萨斯堡博物馆,展出了许多中国瓷器,可谓是集肯尼亚出土中国瓷器之大成,值得参观访问。

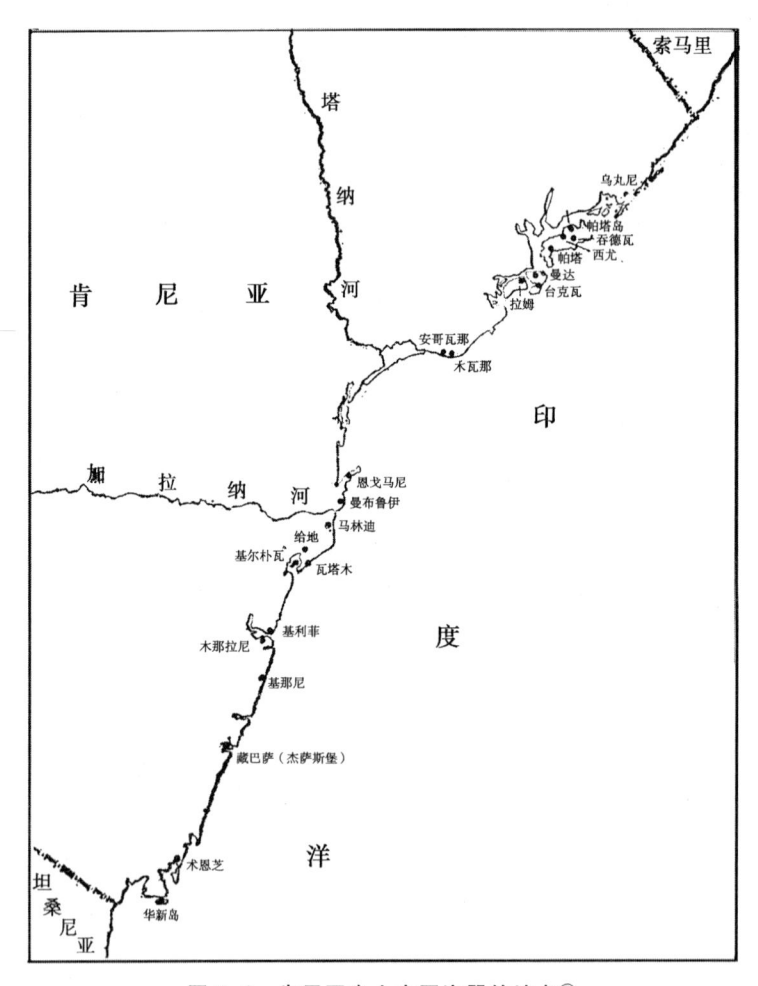

图 7-8 肯尼亚出土中国瓷器的地点①

坦桑尼亚 在坦桑尼亚作过考古发掘的英国考古学家惠勒（M. Wheeler）曾经说过:"我一生中从没有见过如此多的瓷片,正如过去两星期我在沿海和基尔瓦岛所见到的,毫不夸张地说中国瓷片可以整锹地

---

① 引自孟凡人、马文宽《中国古瓷在非洲的发现》,紫禁城出版社,1987,第 11 页。

第七讲 阿拉伯人控制印度洋时代的南海贸易与中非交通

铲起来。""我认为，公平地说，就中世纪而言，从10世纪以来的坦桑尼亚地下埋藏的历史是用中国瓷器写成的。"[1] 坦桑尼亚曾发现过60多个中国古瓷遗址，其分布情况大体如下：坦噶地区22处，滨海区10处，奔巴岛9处，桑给巴尔岛及附近岛屿主要有4处，还有马菲亚岛和附近岛屿以及基尔瓦岛等处（参见图7-9及其地名注释、图7-10、图7-11、图7-12）。

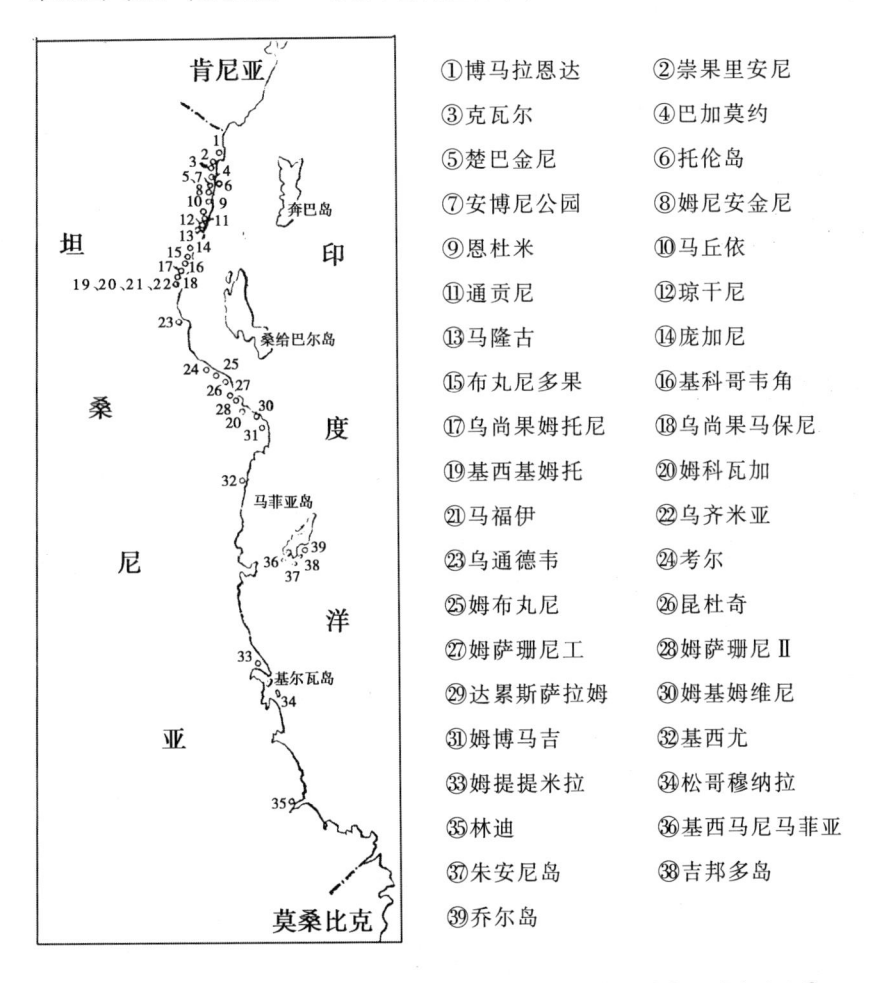

①博马拉恩达　②崇果里安尼
③克瓦尔　　　④巴加莫约
⑤楚巴金尼　　⑥托伦岛
⑦安博尼公园　⑧姆尼安金尼
⑨恩杜米　　　⑩马丘依
⑪通贡尼　　　⑫琼干尼
⑬马隆古　　　⑭庞加尼
⑮布丸尼多果　⑯基科哥韦角
⑰乌尚果姆托尼　⑱乌尚果马保尼
⑲基西基姆托　⑳姆科瓦加
㉑马福伊　　　㉒乌齐米亚
㉓乌通德韦　　㉔考尔
㉕姆布丸尼　　㉖昆杜奇
㉗姆萨珊尼Ⅰ　㉘姆萨珊尼Ⅱ
㉙达累斯萨拉姆　㉚姆基姆维尼
㉛姆博马吉　　㉜基西尤
㉝姆提提米拉　㉞松哥穆纳拉
㉟林迪　　　　㊱基西马尼马菲亚
㊲朱安尼岛　　㊳吉邦多岛
㊴乔尔岛

图7-9 坦桑尼亚海岸和马菲亚岛出土中国瓷器地点及地名注释[2]

---

[1] 引自孟凡人、马文宽《中国古瓷在非洲的发现》，紫禁城出版社，1987，第11~18页。
[2] 引自孟凡人、马文宽《中国古瓷在非洲的发现》，紫禁城出版社，1987，第20、134页。

图 7-10　奔巴岛出土中国瓷器地点①　　图 7-11　桑给巴尔岛出土中国瓷器地点②

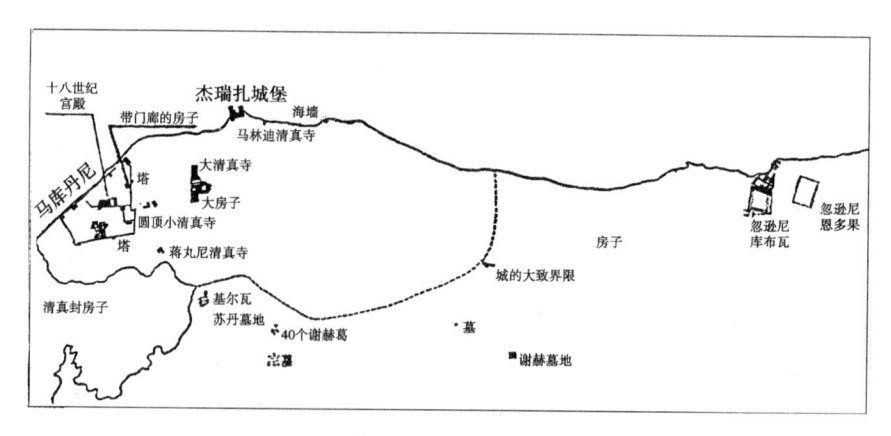

图 7-12　基尔瓦岛出土中国瓷器地点③

在此要指出的是，基尔瓦岛不仅是坦桑尼亚出土中国古瓷最多的地方，也是非洲出土中国古瓷最多的地点之一。10~15 世纪，基尔瓦是东

---

① 引自孟凡人、马文宽《中国古瓷在非洲的发现》，紫禁城出版社，1987，第 22 页。
② 引自孟凡人、马文宽《中国古瓷在非洲的发现》，紫禁城出版社，1987，第 23 页。
③ 引自孟凡人、马文宽《中国古瓷在非洲的发现》，紫禁城出版社，1987，第 24 页。

第七讲　阿拉伯人控制印度洋时代的南海贸易与中非交通

非海岸的一座伊斯兰贸易城市,兴旺发达。1332年摩洛哥的大旅行家伊本·白图泰曾访问过这个商业中心,说它是东非沿海地区的大城,而且是一个最美丽、最整齐的城市。但在1505年葡萄牙人占领后则逐渐衰退。在20世纪的五六十年代,考古学家对它进行了7年的考古发掘,发现了两座宫殿、五座清真寺、大型房屋建筑、露天大浴池、大城堡和苏丹陵墓等重要遗迹(参见图7-12)。这些遗迹中出土的遗物,除伊斯兰陶器、象牙制品和珠子等外,就是中国的铜钱和古瓷了。其中的"大清真寺"、"大房子"、马库丹尼、忽逊尼库布瓦、忽逊尼恩多果、杰瑞札、蒋丸尼清真寺、"带门廊的房子"等遗址以及苏丹墓地(参见图7-12),都出土了12~19世纪中国南北各类瓷窑生产的青瓷、白瓷。在大量的瓷器残片、碎片中,也见到一些珍品和有价值的资料。如"大房子"遗址出土的龙泉窑的元代莲瓣纹小碗(参见图7-13)[①];忽逊尼库布瓦宫殿遗址出土的景德镇窑元代青白瓷玉壶春瓶(参见图7-14)[②];苏丹墓地出土的德化窑清代火珠云龙纹青花碗(参见图7-15)[③]等。还有,在"大清真寺"遗址中见到6件有款识的青花瓷片,其一为"大明成化年制"。而马库丹尼遗址中,见有清代雍正梵纹碗残片(参见图7-16)。[④]

图7-13　莲瓣纹小碗

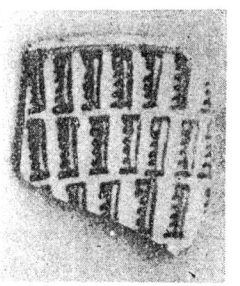

图7-16　雍正梵纹碗残片

图7-14　元刻花玉壶春瓶

图7-15　火珠云龙纹青花碗

---

① 引自孟凡人、马文宽《中国古瓷在非洲的发现》图版陆3,紫禁城出版社,1987。
② 引自孟凡人、马文宽《中国古瓷在非洲的发现》图版拾1,紫禁城出版社,1987。
③ 引自孟凡人、马文宽《中国古瓷在非洲的发现》图版贰拾捌4,紫禁城出版社,1987。
④ 引自孟凡人、马文宽《中国古瓷在非洲的发现》图版贰拾伍5,紫禁城出版社,1987。

再谈钱币。

伴随着中国青瓷在东非沿岸国家的出土,中国钱币自 19 世纪 80 年代以来在索马里、肯尼亚和坦桑尼亚也不断被发现。①

索马里 在摩加迪沙共发现 47 枚中国钱币。1898 年发掘出土 8 枚,后又两次收集到 15 枚。1972 年《通报》发表了出自摩加迪沙的中国钱币 24 枚。这些中国钱币自唐国(后唐 923~936 年)通宝到清文宗咸丰(1851~1861 年)□宝,也就是说从五代十国的后唐、宋、元、明直到清,各个朝代的均有。另外,在布腊瓦发现过两枚、在梅尔卡发现过一枚中国钱币。

肯尼亚 1948~1950 年在给地(Gedi)发掘出土两枚中国宋代铜钱,另外还发现一枚时代不详的铜钱碎片。20 世纪 60 年代初又发现了一枚明代早期钱币。安哥瓦那(Ungwana)在 20 世纪 40~60 年代共发现 6 枚中国铜钱,除 1 枚为明代,其余 5 枚均为宋钱。

坦桑尼亚 计有 4 个地点——达累斯萨拉姆、桑给巴尔岛、马菲亚岛、基尔瓦岛发现和出土了中国钱币。20 世纪 60 年代初曾在达累斯萨拉姆发现了一枚字迹不清的中国钱币。值得注意的是 1945 年 12 月 25 日在桑给巴尔岛东南的卡将瓦(Kajengwa)发现了一个中国钱币窖藏,出土了约 250 枚中国钱币,现仅保存 176 枚,余皆散落。其中除 4 枚唐钱"开元通宝"外,余者皆为宋钱。另外,在岛的南部丁巴尼(Dimbani)曾挖出过一批中国钱,现仅有一枚 12 世纪晚期的,也就是宋钱,为一收藏家收藏。在岛东北岸的福库干尼(Fukuchani)也发现过两枚宋代钱币。马菲岛共发现过 9 枚中国钱币,其中 3 枚为宋钱,余 6 枚时代不明。基尔瓦岛在 19 世纪 80 年代发现了一个有 4 枚中国宋钱、127 枚基尔瓦钱币的窖藏。20 世纪初又发现了一个有 1 枚宋神宗熙宁时期(1068~1077 年)的钱币和 63 枚基尔瓦钱币的窖藏。在 1958~1965 年基尔瓦岛大规模的考古发掘中,又出土了 9 枚中国的宋钱,并从海滩上

---

① 非洲出土的中国钱币主要据马文宽《非洲出土的中国钱币及其意义》,《海交史研究》1988 年第 2 期。

第七讲　阿拉伯人控制印度洋时代的南海贸易与中非交通

拾到14枚中国钱币，其中1枚为明太祖时期（1368~1398年）的，余皆为宋钱。

这么多的宋代钱币在东非海岸出土或发现，是与宋朝将钱币作为对外支付手段相关的。宋代用缗钱换回香药、犀、象等，致使宋钱在国际上大量流通。1980年在曼谷东南约80公里的暹罗湾海域发现了一艘沉船，上载有唐宋铜钱十多万枚。在南海、印度洋航线上发现如此大量之中国铜币，正是东非沿岸发现、出土宋钱之佐证。《宋史》卷180《食货志下二》明确记载："钱本中国宝货，今仍于四夷共用。""又自置市舶于浙、于闽、于广，舶商往来，钱宝所由以泄。"当时宋廷中的一些人士曾指出，钱币与四夷共用而致钱荒。宋廷虽屡发铜钱外流禁令，但收效甚微。东非沿岸的宋钱证实了文献记载。

今天，我们从古代中国与非洲关系的角度来看待非洲出土的中国瓷器和钱币，它恰恰说明了10世纪后中国与东非交通贸易的进一步发展。

3. 亚非航线的完成

中国人可以毫无愧意地宣称，亚非航线的完成是明代郑和的"七下西洋"。在此再次明确，西洋是明朝人对加里曼丹岛以西广大海域的习惯称呼。"七下西洋"的组织者、领导者是明朝宦官郑和（1371~1433）。他受明廷派遣，于1405（永乐三年）冬至1433（宣德八年）8月率领庞大的远航船队，从中国的长江口江苏太仓出发，最远抵达东非肯尼亚、坦桑尼亚海岸，航程约6000余海里。以下约略介绍七次出航时间及所经历的国家、地区（参见图7-17）。

第一次：1405年冬至1407年10月（永乐三年冬至五年九月），经过占城、暹罗、苏门答腊、旧港、满剌加、锡兰、古里。

第二次：1407年冬至1409年夏末（永乐五年冬至七年夏末），经过占城、爪哇、满剌加、暹罗、㴖泥、锡兰、加异勒、柯枝、古里等地。

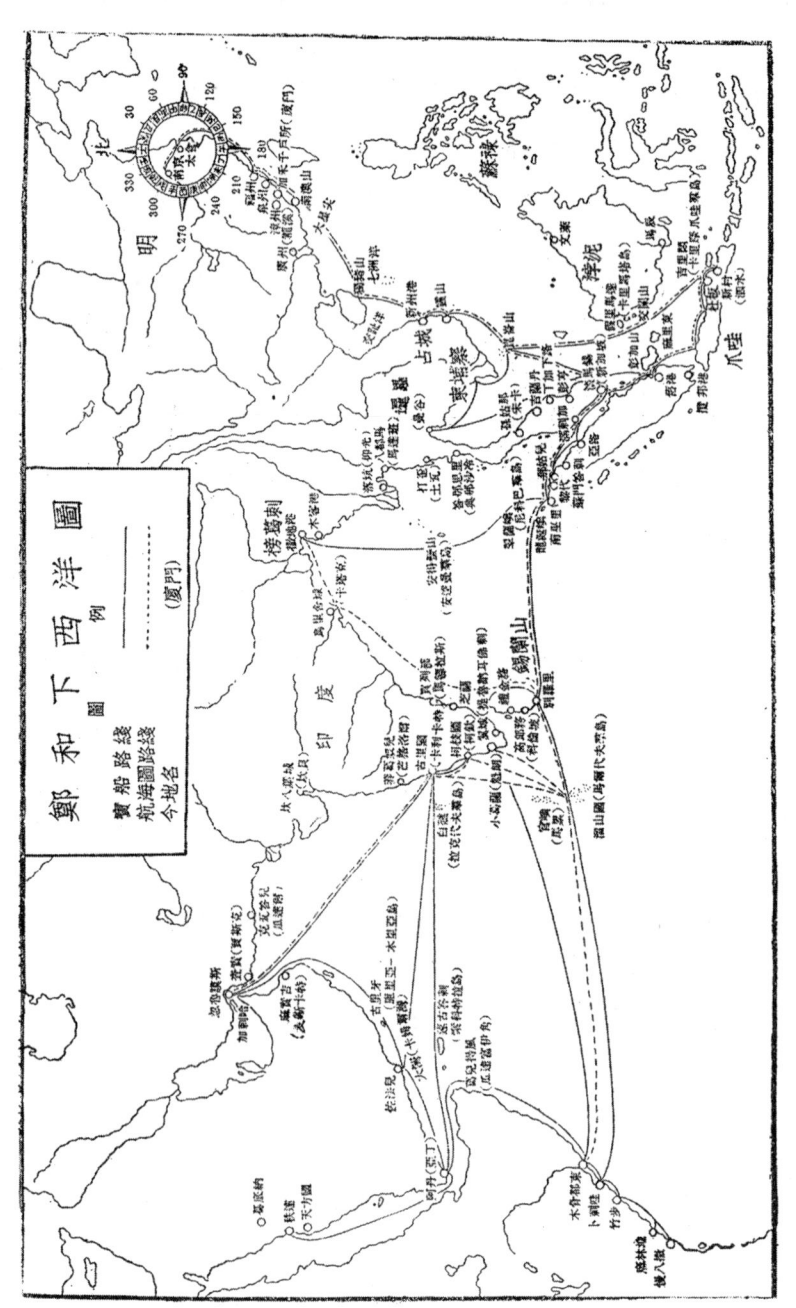

图 7-17 郑和下西洋全图 [1]

[1] 引自向达整理《郑和航海图》,中华书局,1961。

第七讲　阿拉伯人控制印度洋时代的南海贸易与中非交通

第三次：1409年10月至1411年7月（永乐七年十二月至九年六月），经过占城、爪哇、暹罗、满剌加、苏门答腊、阿鲁、锡兰、柯枝、古里、溜山、阿拔把丹、小葛兰、甘巴里等地。

第四次：1413年冬至1415年8月（永乐十一年冬至十三年七月），经过占城、爪哇、满剌加、锡兰、柯枝、古里、阿丹、剌撒、木骨都束、麻林等地。

第五次：1417年冬至1419年8月（永乐十五年冬至十七年七月），经过占城、爪哇、满剌加、锡兰、柯枝、古里、阿丹、剌撒、木骨都束、麻林、卜剌哇、忽鲁谟斯、苏禄、彭亨、沙里湾泥等地。

第六次：1421年春至1422年9月（永乐十九年春至二十年八月），经过占城、暹罗、满剌加、榜葛剌、锡兰、古里、阿丹、祖法儿、剌撒、溜山、柯枝、木骨都束、卜剌哇等地。

第七次：1432年1月至1433年8月（宣德六年十二月至八年七月），经过占城、满剌加、苏门答腊、暹罗、锡兰、溜山、小葛兰、加异勒、柯枝、古里、忽鲁谟斯、祖法儿、剌撒、阿丹、木骨都束、竹步、天方等地。

从以上七次的航海经历中，可以知道郑和船队多次抵达东非海岸的木骨都束（今索马里摩加迪沙）、麻林（今肯尼亚东南马林迪，或莫桑比克；还有一说是坦桑尼亚基尔瓦岛的基西瓦尼）、卜喇哇（今索马里东南布腊瓦）、竹步（今索巴里南部东巴河口的准博）等地。在郑和随行者费信所著的《星槎胜览》一书中可见对这些地方的记述。

木骨都束

濒海之居，堆石为城。操兵习射，俗尚嚣强。累石为屋，四五层高，房屋厨厕，待客俱于上也。男女拳发四垂，腰围稍布。女发盘，黄漆光头，两耳垂珞索数枚，项带银圈，璎珞垂胸。出则单布兜遮，青纱蔽面，足履皮鞋。山连地广，黄赤土石，不生草木，田瘠少收。数年无雨，穿井绞车，羊皮袋水。驼、马、牛、羊皆食海鱼之干。地产乳香、金钱豹。海内采龙涎香。货用金银色段、檀香、米谷、磁器、色绢之属。

卜剌哇国

傍海为国，居民聚落，地广斥卤。有盐池，但投树枝于池，良久捞起，结成白盐食用。无耕种之田，捕鱼为业。男女拳发，穿短衫，围稍布，妇女两耳带金钱，项带璎珞。惟有葱蒜，无爪茄。风俗颇淳。居屋累石，高起三五层。地产马哈兽、花福禄、豹、麋、犀牛、没药、乳香、龙涎香、象牙、骆驼，货用金银、段绢、米荳、磁器之属。

竹步国

村居寥落，地僻西方。城垣石累，屋砌高堆。风俗亦淳，草木不生。男女拳发，出以布兜头。山荒地广，而多无霖。绞车深井，捕网海鱼。地产狮子、金钱豹、驼鸡有六七尺高者、龙涎香、乳香、金珀。货用土珠、色段、色绢、金银、磁器、胡椒、米谷之属。

以上的记述，当是明代人对这些地区的真实写照。它代表了15世纪初中国人对东非沿岸的认识与了解。不仅如此，更重要的是郑和的出访，开展了与非洲国家的友好外交。据《明史·外国传七》记载，木骨都束、卜剌哇、竹步在郑和船队访问其国后，均多次遣使送物入明。而"麻林圣兽"则成为一时佳话。1415年（永乐十三年）麻林"遣使贡麒麟"，随郑和船队抵中国。所谓"麒麟"实为长颈鹿，古代中国人称为祥瑞之物。当麒麟抵达时，成祖朱棣亲自往奉天门主持欢迎仪式，文武百官前来称贺，轰动了京师朝野。长颈鹿落脚中国，充分说明15世纪初中国人已掌握了高超的航海技术，并具备制作大海舶的非凡能力。否则，驯服、运载如此庞大的珍兽，使其安稳地跨越波涛汹涌的印度洋，是难以想象的。

"郑和七下西洋"还为我们留下了一份宝贵的文化遗产，即今天能

第七讲　阿拉伯人控制印度洋时代的南海贸易与中非交通

见到的保存在《武备志》卷240中的《自宝船厂开船从龙江关出水直抵外国诸蕃图》。由于原名太长，则省为《郑和航海图》，经过向达先生整理，1961年中华书局出版了《郑和航海图》单行本。有关此图，第二讲已作了简介，在此，仅作必要的补充介绍。

原图是一字展开式绘制而成，计124页。茅元仪手序占一页，共142个字。全图以南京为起点，最远到达非洲东海岸肯尼亚的蒙巴萨，即南纬4度左右为止。这是一幅既及近海又涉远洋的航用海图。涉及的海区广阔，航线漫长，遍及广大的西太平洋与印度洋的亚非海岸。首先，该图采用航路上下方对列绘图的方式，在印度洋航段，将印度西岸一侧绘在上方，而阿拉伯东非海岸绘在下方。其次，把对着印度半岛西岸的非洲东北部沿海，即南纬4度以北的一些地方，如木骨都束、卜剌哇、竹步、麻林、慢八撒（今肯尼亚蒙巴萨）都展现在图上。可见该图在亚非海域的航用价值是不容抹杀的。至于该图的精确性及价值，在李约瑟的《中国科学技术史》卷3的《地学》中可见到："米尔斯和布格登……他们对中国航海图的精确性作了很高的评价。此外马尔德最近还从领航员的角度研究了这些资料。在这些图上遇到有海岛的地方，一般都绘有外线和内线，有时还为往程和返程分别画出了供选择的航线。""误差一般不超过5°，这对1425年的舵工来说，可以认为是极好的了。"这大概是最公允不过的评价了。无可否认，这是世界上第一张亚非大地图，其上既有航向，又有章法，日月星辰，罗盘针经，交相使用。这里，仅指出郑和船队开拓的从亚洲到非洲的两条洲际航线（参见图7-17）。

一条是横跨印度洋的：由印度洋的官屿（今马尔代夫马累）向西往木骨都束；或由南印度的魁郎（今奎隆）西航，直抵木骨都束；也可从斯里兰卡科伦坡东南别罗里，经过马尔代夫，到达卜剌哇。

另一条是沿陆地海岸线航行的：由南阿拉伯的阿丹（今亚丁），过曼德海峡，沿索马里的北海岸到达北方，再经过须多大屿（索科特拉岛）、葛儿得风（瓜达富伊角）和哈甫泥（哈丰角），到达木骨都束、卜剌哇、竹步、麻林地、慢八撒，远及坦桑海岸。

最后，还应该从人类征服海洋这个视角来谈"郑和下西洋"。15世纪上半叶，中国人在东半球，以特大的混合船队向南海、印度洋进发，以亘古未有的气势横跨印度洋，使中国通东非的航线畅通无阻，并把亚洲、非洲的广大海域连成一片。这是当时中国人做出的前人未做过的事。中国人的这一壮举始于1405年，比哥伦布1492年到达美洲早87年；比1497年达·伽马到达印度的卡利卡特要早92年；比麦哲伦1519年开始环球航行要早114年。而且"七下西洋"的壮举，前后延续28年，时间之长是任何一个欧洲人不能比拟的。

参考文献

韩振华：《我国南海诸岛史料汇编》，东方出版社，1988；海洋出版社，1990。

王赓武：《南海贸易——中国南海早期贸易史研究》，《皇家亚细亚学会马来分会杂志》第32卷第2期（总182期）。

〔日〕村川坚太郎：《厄立特里环海航记中所见公元一世纪时的印度洋贸易》，日本史学会创立五十年纪念文集《东西交涉史论》卷上，东京，1933。

〔日〕山本达郎：《葡萄牙人到来之前中国人在印度洋的活动》，《第欧根尼》1986年第1期，社会科学文献出版社，1986。

张铁生：《中非交通关系历史初探》，三联书店，1965。

〔英〕巴兹尔·戴维逊：《古老非洲的再发现》，三联书店，1973。

〔荷〕戴闻达：《中国人对非洲的发现》，商务印书馆，1983。

孟凡人、马文宽：《中国古瓷在非洲的发现》，紫禁城出版社，1987。

马文宽：《非洲出土的中国钱币及其意义》，《海交史研究》1988年第2期。

沈福伟：《中国与非洲——中非关系二千年》，中华书局，1990。

艾昌周：《非洲黑人来华考》，《西亚非洲》1983年第3期。

第八讲
资本主义化与殖民化下的中国亚非关系

以上各讲讲的是古代的中国亚非关系。从第八讲开始,介绍近代的中国亚非关系。

一 资本主义化与殖民化

1. 殖民主义出现的历史背景

殖民主义是同资本主义有机地联系在一起的。它是随着资本主义的产生而产生、随着资本主义的发展而发展的。它的出现距今已近600年了。1415年,葡萄牙国王若奥一世带领一支舰队,越过直布罗陀海峡,侵入北非的摩洛哥,占领了休达城(今塞卜达),并留下3000名士兵驻守此地。休达城是欧洲人在海外建立的第一个殖民据点。征服休达城揭开了殖民侵略的序幕,接踵而来的是欧洲人一连串的冒险远航、野蛮侵略和争夺殖民地的恶斗。其中有:

1480年,由葡萄牙人唐·里恩组织的对非洲西海岸的殖民探险和征服;

1492年，意大利人哥伦布发现"美洲"；

1498年，葡萄牙人达·伽马开辟通往东方的新航路；

1519年，葡萄牙人麦哲伦开始环球航行。

以上在历史上被称为"地理大发现"，这是奠定殖民主义基础的重大事件。

殖民主义出现于15、16世纪，绝不是偶然的。在西欧，资本主义在封建社会内部的发展，开始于16世纪。然而，在地中海沿岸的某些城市，在14、15世纪已经稀疏地出现了资本主义生产的萌芽。14、15世纪西欧的劳动生产技术有了某些改进，劳动生产率也随之提高。比如，普遍利用风力作为动力，生产技术的进步，促进手工业内部的分工日益细密，商品交换日益发达，许多家庭手工业逐渐脱离农业，成为独立的手工业部门。在西欧一些地区，逐渐形成了具有特色的手工业生产中心，向国内外市场销售自己的产品。在生产力发展的基础上，资本主义因素在西欧各国萌芽。商品经济的发展，使小生产者不断出现两极分化，市民中出现了最初的资产者和雇佣劳动者。于是，在地中海沿岸各城市，而后在法国南部、英国东南部和莱茵河畔的一些城市，资本主义因素相继滋生起来。

资本主义生产必须具备两个条件：一方面少数人手中积累了大量的货币财富，并把它转化为剥削他人劳动的资本；另一方面，千百万的劳动者脱离生产资料，变成一无所有的自由雇佣劳动力。要达到这两个条件，单靠封建社会高利贷者积累财富、靠小生产者的自发两极分化是不可能的。于是在国内、国外集中利用社会暴力。因此，殖民主义的兴起及它的早期历史，就是资本主义原始积累时期欧洲列强侵略、征服和奴役亚、非、拉各国人民的历史。在16、17、18三个世纪中，西班牙、葡萄牙、荷兰、英国、法国、俄国等列强，先后侵占了整个美洲（除1776年美国独立外）；亚洲的印度尼西亚和菲律宾的绝大部分、马来西亚的一部分、斯里兰卡和印度的一部分，以及西伯利亚；非洲的南部、东部沿海和西部沿海的一部分；澳洲的一部分也沦为殖民地。殖民制度在这些地区建立起来了，殖民体系也开始形成了。

2. 资本主义对殖民地侵略的三个阶段

第一阶段为资本的原始积累；

第二阶段是把殖民地作为商品销售市场和原料来源地；

第三阶段为资本输出。

以下具体阐述。

原始积累阶段，是从欧洲资本主义势力侵入亚洲，一直到18世纪后期产业革命的发生和19世纪初产业革命在几个资本主义国家中取得重大发展以前。它是通过海盗式的袭击、殖民战争、欺诈性的贸易、赤裸裸的掠夺和垄断贸易公司（如英国的东印度公司、荷兰的东印度公司等）各种各样的手段，夺取亚洲国家的财富。而这些财富运回所谓"宗主国"之后，就变成了它们用来进行再生产、剥削本国和外国劳动人民的资本。

在资本原始积累阶段，为了积累更多的货币财富，商业资产阶级大力推动殖民远征，成为资本原始积累时代推行殖民政策的主要体现。它们奉行的重商主义，都是以暴力为基础的掠夺。原始积累先后在西班牙、葡萄牙、荷兰、法国和英国以不同的因素起作用。西班牙、葡萄牙为中央集权的专制主义国家，它们的冒险远航、殖民征讨和对殖民地的统治，都由封建王室直接控制；荷兰则是17世纪标准的资本主义国家；而英国是欧洲工场手工业和农业资本主义最发达的国家，17世纪取得资产阶级革命的胜利。

垄断公司是荷兰、英国、法国进行海外殖民的基本组织形式。如1600年英国的东印度公司、法国的东印度公司，1602年荷兰的东印度公司。商业垄断公司是由私人集资建立的，是按资本的原则组织的。他们从本国政府获得极为广泛的权力，如贸易和殖民的特许权，有的还可以建立陆军、海军，有权宣战媾和，管理殖民地，修建要塞、兵工厂，设立法庭，等等。荷兰在16世纪末到17世纪中叶，掌握海上和商业霸权，有"海上马车夫"之称。17世纪英国资产阶级革命胜利之后，经过与荷兰、法国的较量，爬上了"海上霸王"的宝座，成了拥有"最大殖民威力"的国家。荷兰衰落的实质正如马克思所说："是一部商业资本从属于工业资本的历史"。

原始资本积累时期掠夺殖民地的方法有以下几种。

一种是赤裸裸的暴力掠夺。印度遭遇的情况较典型，早在1510年葡萄牙就侵占了印度半岛西海岸的果阿。又如英国殖民主义者克莱武，他原是英国东印度公司的书记员，后任马德拉斯省督，他于1757年6月策划了普拉西战役，打败了印度的孟加拉军，并索得赔款23.4万英镑。此役是印度沦为英国殖民地的开端。

另一种是通过垄断贸易和不等价交换，掠夺殖民地人民的财富。如葡萄牙在非洲沿岸用玻璃球、别针、麻布手巾、武器等交换黄金、象牙、香料和奴隶。

再有就是贩卖黑人奴隶。15世纪40年代，贩卖黑奴开始于非洲，后来扩大到美洲的印第安人。直到1890～1891年布鲁塞尔国际会议禁止奴隶贸易的总决议书出台才停止。

另外，还采用前资本主义的剥削方法，榨取殖民地人民血汗。西班牙人用农奴制、奴隶制强迫印第安人在美洲开采金矿，导致印第安人大批死亡。

现在来谈第二个阶段，即西欧资本主义国家把亚洲各国作为商品销售市场和原料来源地的阶段。这一时期，大致由18世纪末19世纪初到19世纪末叶，资本主义国家对亚洲各国实行廉价商品的倾销和原料掠夺。这种侵略方式伤及亚洲各国的经济基础，给亚洲各国原有的封建制度带来了严重的危机。

第三个阶段就是资本输出的侵略方式。这一侵略方式普遍出现在19世纪末，也就是马克思所说的，资本主义发展到它自己的最高阶段——帝国主义。这时的对外侵略方式也相应发生了变化，除了商品倾销和原料掠夺外，出现了资本输出。在这一阶段中，帝国主义国家竞争向亚洲国家投资的机会,控制了许多亚洲国家的经济命脉,如银行、铁路、矿山等,并对亚洲国家的殖民地、半殖民地实行分割和重新分割,使亚洲人民遭受更为残酷的剥削和奴役。

殖民掠夺使殖民地出现如下情景:①致千百万人死亡,整个部族、部落消灭;②使古代民族文化湮没和毁灭,像拉丁美洲的秘鲁印加帝国文化;③最为严重的是,阻碍了当地社会生产力的发展。特别是在亚洲,没有使亚洲的农业、手工业相结合的封建自然经济解体,也没有创立新的生产方式。

而早期殖民主义对欧洲一些国家的封建制度的解体和资本主义的发展却是起了重大作用的。但这是以亚、非、拉绝大多数国家的贫穷和落后为代价的。其具体表现是:①殖民者运回的巨额财富,加速了本国的资本积累;②流入欧洲的贵金属,导致物价上涨,引起价格革命。其中新兴工商业资产阶级、富农和新贵族,因货币贬值、物价上涨而获益巨大;收取货币地租的地主和领取货币工资的雇佣劳动者情况恶化。价格革命的后果是加速了资本的原始积累和封建制度的解体,加强了资产阶级的地位;③新大陆、新航路的发现和殖民地的开拓,促进了贸易和航运业的发展,扩大了商品流通的种类,为迅速成长中的资本主义工业保证了销售市场。

二 亚非殖民化的过程及其后果

1. 19 世纪前、后的亚洲、非洲、中国情况

先介绍 19 世纪之前,也就是 16、17、18 三个世纪中西方殖民者在亚非地区的殖民情况。

总结这几个世纪亚洲的历史进程,可以概括为:16、17 世纪是亚洲殖民化开始时期;18 世纪是亚洲殖民化加深时期;到了 19 世纪则是亚洲殖民化最终完成时期。亚洲殖民化在 16、17 世纪就开始了,与其

他洲的殖民化几乎同步。具体如下。

　　葡萄牙人于1502年在印度的西南海岸柯钦建立了第一个商馆，又于1505年11月，将舰队开到锡兰的科伦坡，并在1510年占领了印度的果阿。跟着，1511年侵占马来半岛的马六甲。1513年，葡人又干涉了马尔代夫内乱，取得了在马累驻军、修筑堡垒的权利。1514年侵入印度尼西亚东北的马鲁古群岛。1518年葡舰再次来到科伦坡修筑城堡，迫使当地统治者认可。1520年葡人在帝汶岛开始殖民活动。1558年葡军再次侵占马累，马尔代夫成为葡萄牙殖民地。1619～1621年葡萄牙占领了锡兰岛北部的贾夫纳，并灭其国家，统治了锡兰的大部分地区。1642年葡萄牙人与荷兰人达成瓜分锡兰的协议。

　　西班牙船队由麦哲伦率领于1521年3月到达菲律宾群岛及马鲁古群岛。后于1565年侵占菲律宾宿务岛，建立殖民据点。并在1570年占领马尼拉，1571年马尼拉成为西属菲律宾殖民地首府。1582～1619年，西班牙先后六次侵犯马鲁古群岛。1635年西班牙人又在菲律宾南部建三宝颜要塞。1721～1731年，四次进攻苏禄王国首府和东岛，均失败。1773年成立了西班牙王家菲律宾公司。

　　继葡萄牙、西班牙而来的是荷兰殖民者。1596年6月，荷兰的第一支远征船队抵达印度尼西亚爪哇的胡椒港口万丹。1599年与马鲁古群岛开始香料贸易。1602年荷兰东印度公司成立，并在暹罗北大年设立商馆。1605年在印度科罗曼德海岸的马苏里帕塔姆建立第一个商馆。1607～1613年，荷兰人先后在印度尼西亚的德那第岛、班达群岛建立殖民保护制，在马来半岛的彭亨、暹罗的阿瑜陀耶设立商馆，在帝汶岛建立殖民据点。1609年在印度科罗曼德海岸的普利卡特建立了商馆，1616年在苏拉特设立商馆。1619年，荷兰将印度尼西亚的雅加达改名为巴达维亚，成为荷兰东印度殖民地首府。1639年3月，荷兰军队占领了锡兰的亭可马里，1640年又占领了加勒，并于1641年攻占了马六甲。1645年荷兰殖民者宣布马尔代夫受其保护。1658年荷兰的军队占领贾夫纳，葡萄牙在锡兰的统治结束。1659年，荷兰人攻占苏门答腊

第八讲 资本主义化与殖民化下的中国亚非关系

岛的巨港。1666年，西班牙撤出马鲁古群岛，蒂多雷成为荷兰殖民领地。1705年，荷兰东印度公司与爪哇岛马打兰王国签约，允许该公司在其宫廷驻军。1749年12月11日，公司又与马打兰订约，将马打兰主权让予东印度公司。1765年荷军入侵锡兰的康提，在被迫撤退后，于1766年逼使康提国王与其签订和约。

英国殖民者主要集中在对南亚的掠夺、入侵。英国于1600年成立了东印度公司。1601年该公司派船队去东方的香料群岛（即马鲁古群岛），还到了苏门答腊和爪哇，运回100万磅的胡椒，接着又派出第二批船队，运回大批香料，其中包括名贵的丁香和肉豆蔻。1611年英国在印度科罗曼德海岸的马苏利帕塔姆建立商馆，1613年在苏拉特设商馆。1618年英国东印度公司获准在莫卧儿帝国境内贸易。1639年英国人以年600英镑的代价租得科罗曼德海岸的一块地和一个小岛，建立圣乔治堡，后来发展为马德拉斯市。1651年东印度公司取得在孟加拉的贸易优惠权，并在1668年得到了孟买。1680年，印度莫卧儿帝国统治者奥朗泽布颁发了关于英国人在印度贸易的诏谕，6年之后的1686年，东印度公司发动了对莫卧儿帝国的战争。1696年英国人在苏塔纳提设立商馆，并于1698年以1200卢比购得该商馆所在乡村和附近两个乡村的柴明达尔权（施行统治和征税），建立威廉堡，后来发展为加尔各答市。至此，也就是17世纪末，英国在印度已拥有东部的马德拉斯、加尔各答、西部的孟买三大殖民据点。到了18世纪，英国人动用战争手段，于1716~1763年，在印度领土上发动了三次卡尔那提克战争，击垮了法国在印度的殖民势力。之后，又通过普拉西战役、布克萨尔战役以及从1767~1799年之间的英马（马拉特联盟）战争、三次英迈（迈索尔）战争，致使英国东印度公司于1772年接管了孟加拉的全部统治权，1799年迈索尔成为英国附属国。

在此期间，英国除了不断在印度扩张殖民势力外，也没有放过入侵其他国家的机会。1763年英国迫使伊朗与其签订奴役性条约。1764年东印度公司又插手尼泊尔的内争。1774年4月25日英国东印度公司与不丹签议定书，规定不丹向英国承担的义务，这是有损不丹主权的。而1780年，英国人从印度派舰队占亭可马里被迫撤回后，便伺机夺取锡兰。英国人先策划与康提国签约，后在其国王支持下，出兵攻打荷兰在锡兰的占领区——亭可马里、贾夫纳、科伦坡。在夺取这些地方后，从1798年起，英国在锡兰实行了双重统治。到了1802年，锡兰被正式宣布成为英国殖民地，由英国殖民部直接管理。1786年英国占领了槟榔屿，在马来半岛建立了第一个殖民基地。1792年英国东印度公司和尼泊尔订立了英尼贸易与友好条约。1795年英国夺取了马六甲，1800年，英国人占领了马来半岛威斯利区。

现在谈法国。1664年法国东印度公司成立，1666年就在苏拉特建立了印度的第一个商馆。1669年，在科罗曼德海沿岸的商业重镇马苏里帕塔姆建立了第二个商馆。1674年法国东印度公司在印度建立本地治里据点。1753年法国殖民者强迫马尔代夫与之签订条约，允许法军驻扎马累，但几个月后，在马尔代夫人民的反对下被迫撤走。法国在印度的殖民势力，经卡尔那提战争被英国击垮。

在此，还要提上一笔的是沙皇俄国随葡、西、荷、英、法入侵东方，也不甘示弱。从1768年开始到18世纪的90年代，它对土耳其发动了两次战争。

上面交代了16、17、18三个世纪亚洲地区被殖民化的情况，下面阐述非洲的有关情况。

在非洲需要提出的是罪恶的奴隶贸易，殖民主义者对非洲的侵略是从奴役和贩卖黑人开始的，而其殖民活动又是与罪恶的奴隶贸易交织在一起的。贩卖奴隶的情况大体如下。

恩格斯认为，美洲的发现"奠定了贩卖黑奴的基础"。1444年，葡萄牙殖民者从西非劫回了200多名黑人。这是欧洲奴隶贩子在非洲进行黑奴贸易的开端，最初用这些黑奴从事家务劳动和宫廷侍役工作。到16世纪时奴隶贸易日益兴盛，自1517年西班牙教主提出建议"在美洲的每个西班牙移民可拥有12名奴隶"后，非洲就成了"商业

第八讲 资本主义化与殖民化下的中国亚非关系

性猎获黑人的场所"。17 世纪中叶，原先在非洲进行的黄金、象牙等商品贸易陆续被奴隶贸易取代了。贩卖黑奴演变为西方国家在非洲各地的劫掠，遍及西北非、西非与东非等地。据估计，在西方进行奴隶贸易的 400 年中，被掠走的黑人不少于 2000 万，对非洲造成很大的破坏。

非洲的殖民者在 15、16 世纪主要是葡萄牙人，殖民的统治形式可以归纳为以下几类。

一种是由封建贵族管辖的殖民地。如葡萄牙把大西洋中的马德拉岛、亚速尔群岛封赐给其贵族。

一种是建立殖民据点。如葡萄牙人在西非的掠夺中心是黄金海岸，在该地建立据点后，大肆掠夺其财富。

还有一种方式主要施行于东非沿海。即强迫当地统治者称臣纳贡，成为葡萄牙的"保护领"。因为东非是通往印度的航道，于是又从阿拉伯人处夺取印度洋的制海权。

15、16 世纪葡萄牙人独霸非洲，到了 16 世纪末 17 世纪初，英国和荷兰起而向葡萄牙的东方商业霸权挑战，处于欧亚海上必经之地的好望角，就成了殖民者争夺的场所。1580 年，英国人德雷克是最先绕过好望角的冒险家，1591 年最先在好望角登陆的是兰开斯特。到了 1620 年，两名英国军官再次在好望角登陆，并升起了一面英国国旗，声称该地是英国的领地。但此后英国并没有采取什么措施把南非变为它的殖民地。1652 年，荷兰东印度公司的三艘三桅帆船占领了好望角，不足 200 名的荷兰人便居住下来。1657 年，公司允许 9 名雇员作为"自由公民"定居好望角，并分配其土地经营农牧业。由于开普地区靠近大西洋奴隶贸易网的航道，荷兰人就从 1657 年开始购买过往船舶上的奴隶，代替雇员去开拓、种植大面积的土地，奠定了开普殖民地积累社会财富的基础。公司对开普的统治实行"双重领导"，开普的总督由设在阿姆斯特丹的公司董事会任命，并受制于"17 人董事会"和设于巴达维亚的公司总部。开普殖民地的日常工作由政策会议处理，政策会议就是殖民地的政府。在公司追逐"利润第一"的总原则下，殖民当局纵容新来的荷兰移民（后称为布尔人，因荷兰语 Boer 意为"农民"，后沿袭多用以指荷裔南非白人）。到开普内陆侵占土著土地，在 1763~1764 年还发生了掠夺土著部落牲畜的"掠牲战争"。而布尔人殖民经济的发展，正是奠基在侵占非洲人土地以扩大布尔人牧场，使失去土地的土著人充当牧奴之上的。其结果是土著科伊人的部落消失，桑人在非洲被灭绝，而黑人世代轮放的牧场均为东印度公司所拥有。荷兰人在开普的统治维持了 130 来年，1795 年 9 月，觊觎好望角的英国第一次占领了开普。宣告财政破产的东印度公司对开普殖民地的统治正式结束。

以上是 19 世纪前的亚洲、非洲被殖民的情况，下面要交代处于亚洲之内的中国的情况。

当时的中国是一个封建大帝国，在其自给自足的小农经济基础上，出现了资本主义的萌芽。如私营手工业工场，作为生产资料的作坊为工场主所有，雇用的工人按期发工钱。又如一些地方出现了商业资本投入手工业工场，或者以包卖商的形式直接支配农民小手工业的情况。这是资本主义因素最早的萌芽。其政权体制是中央集权的封建专制主义。具体到 16、17、18 三个世纪，就是明朝中后期到清朝晚期。其间历经明代逐步陷入统治危机，终于灭亡，满族崛起，清朝统一，康乾盛世及衰退等重大历史事件。而这一时期，中国又是怎样对待西方东来殖民的各资本主义国家的？大体在 16、17 世纪，西方殖民者企图侵入中国往往碰壁。到了 18 世纪，中国自身加强了防范和限制。

葡萄牙在占领马六甲后，于 1517 年（正德十二年）遣使至广东，要求入见皇帝，遭明廷拒绝。葡萄牙人还与倭寇勾结，于 1522~1566 年（嘉靖元年至四十五年）一度在宁波双屿、泉州浯屿建立据点，后来被逐走。但在 1553 年（嘉靖三十二年），葡殖民者借口曝晒水渍货物，行贿地方官员强行租占澳门，且长住不去，腐败的明朝每年仅征收其税银两万余两。17 世纪初荷兰先后窃据澎湖列岛和台湾，当时荷兰占有台湾南部，西班牙控制台湾北部。1642年（崇祯十五年）荷兰击败西班牙，独占台湾。因为郑氏海商集团势力强盛，荷兰始终未能打开与明朝的直接贸易渠道。1637年英国人威代尔率领的舰队共4艘船闯进珠江口，与虎门炮台相互炮击。炮台被毁，英国舰只也受到严重损伤，不得已退出。1685年（康熙二十四年）清政府下令开放广州、漳州、宁波、连云港四个通商口岸，到1759年（乾隆二十四年），只限广州一个口岸开放，并规定，外国商人在中国做生意必须是官方特许的洋行商人，其起居行动由洋行负责约束；不允许在广州过冬，只能宿住夷馆内；严格禁止外国人雇用中国人，以及中国人向外国人借贷资本等。然而，这一系列的防范和限制措施因外国商人对腐败的中国官员行贿和收买而失效。如英国东印度公司为了自由与中国商人交易，在1770年（乾隆三十五年）向两广总督行贿了10万两银子，当权者便下令解散由洋行组成的垄断组织——公行，直至1780年（乾隆四十五年）才恢复。这些防范和限制措施只是暂时起了自卫作用。清统治者狂妄自大，自诩"天朝"，根本不想了解这些西方的来者究竟是什么样的背景。这当是封建统治阶级落后性的具体表现了。

上面介绍了19世纪前西方殖民者纷至沓来，在亚洲、非洲掠夺侵占的情况。下面谈19世纪后的亚洲、非洲的殖民情况。

19世纪是亚洲殖民化的完成时期，殖民化表现为原有的殖民地进一步加深了殖民地的地位，如印度、菲律宾、印度尼西亚；又有由主权国家沦为殖民地的，如缅甸、越南、朝鲜。还有从主权国家沦为半殖民地的，如伊朗、土耳其、中国。而要特别指出的是，英国和法国是此期间的殖民急先锋，而葡萄牙、西班牙、荷兰只能显示其余威。

西班牙于1834年开放了它所占领的马尼拉港口，并于1851年继18世纪上叶四次失败后，攻占了东岛，迫使苏禄素丹承认西班牙的统治权。1861年占领了棉兰老岛。1898年4月5日美西战争爆发，经"马尼拉湾海战"，美国击败西班牙舰队。6月12日菲律宾发表《独立宣言》，8月美西战争结束，美国宣布军事占领菲律宾。12月10日，美、西订立了《巴黎条约》，西班牙将菲律宾转让给美国。1899年1月菲律宾"马洛洛斯共和国"成立，2月美菲战争爆发。1901年3月马洛洛斯共和国灭亡，同年7月4日，美国在菲律宾成立文官政府，菲律宾沦为美国殖民地。

荷兰在1828年宣布，新几内亚（伊里安）岛西部为其东印度殖民地的一部分，并在1857年占领加里曼丹西岸。自17世纪它在印度尼西亚建立了殖民统治以来，又于1830～1870年强行推行了新殖民化的"强迫种植制度"武力征服所谓的"外邦领地"政策，结果导致印度尼西亚古老社会结构的变革。1873～1903年发动了对位于苏门答腊的西端、具有重要战略地位的亚齐王国旷日持久的30年战争。1903年亚齐沦为荷兰殖民地。至此，荷兰基本上征服了全印度尼西亚。

这一时期的英国，除了加强对原有殖民地的进一步控制和统治外，还运用不同手段，通过各种方式，向南亚、东南亚其他地区拓展其殖民活动。下面简述南亚印度、尼泊尔、锡金、不丹、马尔代夫等国家的有关情况；东南亚的情况则按年代排列出重大事件，以作交代。

印度 19世纪初印度南部、中部、西部完全落入英国人手中，到19世纪40年代保持独立的只有信德和旁遮普了。然而，英国殖民者又花了6年时间，发动两次英锡（锡克教徒国家）战争，于1843年征服信德，1849年兼并旁遮普，印度完全沦为英国的殖民地。1858年8月2日，英国议会通过《印度政府法》，规定撤销东印度公司，印度由英王直接统治。1877年英国女王宣布兼任印度皇帝。此后，英国大规模向印度投资，开设银行，兴办企业，修建铁路，即马克思所说的"建设印度"。到1899年在印度修建的铁路长达23397英里。印度进一步沦为英国的商品市场、原料产地和投资场所。

尼泊尔 1814年东印度公司对尼泊尔发动战争，于1816年3月4日迫使尼泊尔政府与英国东印度公司签订了《索果里条约》。该条约不仅使尼泊尔丧失了国土，还丧失了主权。其后，尼泊尔的内政外交都受到英国人的控制。同时，还允许英国在加德满都设立驻扎官。如此，尼泊尔则成了东印度公司渗入喜马拉雅地区的一个桥头堡。

锡金 1817年东印度公司与锡金国王楚格普德纳姆加尔签订了《提塔利亚条约》。通过此条约，锡金的大门被打开了，它使英国人享有很大特权，锡金的外交权同时被攫取。1860年11月英军侵入锡金，被击退。1861年2月英军侵占锡金首都廷姆隆。1861年3月28日，锡金被迫与英印政权签订条约，使英国加强了对锡金的控制。

不丹 1864年12月，英国发动了对不丹的战争。1865年11月11日，不丹被迫与英印政权签订《辛楚拉条约》。该条约使不丹的主权受到严重损害，不丹的政局在其后也受英人的操纵、控制。

马尔代夫 1887年，英国驻锡兰殖民地的总督与马尔代夫签订条约，使马尔代夫沦为了英国保护国。

英国在南亚的作为如上所述，而对东南亚更是虎视眈眈，伺机侵犯。

1811~1816年　英国占领爪哇、苏门答腊。

1819年　英国占领新加坡。

1824年3月17日　英国与荷兰签订《伦敦条约》，荷兰将马六甲移交英国。

1824~1826年　第一次英缅战争，并以签订《杨达波条约》而结束。该条约使缅甸的大批国土沦丧，促使缅甸向殖民地转变。

1826年　英国将槟榔屿、马六甲、新加坡合并为海峡殖民地，并于1932年将首府由槟榔屿迁至新加坡。

1843年　英国与文莱签订"友好"条约，随后于1847年又签订"通商"条约。

1852年　英国发动了第二次对缅甸的战争。

1855年　英国驻香港总督率团乘炮艇抵曼谷，迫使暹罗与其签订《英暹条约》。条约规定英人在暹罗自由贸易，享有治外法权，军舰可驶入暹罗内河港口。

1867年　海峡殖民地成为英国直辖殖民地。

1871年11月　英国和荷兰签订《苏门答腊协定》。英国同意荷兰在苏门答腊"可以自由行动"，交换条件是荷兰将非洲的黄金海岸让予英国。

1874年　英国与马来半岛上的霹雳邦素丹签订《邦咯条约》。英国的驻扎官由素丹宫廷任命，如此，英国的驻扎官便控制了土邦的实权。随后，半岛上的雪兰莪邦于1875年接受了英国的驻扎官。

1885年11月　英国发动了第三次侵略缅甸的战争，并于1886年宣布缅甸为其殖民地。且"以印治缅"，把缅甸划为英属印度的一个行省，归英国驻印度的总督管辖。

1888年　马来半岛彭亨邦接受英国驻扎官。北婆罗洲、沙捞越、文莱先后与英国签约，成为英国的保护地。

1896年1月　雪兰莪、森美兰、彭亨、霹雳联合组成"马来联邦"，并在吉隆坡成立联邦的中央机构。从此吉隆坡成为英属马来联邦的统治中心。

该月，英国与法国签订了《伦敦公约》，划分了在中南半岛的势力范围。

此期间，法国殖民者也参与了对东南亚的角逐和瓜分，同样按时序表述。

1858年　法国与西班牙入侵越南，炮击岘港。1859年，法西联军又入侵越南南圻。1862年越南被迫与法国、西班牙签订第一次西贡条约，南圻东三省被法国占领。

1863年8月11日　法人利用威胁利诱手段迫使柬埔寨诺罗敦王与其签订《法柬条约》。据此，柬埔寨受法国皇帝保护，法国人在柬埔寨享有领事裁判权，等等，殖民侵略的性质是赤裸裸的。1864年，柬埔寨承认法国的"保护"。1867年暹罗放弃对柬埔寨的宗主权。

1867年　法国占领越南南圻西三省，法属交趾支那殖民地建立。

第八讲　资本主义化与殖民化下的中国亚非关系

1874年3月15日　越南与法国签订《和平同盟条约》，即第二次西贡条约。越南承认法国的"保护"。之后，法国动用战争手段，并通过与越南阮氏朝廷于1883年8月、1884年6月6日先后两次签订《顺化条约》，使越南完全变成了法国的殖民地、保护国。

1889年　老挝沦为法国的殖民地。1899年4月19日，老挝正式并入"法属印度支那联邦"。

在此还应提上一笔的是，1910年朝鲜沦为日本殖民地。另外，还要简略交代伊朗、土耳其的有关情况。

伊朗地处波斯湾，18世纪末19世纪初便成为英、法、俄等国的争夺对象。英国通过1800年、1809年与伊朗的条约，排除了法国的势力。后来俄国插手，并经过1826年、1828年的两次伊俄战争，伊朗与俄国签订了《土库曼恰伊条约》。条约规定英、俄在伊朗有领事裁判权和种种政治经济特权，这种不平等条约的实质是使伊朗逐渐走上半殖民地道路。

14世纪初，土耳其建立了奥斯曼帝国，15、16世纪成为环地中海，地跨欧、亚、非三洲的大帝国。在西方殖民者的东进中，它也未能免遭外国资本的奴役。1838年，土耳其与英、法相继签订商务协议，沦为资本主义国家的商品销售市场和工业原料产地。后来，土耳其经过1831～1833年、1839～1840年两次与埃及的战争，帝国实力衰退。1878年的《柏林国际条约》使奥斯曼帝国彻底崩溃。在内忧外患之下，又于1881年设立了由英、法等国控制的"奥斯曼国债管理局"，使之掌握了帝国的财政收入和内外贸易。如此，到20世纪初，土耳其的半殖民地化进一步加深。

亚洲的情况大体如上，19世纪以来非洲情况又如何？当亚洲的土地已被瓜分完毕，美洲由于美国的门罗主义使欧洲列强受到排挤，而非洲大块无主土地当是列强吞噬的对象。非洲面临着被瓜分。

从19世纪开始，英国、法国等殖民国家利用列强同意废止奴隶贸易的机会，以对贩运奴隶实行"追捕"名义，在西非和东非地区扩大侵略，又占领了一些土地。还以释放"黑奴"、遣返"非洲"之名义，在非洲沿海购买土地，开辟殖民地带。如英国于1787年在西非塞拉利昂的弗里敦建立了殖民点，1808年将塞拉利昂作为其直辖殖民地，到1896年将其作为英国的"保护地"。又如利比里亚，1821年美国黑人在此建立移民区，1824年命名为利比利亚，1838年成立利比利亚联邦，1847年7月26日宣告独立，建立利比利亚共和国。之后在另一个黑人移民区建立的马里兰共和国，于1857年并入利比利亚。但政府长期在美国的控制下，由黑人移民及其后裔执掌。而在自然条件优越的非洲地区，西方向那里大量移民白人。这种情况主要发生在非洲的南、北两端。南非先是荷兰人、后是英国人大量移民。阿尔及利亚则被法国人变为第二块欧洲人的移居殖民地，1830年法国占领阿尔及利亚。

伴随着占地、移民，列强还进行了所谓的文化渗透。他们打着学术研究的幌子，从1821年至1870年的50年中，以英、法为首的欧洲各国纷纷组成各种名目的"考察团""调查团"等，在非洲进行所谓的"探险"就多达73次。主要集中在西非、东非、东北非和中南非进行活动，且探险家往往身兼基督传教士的职务。1876年成立了"国际考察和开发中非协会"（通称"国际非洲协会"），1884年11月15日召开了柏林会议。前者揭开了帝国主义列强瓜分非洲的序幕，后者则标志着非洲最后被瓜分。具体如下。

"国际非洲协会"

1876年9月，比利时国王利奥波德二世在布鲁塞尔召开了所谓"国际地理学会议"。参加会议的国家有比利时、英国、法国、德国、意大利、俄国、葡萄牙、奥匈帝国、美国等国的地理学家和探险家。会议目的是讨论"开化非洲所应当采取的最好办法"[①]，其决议是设立一

[①] 米德尔顿：《对非洲的掠夺》，转引自杨人楩《非洲通史简编》，人民出版社，1984，第265页。

第八讲 资本主义化与殖民化下的中国亚非关系

个国际组织"国际考察和开发中非协会",以协调各国行动。总会设在布鲁塞尔,各国可以设分会。除英国外,各国都成立了分会。其中以比利时的"非洲协会"最为活跃:集资50万法郎,成立"上刚果研究委员会",后改组为"国际刚果协会"。组成考察团,深入非洲内陆,进入刚果河口。但在此之前,法国已经在刚果河流域进行活动,且于1881年取得了对刚果河和马莱博湖两岸的保护权。1882年11月,法国正式宣布建立"法属刚果"殖民地。鉴于此,"国际刚果协会"召集刚果河下游地区非洲酋长开会,威逼他们把大片土地转让给"协会"。到1884年,在刚果河流域建立了40多个殖民据点,与各酋长签订了450个"保护条约"。显然,比利时与法国在刚果河畔发生了利益冲突。同时,葡萄牙也宣称它对刚果河口早已拥有不可否认的"历史权利"。而英国又插手支持葡萄牙的"主权要求",美国则宁愿刚果区域控制在力量较弱的比利时协会手中。列强各有所谋,机警的德国首相俾斯麦抓住了机会,建议在柏林召开国际会议,讨论非洲的争端问题。

在刚果河畔利益冲突的同时,英、法、德等列强对其他非洲地区,尤其是北非进行肆无忌惮的侵吞。早在1830年法国就侵占了阿尔及利亚,1881年4月又出兵占领突尼斯,迫使其统治者接受《巴杜尔条约》,到1883年正式规定突尼斯为法国保护国。在吞并突尼斯的同时,法国还利用马达加斯加的内部纷争,对其发动了殖民战争。至于埃及,法国和英国对它已有多年渗透,但在1882年7月,英国单独行动出兵占领了埃及,使其成为英国殖民地。不仅如此,英国在南非从开普向北推进,占领赞比西河以南广大地区;还在西非尼日尔河三角洲和东非索马里沿海地带抢占土地。德国于1882年成立殖民协会,1884年4月24日宣布安格腊—巴肯湾及附近沿海地区受德国保护。跟着,5月又派军舰到几内亚湾,6月逼迫多哥洛美地区的酋长签订保护条约,7月德国国旗便在多哥海岸升起。紧接着,德国军舰又南下喀麦隆,以同样方式取得对喀麦隆的"保护权",升起了德国国旗。这一时期的葡萄牙,则从安哥拉和莫桑比克沿海向内地发展。

西方列强在非洲可谓群魔乱舞。1884年11月15日，在俾斯麦主持下，柏林会议召开了。参加的国家有15个：德国、葡萄牙、比利时、荷兰、西班牙、英国、法国、美国、意大利、俄国、瑞典、挪威、丹麦、奥匈帝国和土耳其。具有讽刺意味的是，会议是专门讨论非洲事务的，却没有一个非洲国家参加。会议延续了104天，于1885年2月26日结束。其间，主要讨论了刚果问题；所谓"有效占领"问题；关于自由贸易和通航问题；禁止奴隶贸易问题。通过了一个声明，其实质是集中讨论和制定列强今后分割非洲领土共同遵守的原则。会议签订了《总决议书》，共38条，6万多字。在第36条的规定中，明目张胆地写道：此后列强在非洲占领土地或保护国时，必须通知其他在"本议定书上签字各国，俾使它们能够及时提出其要求"，才能视为有效占领。[1] 列强之野心昭然若揭。

柏林会议后，列强分割非洲达到高潮，加快了非洲殖民化的进程。1885年柏林会议结束时，列强占领的非洲土地占整个非洲的25%多一点，到1914年即达96%。其侵吞手段是残酷的，在19世纪最后的20年里，英国、法国疯狂地发动侵略战争，将西非十几个独立的国家全部消灭了。除战争外，列强还通过外交谈判，牺牲非洲国家的利益来解它们之间的争端和冲突。如此，到20世纪初非洲最后只剩下埃塞俄比亚和利比亚两个保持名义上独立的国家。为了对以上所述情况有个明晰的概念，在此提供地图三幅：①1876年前殖民列强在非洲占领的领土[2]；②1885年列强对非洲的占领和非洲人民的反抗斗争[3]；③帝国主义瓜分下的非洲（迄1914年）[4] 以供参考，见图8-1。

---

[1] 引自杨人楩《非洲通史简编》，人民出版社，1984，第269页。
[2] 引自杨人楩《非洲通史简编》，人民出版社，1984，第264页。
[3] 引自杨人楩《非洲通史简编》，人民出版社，1984，第292页。
[4] 引自杨人楩《非洲通史简编》，人民出版社，1984，第273页。

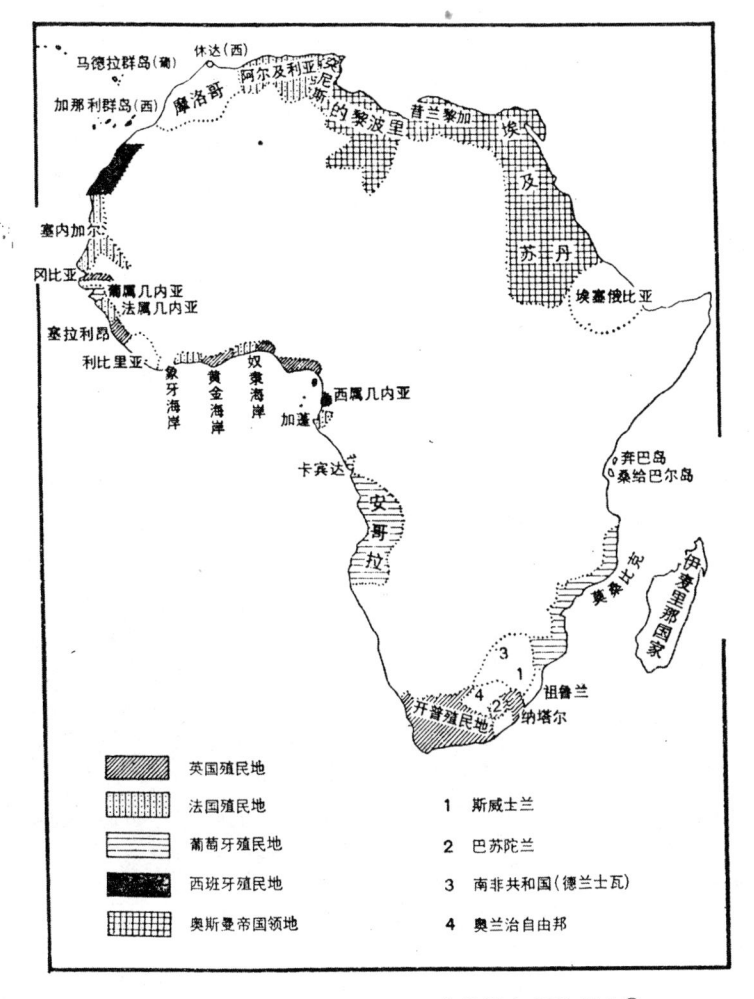

第八讲 资本主义化与殖民化下的中国亚非关系

图 8-1　1876 年前殖民列强在非洲占领的领土①

列强瓜分非洲，给非洲带来严重后果。首先，破坏了非洲的传统边界和民族聚居地，也破坏了非洲各民族的文化，阻碍了非洲民族国家的形成，埋下了今天独立民族国家的边界和民族纠纷的种子。其次，列强创办的垄断公司享有行政、经济、司法、军队和外交等特权，控制了非洲的经济命脉。南非和黄金海岸的金矿、比属刚果的铜矿、尼日利亚的

---

① 引自杨人楩《非洲通史简编》，人民出版社，1984，第 264 页。

图 8-2 1885 年列强对非洲的占领和非洲人民的反抗斗争①

锡矿，都被控制在这些垄断公司手中。德国人在西南非洲采掘金刚石，法国在突尼斯、阿尔及利亚和马达加斯加等地区开采铅、锌、铁和石墨等资源，并将铁路、公路、港口管辖权控制在手中。殖民统治下的残酷经济掠夺激起了非洲人民不断的反抗、斗争。

下面扼要交代进入 19 世纪后的中国情况。

---

① 引自杨人楩《非洲通史简编》，人民出版社，1984，第 292 页。

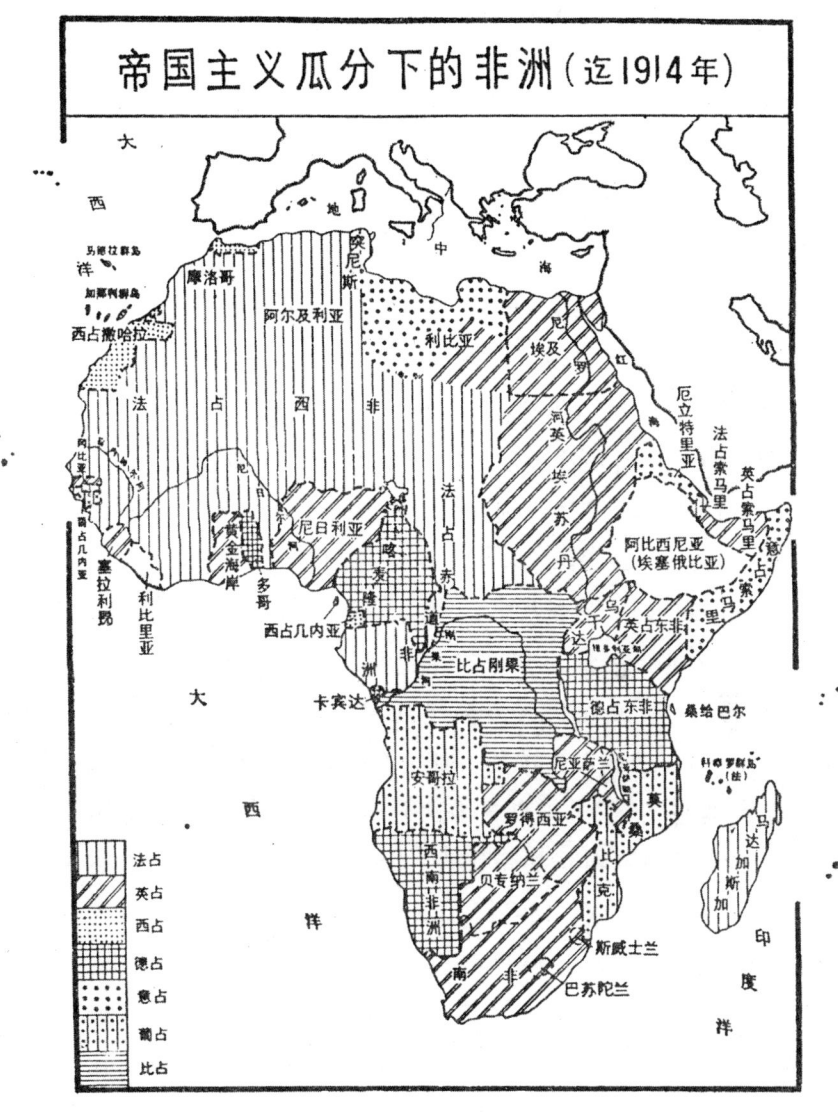

图 8-3 帝国主义瓜分下的非洲（迄 1914 年）

这时，世界进入了中国，中国也进入了世界。中国在世界上的地位可以概括为三句话：衰落的远东大国；与有关国家是不平等的同盟或无同盟；从局部的殖民地化走向世界大国。① 具体表现为：经过 1840 年

---

① 引自张振鵾《近代中国与世界：几个有关问题的考察》，《近代史研究》1990 年第 6 期。

（道光二十年）的鸦片战争，清廷被迫与英国于1842年（道光二十二年）签订《南京条约》、1843年（道光二十三年）签订《虎门条约》。1844年（道光二十四年）又先后签订了中美《望厦条约》、中法《黄埔条约》。1856年（咸丰六年）英国借口亚罗号事件，挑起第二次鸦片战争。后来英法结成联军，于1858年（咸丰八年）4月攻陷大沽炮台，5月，英、法迫使清廷分别签订《天津条约》。在此前，沙俄东西伯利亚总督胁迫黑龙江将军奕山签订了《瑷珲条约》。1860年（咸丰十年）6月，英法联军占领天津，8月攻陷北京，抢掠、焚毁圆明园。9月，恭亲王奕䜣与英、法、俄分别签订《北京条约》。1868年（同治七年）6月，蒲安臣在华盛顿代表清政府与美国订立《蒲安臣条约》。1876年（光绪二年）英国又以"马理嘉事件"为借口，迫使清廷与之订立《烟台条约》。1881年（光绪七年）1月，曾纪泽与沙俄签订《中俄改订伊犁条约》。1883年（光绪九年）中法战争爆发。法军占领河内等地后，刘永福应越南国王之请，率黑旗军助越抗法，大败法军。1884年（光绪十年）5月，法国舰队入侵福建马尾，7月清廷对法宣战。1885年（光绪十一年），镇南关—凉山大捷。4月李鸿章和法国公使在天津签订《中法会订越南条约》（即《中法新约》），结束中法战争。1894年（光绪二十年）中日甲午战争爆发，1895年3月23日，李鸿章与日本政府签订《马关条约》。1896年（光绪二十二年）4月，李鸿章与沙俄代表签订《中俄密约》。1897年（光绪二十三年）德国武装占领胶州湾，沙俄出兵强占旅大。1901年（光绪二十七年）7月，清廷以奕劻、李鸿章为全权大臣，与俄、英、美、日、德、法、意、奥、比、西、荷11国公使签订《辛丑条约》。该条约从政治、经济、军事各方面都扩大和加强了西方资本主义侵略者对中国的统治，表明清政府已完全成为外国侵略者统治中国的工具。

从上述一系列割地赔款、丧权辱国的不平等条约中可知，《南京条约》使西方资本主义侵略者打开了中国的门户，由此中国领土开始被割裂，主权完整遭到破坏，并逐步沦为半殖民地半封建社会。1901年

《辛丑条约》的签订，使外国侵略者在华的半殖民地统治秩序正式建立。

2. 马克思的"双重使命"学说

殖民主义是人类社会发展过程中出现的一种历史现象。它在近现代的世界历史跨越了近6个世纪，对亚洲、非洲、拉丁美洲的社会历史起过重要作用，产生了巨大影响，社会历史进程受其制约。而对其作用和影响历来存在不同的看法。西方学者认为，这是把西方的文明传播到东方，为东方人民造福。中国学者近60年来对殖民主义作用的评价，主要是遵循马克思"双重使命"的学说来进行的，尽管在对"双重使命"的理解上有不同看法。

这里，先将马克思的论说摘录如下，后介绍中国学者的一些观点。

1853年，马克思在两篇文章中提到英国的对印度的统治。一篇是《不列颠在印度的统治》，其中写到：

> 英国则摧毁了印度社会的整个结构，而且至今还没有任何重新改建的迹象。印度人失掉了他们的旧世界而没有获得一个新世界，这就使他们现在所遭受的灾难具有一种特殊的悲惨色彩，使不列颠统治下的印度斯坦同它的一切古老传统，同它过去的全部历史，断绝了联系。[①]

在另一篇《不列颠在印度统治的未来结果》中指出：

> 英国在印度要完成双重的使命：一个是破坏的使命，即消灭旧的亚洲式的社会；另一个是重建的使命，即在亚洲为西方式的社会奠定物质基础。相继侵入印度的阿拉伯人、土耳其人、鞑靼人和莫卧儿人，不久就被印度化了，——野蛮的征服者，按照一条永恒的

[①] 《马克思恩格斯全集》第12卷，人民出版社，1998，第139页。

历史规律，本身被他们所征服的臣民的较高文明所征服。不列颠人是第一批文明程度高于印度因而不受文明影响的征服者。他们破坏了本地的公社，摧毁了本地的工业，夷平了本地社会中伟大和崇高的一切，从而毁灭了印度的文明。他们在印度进行统治的历史，除破坏以外很难说还有别的什么内容。①

中国学者对"双重使命"学说的认识和理解，当以20世纪90年代北京大学历史系为编写《殖民主义史》而举行的"关于殖民主义'双重使命'理论的学术讨论会"②为国内外学者有关学术论点的集大成。在此，扼要介绍罗荣渠教授的四点意见。一是他以"一元多线历史发展观"来理解殖民主义的"双重使命"，这一历史唯物主义的观点，即"马克思认为亚洲的古老社会没有这种内在的自我变革的力量，故而这种社会革命需要靠外来的破坏力量来引发"。二是"马克思认为资本主义生产方式远远优胜于前资本主义生产方式，殖民主义正是在世界各处以暴力的方式传播这种资本主义生产方式。马克思是在充分肯定资本主义的历史进步性的基础上批判资本主义的"。三是"从现代化的世界历史进程来看，非西方世界向现代社会的大变革基本上是两种形式：一种是通过外力强加的殖民主义形式，这是一种扭曲的变革；一种是内外结合的非殖民主义形式，这是内部自我革命的过程，也是很曲折的"。四是"殖民主义的要害是什么？是摧毁主权独立与民族尊严，散布种族优越论与西方文化优越论的毒素。……殖民地时期尽管进行过某些改革，但它是片面地为殖民主义者服务的；建立过某些工业，但是畸形的、依附性的，因此只有推翻殖民主义……才可能有真正的现代发展"。③

伴随着改革开放的大潮，学术思想相应活跃，对经典论说也不断有

---

① 《马克思恩格斯全集》第12卷，人民出版社，1998，第246页。
② 有关报道见《北大史学》第3期，北京大学出版社，1996。
③ 《北大史学》第3期，北京大学出版社，1996，第32~34页。

新的解读。经济学家厉以宁在2003年出版的《资本主义的起源——比较经济史研究》①中,以19世纪后半期以来100多年来印度社会的变化,来验证"双重使命"的论述。其论点有三:

第一,英国在印度的"破坏的使命"实际上远远没有完成,至少到1947年印度独立时,印度社会,特别是乡村的深层次结构并未因英国人的长期占领而被摧毁,也不可能这样轻易地被摧毁。……第二,英国在印度的"建设的使命"实际上是不存在的,因此也就谈不上什么完成使命还是未完成使命的问题。英国殖民当局从未设想过或计划过把印度建成一个与英国的资本主义制度相同的社会经济制度,因为英国殖民当局只是想从这里攫取更多的利益,并能使英国的统治永世长存。……第三,不管怎么说,英国占领印度这件事本身,毕竟使印度的社会发生了变化。"破坏的使命"虽然远远没有完成,但对印度传统制度的破坏还是存在的。封建的莫卧儿皇朝被消灭了……无论如何,这使得19世纪后期到20世纪中期的印度社会不同于19世纪前期,尤其是不同于18世纪中期以前的印度社会。②

为更全面地理解这三点,应该精读该书七、八两章——《西欧资本主义起源研究所引起的思考》(上、下),因为这三点正是从研究资本主义起源的角度引发的。

三 这一时期的中国亚非关系

1. 此期间中国亚非关系的特点

首先是传统的友好关系遭到破坏。如两大文明古国——中国和印

---

① 厉以宁:《资本主义的起源——比较经济史研究》,商务印书馆,2003。
② 引自厉以宁《资本主义的起源——比较经济史研究》,商务印书馆,2003,第508~509页。

度国家间的友好关系,即两国间的使臣互访,以汉文载录而言,从公元前2世纪起就史不绝书,但自16世纪后几乎不见记载。又如葡萄牙人取代了阿拉伯人、波斯人与中国的传统海路,于1509年击败了埃及、印度的联合舰队,控制了这条海上要道的印度洋一侧。1511年又占领了马六甲,控制了"南海之路"的太平洋一侧。如此,亚非海上大航线由殖民主义者来控制,新航道也为他们所垄断。

其次是殖民主义者插手操纵、干涉和利用亚非国家间的关系。最典型的是尼藏战争,尼泊尔引狼入室。

中国自唐朝以来就和尼泊尔保持着使臣往来的关系。清代,尼泊尔和我国西藏地区关系密切,贸易兴盛。18世纪时,尼泊尔廓尔喀王朝兴起,统一全境,国力强盛,不久和西藏发生纠纷。西藏流通的银币,一直由尼泊尔铸造,西藏供给白银,后来尼方在银币中大量掺铜,引起西藏的不满。尼方则抱怨对入藏贸易的尼商人征税过重,且西藏运去的食盐质量不好,内中掺土。加之这时班禅六世的兄弟因未分到乾隆皇帝赏赐班禅的礼物而不满,逃入尼泊尔,唆使廓尔喀王朝出兵侵藏。1788年(乾隆五十三年)廓尔喀军队侵入西藏,占领聂拾木、宗噶、吉隆等地。清政府派侍卫巴忠带兵入藏救援,巴忠不敢与廓尔喀人作战,一方面迫令西藏地方政府以答应尼泊尔的不合理兑换贬值的货币、岁纳银万余两为条件,换取尼泊尔退兵;另一方面又向清廷谎报取得胜利。西藏地方政府拒不接受上述屈辱条件,尼泊尔则以此为借口,于1791年(乾隆五十六年)再度发兵侵藏,占领了日喀则,劫掠扎什伦布寺,全藏震动。乾隆皇帝得悉真情后,派大将军福康安等统兵入藏,打败尼泊尔军,收复了西藏各地。

当尼泊尔军队被打败时,其统治者采取了一个很不明智的行动,即向印度的英国东印度公司求援。东印度公司欣然同意,以与尼泊尔签订商约为条件,允诺军援。此时英国正忙于在印度进行迈索尔战争,既无力供给尼方军火,也派不出士兵。他们想派人到西藏和尼泊尔,充当调解人,借机插手干涉。对方的要求理所当然被福康安拒绝了,战胜了的清朝与尼泊尔议和。而英国殖民者绝不会放弃侵略活动,1810年(嘉庆十五年)利用尼泊尔统治者内部矛盾,与之订立同盟条约。1814年东印度公司因尼印边界争端,对尼泊尔宣战。1816年尼泊尔被英军击败,被迫签订上面提到过的索果里条约,英国人进一步控制了尼泊尔。1846年,受英人支持的拉纳·蒋·巴哈都尔当了尼泊尔首相后,对英国妥协投降,使英国侵略势力在尼泊尔大为扩展,并实施了一些对邻邦不友好的举措——1856年派兵侵略西藏,1857年派兵镇压印度人民大起义,给亚洲国家的历史投下了阴影。

在反对殖民主义、反对帝国主义的斗争中,中国与亚洲、非洲国家在传统的友好关系基础上,又建立起新的"战斗"的友谊。

2. 此期间中国亚非关系的具体表现

这一时期的中国亚非关系已经纳入世界资本主义化与殖民化的体系中,不仅在政治上、经济上表现出三角关系,而且在面临西方资本主义入侵、遭受同样受欺压的命运的基础上,携起手来,在反帝、反殖的斗争中结下"战斗"的友谊。

政治上的三角关系当以1898年(光绪二十三年)中国与刚果(指今天的扎伊尔)签订的《中国与刚果国专章》(《中刚条约》)最为显著。1885年(光绪十一年)刚果外交大臣伊特倭来到中国,希望与清政府"开通往来""以敦睦谊"。1898年4月又派使臣佘式尔到北京,商约订约之事。5月22日清廷与之正式签署《中刚条约》。《清史稿》卷160《邦交志》八记载如下:

一、中国与各国所立约内,凡载身家、财产与审案之权,其如何待遇各国者,今亦可施诸刚果自主之国。

二、议定中国民人可随意迁往刚果自主之国境内侨寓居住,凡一切动产不动产,皆可购买执业,并可更易业主。至行船、经商、工艺各事,其待华民与待最优国之民人相同。

扎伊尔是近代中国与非洲建交的第一个国家,说明清廷与非洲殖民政府建立了官方接触。但这个条约不是中刚两国之间的平等友好条约，而是一个变相的不平等条约。在1885年2月结束的柏林分赃会议上，列强达成了瓜分刚果河流域的协议，承认比利时国王利奥波德二世对刚果的占有，刚果成了利奥波德二世的私人领地。该条约是在中刚两国人民处于无权地位、不能自由表达自己意愿的情况下，由比利时殖民当局指使刚果签订的。其目的有二：一是与西方帝国主义国家"利益均沾"，挤进列强瓜分中国的行列，分享瓜分中国的成果；二是借条约之名，以"优待"为诱饵，招募华工到刚果为资本家修筑铁路、开发矿山。这完全是迎合比利时垄断资产阶级掠夺中国劳动力的需要。条约签订后，有几千名华工被骗到刚果。他们和刚果人民一道生活和工作，共同遭受比利时殖民主义者的压迫、剥削，受尽了白人监工的凌辱和欺压，而同刚果人民结下了生死之交。

至于经济上的三角贸易，以英国、印度、中国三方的鸦片、棉纱、茶叶贸易最为典型。

鸦片是由葡萄牙商人从土耳其输入中国的，中国允许其进口仅为供医疗之用。后来英国也积极参与此项贸易，并诱使印度孟加拉等地的农民种植鸦片，加工后卖往中国，谋取暴利。1773年英国政府授予东印度公司同中国进行鸦片贸易的专卖权。1816年英国政府又允许鸦片自由贸易，这进一步推动了鸦片的走私活动。1831年英印政府对印度中、西部土邦地区所产鸦片实行通行税制。通过这一系列的政策措施，英国垄断了印度的鸦片生产和贸易，扩大了对华的输出，增加了财政收入。从以下的数字即可以说明，在东印度公司实施专卖权的第一个年头，即1773～1774年，其鸦片收入为270465卢比，到鸦片战争的前四年即1835～1839年，其收入为18044062卢比。[①] 英国政府大量获利，用来弥补贸易差额，支付英印政府开支。中国人的白银、印度人的血汗，加速了英国的资本积累。

除鸦片贸易外，印度出产的原棉和棉纱也在中国市场上行销。

---

① 姚贤镐：《中国近代对外贸易史资料》第一册，中华书局，1962，第321页。

第八讲　资本主义化与殖民化下的中国亚非关系

1802~1809年，印度棉花通过加尔各答和孟买输往中国的每年值700多万卢比。因其棉纱韧性强，价格便宜，受到中国织布行业的欢迎。1894/1895到1898/1899五个年度中，印度输华棉纱总量占整个输出总量的94.3％。如此大宗的棉纱交易，推动了印度棉纺织业的发展，促进了印度民族工业的资本积累。然而不能忽视的是，印度对华棉纱贸易深深地打上了英属殖民地的烙印。因为印度输华商品和英国商品一样，按1858年《中英条约》规定，只交纳上岸子口税，免除一切内地关税。①

继鸦片、棉纱输入中国后，印度茶叶一度曾倾销西藏，造成了排挤中国边茶的形势。中国本是产、销茶叶的古国，四川等地生产的茶叶一直供应西藏、蒙古人民所需，称为边茶。当英国殖民者发现这一情况后，遂在印度发展茶叶生产，以印茶取代边茶供应西藏，作为入侵西藏的一种手段。19世纪30年代英国人在印度的阿萨姆试种茶叶成功，1840年成立了阿萨姆茶叶公司。之后，大吉岭、南印度等地广种茶叶，并不断改进种植技术，以资本主义生产方式经营管理，使茶叶产量猛增，到1896年年产达2700万磅。控制印茶生产的英国资产阶级企图把印茶入藏作为侵略西藏的手段之一，并想通过《印藏续约》使入藏印茶合法化。于是，印茶从大吉岭不断输入西藏。1897年运至西藏的茶叶值32万卢比，致使边茶受到了排挤。面对这一严峻形势，清廷采取保卫我国权利、保卫西藏的政策。在和英人谈判中，坚持印茶入藏税额应按华茶入印税额增收，同时减免边茶课税降低成本，修通道路省其运费，特别是在西藏地区培植茶树，发展茶叶生产，以就近供应。② 如此，经清之世，英国倾销印茶到西藏的阴谋未能得逞。

以上已述，葡萄牙人是贩卖黑人奴隶的先锋，荷兰、英国、法国等均参与其中。到了19世纪初年，在废奴运动和世界舆论的压力之下，英国于1807年宣布废除奴隶贸易，其他国家也随之而动。在此情况下，殖民者为获取廉价劳动力而转向招募印度和中国的苦力。在中国，苦力

---

① 《通商各关华洋贸易总册》。
② 陈一石：《印茶倾销西藏与清王朝的对策》，《民族研究》1983年第6期。

又叫"猪仔",苦力贸易又叫猪仔贸易。它与奴隶的唯一区别是苦力有一份卖身契约,契约上写明一定的劳动期限,大体3~8年。由于清王朝日趋衰败,人民陷入水深火热之中,百姓卖身当苦力是一条生路。而当时海禁未开,殖民者则转向澳门作为贩卖苦力的基地。1811年前后,从广东被诱招的一批石匠、木匠等,就是从澳门装船贩运到圣赫勒拿岛(大西洋中)的,尔后陆续不断有华工被运送至该岛。同期,华工已被贩运到毛里求斯岛。1817年有人游历此岛,见在路易港有一个"中国营"。1843年毛里求斯的法国庄园主从新加坡和庇能贩运1 000名华工到法属波旁岛。1845年、1846年有两批华工从厦门直接运至法属波旁岛。1867年有几批华工运到马达加斯加。1889年之后,华工到刚果(今扎伊尔)参加修建马塔迪到利奥波德维尔的铁路,以及开矿。英国殖民者在20世纪之前就陆续贩卖许多华工到南非。1904年时,好望角就有华人1393名。[1]

中国的苦力到非洲,是西方殖民者掠夺东方劳动力的结果。他们与非洲人同样处于殖民地奴隶的地位,受资本家的残酷压榨和剥削。在《新民丛报》第三年第二号上刊登的《南非洲华侨惨状记》中提到:"华工三十余名,数年前(指1904年前)到'鲫当'(系开普敦之对音)。"这三十余人在附近一个农场做工,与外界隔绝,"该园主不允"其他华工进场与之晤谈。英国资本家明目张胆地认为"以华工佣俭,可多得余利"。再从一个曾在南非金刚石矿劳动过几年的华工写的"华工不是享受'猪'(奴隶)的待遇,而是应该叫做'马'和'驴',但在名义上他们是人"[2] 可知,在非洲的矿山、工厂、植物园以及修筑的铁路线上,华工和广大的非洲黑人一样流汗、流血,从事着艰苦、劳累的工作,过着牛马不如的生活。中非劳动者有着相同的命运,并肩携手进行英勇反抗斗争当是必由之路。

岂止是中非人民的并肩战斗,事实是人类历史上出现资本化、殖民

---

[1] 引自艾周昌《近代时期的中国与非洲》,《西亚·非洲》1984年第1期。
[2] 引自艾周昌《近代时期的中国与非洲》,《西亚·非洲》1984年第1期。

第八讲　资本主义化与殖民化下的中国亚非关系

化以来，世界就逐渐分化为压迫民族和被压迫民族。而随着社会的进步、科学技术的兴起，世界各国也逐渐联成一气，形成了不仅在资本主义国家之间、资本主义宗主国和殖民地半殖民地国家之间各方面的互相往来和互相依赖，且在殖民地半殖民地被压迫的民族之间也有各方面的互相往来和互相联系。中国与亚洲、非洲各被压迫民族在过去传统友好关系的基础上，又建立了并肩战斗反对殖民侵略的新内容和新特点。

17世纪初荷兰殖民者窃据台湾，占有南部，而西班牙控制了台湾北部。1642年荷兰击败了西班牙，独占台湾，台湾人民不断起义反抗。1661年（永历十五年），明朝名将郑成功率领数万士兵自厦门出发，在台湾禾寮港（今台南境）登陆，围攻荷兰总督所在地赤嵌城，击溃敌人从巴达维亚派来的援兵。1662年（康熙元年）2月1日，荷兰总督投降，台湾回到祖国的怀抱。而在收复台湾的活动中，被荷兰人卖到台湾的黑奴，参加了郑成功的军队。由于这些黑人懂得使用荷兰人的枪炮火器，因此在郑成功的军队中就专有一个"黑人火器队"。这当是被压迫的民族同起反抗压迫者的一曲高歌了。

又如英国于1856年发动了对中国的第二次鸦片战争，并参与清王朝镇压太平天国的革命，所派来的军队中有相当部分是印度兵。在英国殖民者看来，这是"东方最好用东方来对付"的兑现。然而，现实中出现了印度士兵掉转枪口与太平军并肩战斗的情况。[①] 1857年，印度爆发了民族大起义。这一消息通过香港商人传到广州，广州"人心俱大喜"，奔走相告。反映了中国人对印度起义的欢喜心情，同时说明了对图谋占领广州的英军的"疾视"[②]。

除了人民之间自发的战斗友谊之外，还应该看到这一时期资产阶级政治活动家在反对帝国主义、殖民主义斗争中的相互同情和支持。如1905年中国的民主革命家章太炎在日本创办《民报》，热烈支持印度的

[①]　林承节：《中印人民友好关系史》，北京大学出版社，1993。
[②]　林承节：《中印人民友好关系史》，北京大学出版社，1993。

革命运动。1907 年,他在东京和印度的革命者钵罗罕·保什等共同发起"亚洲和亲会"。该组织是把亚洲各被压迫民族的革命者联系在一起的最初尝试。又如 1908 年,当摩洛哥人民反抗法国侵略者和封建卖国贼的斗争进入高潮时,孙中山高度赞扬摩洛哥人民的英勇精神,认为"麼民不甘于屠王俱死,与主权同亡,乃奋发为雄,以拒外兵,以覆昏主,内外受敌,危险莫测,而麼民不畏也"①。

参考文献

艾周昌、程纯:《早期殖民主义侵略史》,人民出版社,1982。

张天:《论 19 世纪亚洲的殖民化与资本主义化》,《社会科学战线》1992 年第 1 期。

陆庭恩:《非洲与帝国主义·历史的追溯》,北京大学出版社,1987。

《马克思恩格斯全集》第 12 卷,人民出版社,1988。

郑家馨:《关于殖民主义"双重使命"的研究》,《世界历史》1997 年第 2 期。

胡绳:《关于近代中国与世界的几个问题》,《近代史研究》1990 年第 6 期。

耿引曾:《西方殖民主义东来后中国和南亚关系的新特点》,《南亚东南亚译论》第 1 辑,北京大学出版社,1988。

谭中:《英国—中国—印度三角贸易》,《中外关系史译丛》第 2 辑,上海译文出版社,1985。

艾昌周:《近代时期的中国与非洲》,《西亚·非洲》1984 年第 1 期。

丁则良:《孙中山与亚洲民族解放运动》,《东北人民大学学报》1957 年第 1 期。

---

① 《孙中山全集》第 1 卷,中华书局,1981,第 341 页。

第九讲
华侨、华人在中国亚非关系中的地位和作用

一 有关华侨、华人的研究情况

1. 华侨、华人、华裔、华族的诠释

华侨、华人在中国历史上是一个值得注意和重视的社会历史现象。迄至中国改革开放之前，海外有3000多万华侨、华人，遍布世界100多个国家，其中80%集中在东南亚。① 在20纪初，华侨与华人问题就开始引起了国内外学人的兴趣。特别在第二次世界大战之后，海外华人社会发生了深刻变化，更加引起了世界广泛的重视和关注。关于华侨、华人的研究，已经逐步形成一门独立的学科，即华侨、华人学。海外已出版了许多华侨、华人的学术著作，而中国的华侨华人研究自改革开放以来也迎头赶上，逐步建立和形成了自己的华侨华人学。30年来其成绩显著。具体表现如下。

研究机构相继建立，在许多大学和中央、各省市的研究单位成立华

---

① 有关世界华侨华人人口统计，请参考《世界华侨华人词典》附录二，北京大学出版社，1993。

侨华人研究中心、研究所、研究室、研究组等，并于1981年12月成立了中国华侨历史学会。这些学术机构、学术团体及其学人不仅在国内积极开展学术交流，还不断以新理念、新成果频繁地参与海外有关华侨华人研究的学术活动。在此，侧重交代中国学人影响重大的研究成果。

首推《世界华侨华人词典》，该书200余万字，收入1992年以前有关世界五大洲华侨华人的7093个条目，包括世界华人华埠概况、历史地理、文物遗迹和著名建筑、人物、社团、经济组织、学校、文化福利机构、政党与政治组织、历史事件与重大活动、法律条例与政策、条约协议、政府机构制度与官职、历史文件、报刊、著作与理论以及专有名词等17类；并有附录三：①世界华侨华人大事年表；②近年世界华侨华人人口统计表；③地名译名对照表。此书有较高的科学性、学术性和知识性。

次则介绍《华侨华人百科全书》，该书有1500万字，分总论、历史、著作学术、人物、侨乡、法律条例政策、文学艺术、经济、社区民俗、教育科技、新闻出版、社团政党共12卷。它是《世界华侨华人词典》的扩大和深入，其内容涵盖了全球华侨华人社会的历史和现状，涉及华侨华人研究的各个领域，以其全面性和系统性而具有集大成的作用，有助于推动华侨华人研究的进一步深入，已在海内外产生了强烈反响。①

再则，应该介绍的是李安山的《非洲华侨华人史》② 一书。该书的价值在于它是中国、也是世界的第一部论述全非洲华侨华人历史发展的著作。全书分三编十二章：认识—接触—交往（一章至四章），创业—生存—适应（五章至十章），适应—转变——体化（十一至十二章）；并有附录七［非洲华文学校一览表、非洲华侨华人报刊统计、非洲华侨华人企业家一览表、非洲华侨华人常用地名英汉译名对照表、非洲华侨华人人名英汉对照表、非洲国家（地区）华侨华人人数统计表、

---

① 见周南京编著《脚印》，香港社会科学出版社有限公司，2007。
② 李安山：《非洲华侨华人史》，中国华侨出版社，2000。

第九讲　华侨、华人在中国亚非关系中的地位和作用

非洲华侨华人研究参考文献],以及非洲华侨华人大事年表。综观此书,作者突破史书平铺直叙之惯例,在实地考察研究非洲的基础上,以新的理念、多学科的视角,勾稽华侨华人在非洲政治、经济、文化方面的历史作用和现状。同时前瞻性地指出,21世纪中非关系将达到一个新的阶段,21世纪还将是中国人民重新发现非洲的世纪。可以毫不夸张地说,这是一部体裁新颖、内容丰富、资料翔实、可读性强的著述,是研究非洲华侨华人的奠基石。

作为一门新兴学科的华侨华人学,在当前的中国正欣欣向荣,其研究成果犹如雨后春笋。就以1999年10月成立的"北京大学华侨华人研究中心"为例,迄至2008年,它已出版丛书42种。相信在华侨研究方面已有建树的厦门大学南洋研究所、暨南大学华侨研究所以及全国的新老同行将会使独树一帜的中国华侨华人学不断发展壮大。

下面诠释有关名词:

华侨　中国人在海外定居、谋生,并保持中国国籍的侨民的总称。1955年后,中华人民共和国政府正式放弃"血统主义"国籍法,反对双重国籍。凡保持中国国籍的侨民称为华侨,而已加入外国国籍的华侨则称为华人或外籍华人。

台湾依然沿用"血统主义"国籍法,所称之华侨,包括了华人、华裔在内。

华人　对具有中国血统者的泛称;又称外籍华人和华族,英文Ethnic Chinese;已取得外国国籍的华侨及其后裔;华侨丧失或放弃中国国籍后,即改变身份为华人。

华裔　泛指华侨在海外的后裔。因血统纯度与所受教育或文化背景的歧异,又有不同类型:

父母都是中华民族血统的华裔,他们具有中华民族的气质,但因教育背景不同而呈现不同的类型,其生活方式为中国化、西方化、当地化。

混血华裔,如马来西亚或印度尼西亚的峇峇或土生华人、菲

律宾的"华菲混血种"。

华族[①]　海外华人或华裔少数民族（只有在新加坡为多数民族）的简称。如越南广宁省操汉语的少数民族，属汉语族的尚有居住在广宁省、河北省、北太省的山瑶族。

华人在某一国有一定的数量，可以组成所在国的少数民族。华族形成的三个民族特性：既是各国新形成统一民族大家庭中的一员，又有着各国少数民族的身份；带有中华民族的民族属性（血统和某些民族性格），首先是住在国的民族属性，中华民族属性是次要的。

在文化与种族认同的取向上，分化为三种基本类型：当地化型（土生华人）；西方化型；认祖归宗型（如印尼华人仍保留着华人文化）。

2. 简述中国人到国外侨居的历史

在讲述中国人到国外侨居的历史前，必须要强调三点：

①华侨是和平移民。

②华侨绝大部分是劳动人民。

③中国人移居海外的最根本原因在于国内的经济剥削和政治压迫，而近代华侨的大量产生又是帝国主义侵略掠夺造成的直接后果。

鸦片战争后，资本主义列强侵入中国，破坏了中国农村传统的自然经济，造成千百万破产失业者，为帝国主义掠夺中国的劳动力提供了可能。从而，使中国在19世纪中期以后成为廉价劳动力的集中供应地。

帝国主义是资本主义的垄断阶段，而垄断又是从殖民政策成长起来的。在资本输出阶段，西方资产阶级在殖民地开设工厂、矿山，发展植物园，把资本主义生产关系强加于殖民地国家。而要维持和发展这种资本主义生产关系，首要条件是大量的廉价劳动力。改革开放之前在东南亚及世界各地的3000多万华侨华人，他们的先辈就是在上述情况下

---

① 符玉川：《东南亚华人同化进程中的文化认同问题》，《新东方》1992年创刊号。

第九讲　华侨、华人在中国亚非关系中的地位和作用

离开祖国的。

以下具体交代中国人移居海外的有关情况，分1840年之前的追述、鸦片战争后形成的中国人出国高潮、20世纪20~40年代的概述三个时期来讲。

1840年之前的追述

中国人移居海外的历史是十分悠久的。秦汉至隋代，也就是从公元前2世纪到公元6世纪初，中国通过陆路、海路与中亚、西亚、南亚、东北亚、东南亚的国家发生了密切的联系，有了交往。这些政治、经济、文化上的往来为华侨的出现创造了前提。

唐、宋时期，由于航海技术的进步、海外贸易的发展、当地市场的扩大，中国商人留居海外，由行商变为住商者渐多。同时，由于国内政权更迭和战乱，也有少量中国人避居国外。这些商人和难民是中国古代早期移民的主体。

元至明朝中期，中国人移居东南亚陆续增多，分布到东南亚各地。爪哇和苏门答腊甚至有中国人的村落，东南亚各地出现了华侨与当地妇女通婚、信仰当地宗教的现象。这一时期的海外移民绝大多数属于到海外做生意的商人和手工业者。主要侨居地是在海上交通和贸易比较发达的地方。如1846年之前在印度泰米尔纳德邦坦焦尔东约48里处所见中国塔便是证明。[①] 该塔是南宋商人旅居该地时所建；塔砖上有"汉字书云'咸淳三年八月毕工'"之迹。咸淳三年即1267年。

明朝中期至鸦片战争，即16世纪中叶到19世纪中叶近300年间，移民海外的中国人猛增。其中，除商人和政治避难者外，到境外去寻求生活出路的劳动人民，尤其是沿海贫苦农民比重大增。此期间，东南亚的交通贸易大港，甚至中、小城镇的许多地方，已有华侨居住区，如爪哇的巴达维亚、下港、北加浪岸，加里曼丹的坤甸、马辰、三发、喃吧哇，马来半岛的森美兰、彭亨、雪兰莪以及槟榔屿，新加坡，泰国的北大年、大城、宋卡、麟郎，越南的河仙、会安、堤岸，菲律宾的马尼拉

[①] 汪大渊原著、苏继庼校释《岛夷志略校释》，中华书局，1981，第283页。

等地。在以上这些地方华侨集中的区域，华侨社团组织和华侨领袖也随之产生，海外的华侨社会初步形成。

鸦片战争后形成的中国人出国高潮

出国原因。

国内情况：农民大量破产失业，只好易地谋生。列宁在《资本主义和工人移民》①一文中指出："毫无疑问，只有极端的贫困才迫使人们离开祖国，资本家在肆无忌惮地剥削移民工人。"中国移民背井离乡，远离祖国，首先是因为他们"极端的贫困"。鸦片战争前，土地掌握在地主、贵族和皇室的手里，如鸦片战争中向英国投降的大官僚琦善就占有土地256万多亩（田），一般官僚甚至富商巨贾，也占有相当多的土地。而当时的地租也是相当苛刻的，地租率一般在50%以上。地租之外还有国家征收的苛捐杂税和各种无偿劳役的剥削，再加上灾荒，广大人民挣扎在死亡线上，致使内地破产农民到边疆山区去垦荒，变成了到处迁徙的"流民"。沿海失地的劳动人民冒险出洋，到海外谋生，一些人则成为殖民主义者拐卖的"苦力"。林则徐于1839年（道光十九年）的奏折中，就提到1820年（嘉庆二十五年）时，数以千计的出洋者被卖为"猪仔"。

鸦片战争后，清政府把偿付2000多万元的赔款和支付总计7000万元的战费，全部转嫁到劳动人民身上。当时清政府主要的税收是地丁税。从1841年至1849年（道光二十一至二十九年）的8年间，这项税收实际增加了330多万两银子。这一时期的土地兼并更加严重，全国土地40%~80%集中到只占人口总数10%~30%的少数人手里。占人口总数60%~90%的大多数农民则没有或很少有土地。农村中出现了破产农民，城市里出现破产的手工业者。若在资本主义的生产关系已经发展起来的国家里，农民破产后，可以被吸收到城市资本主义工业中，变为雇佣工人。然而，当时的中国正沦为半殖民地半封建的社会，资本主义的生产关系没有发展起来，不能吸收和容纳从全国农村中继续被排挤出

---

① 《列宁全集》第24卷，人民出版社，1990，第95页。

第九讲　华侨、华人在中国亚非关系中的地位和作用

来的大量破产农民。所以东南沿海，尤其是福建、广东的许多破产农民、小手工业者，便利用其有利的地理条件，相率渡海到外洋谋生。正如恩格斯所说："在中国进行的战争（指甲午战争——编者注）给古老的中国以致命的打击。闭关自守已经不可能了……这样一来，旧有的小农经济的经济制度，以及可以容纳比较稠密人口的整个陈旧的社会制度也都在逐渐瓦解，千百万人将不得不离乡背井，移居国外。"[①] 再加上太平天国革命运动失败后，福建、广东的劳动者在清政府的压力下，大量逃到海外避祸，促使鸦片战争后大规模出国现象的形成。

国外情况：再从西方殖民主义者来看，自19世纪中叶以来，为开发在东南亚、美洲、非洲和澳洲的殖民地，正迫切需要中国的廉价劳动力。此时期是殖民主义者开发殖民地的黄金时代，他们把大量的资本输出到落后的国家，加紧对殖民地的原料掠夺和商品倾销。在此期间，东南亚锡矿的开采、橡胶园的开辟、烟草的种植、香料的栽培，还有城市、码头、港口、道路的大量建设，对中国劳动力的需求都成倍、成十倍地增长。原先殖民者在非洲贩卖黑奴，奴隶贩卖中心的英国于1807年、1838年宣布废除奴隶贸易和奴隶制度。廉价的黑奴获得解放，美洲各殖民地的劳动力就显得紧张起来。于是殖民主义者用吃苦耐劳、工资低廉的华工取代黑奴。西方殖民主义者用招诱、掠夺、贩卖黄奴来创造财富。1848年、1851年美洲、澳洲先后发现金矿，南非、加勒比海各岛植物园迅速扩大，几十万中国青壮年农民被贩到那里作苦力。

清朝继明朝的海禁政策，一方面使中国人出国受到阻碍，另一方面又使到海外的中国人有家不能归。这样，便促使华人在海外定居。然而，鸦片战争迫使清王朝打开了中国的大门，海禁政策有了根本改变。通过1860年（咸丰十年）的《中英北京条约》（原称《中英续增条约》）、《中法北京条约》（原称《中法续增条约》），清政府被迫承认准许中国人赴英、法殖民地或其他外洋去打工。特别是1866年（同治五年）清政府又与英、法签订了招工章程条约，允许其在中国任意招

[①] 《马克思恩格斯全集》第39卷，人民出版社，1974，第297页。

募劳工。1868年（同治七年）的《中美续增条约》（又称《蒲安臣条约》），其条款明确规定两国人民有自由入境和长期居住的权利。这实际上使美国在中国掠取劳动力合法化，美国驻华公使一语道破："这是一个取得廉价劳动力的条约。"与此同时，清政府当政的洋务派一再极力鼓吹和提倡华工出国。其目的是，既可以达到"消除乱萌"，又可以从外国来华招工中抽取油水。

正是在上述的历史背景下，处在水深火热之中的苦难中国人背井离乡，出洋谋生。他们中的一部分是以自由身份出去的，但绝大部分是直接或变相地通过所谓"契约劳工"的方式，被出卖、胁迫、诱拐甚至被绑架到外洋去的。所以说，近代早期中国出国的主要成分是"契约华工"。这种情况从19世纪中叶开始一直延续到20世纪30年代，形成了华工出国高潮。此期间，有700万华工到了世界各地。他们作为廉价的劳动力，任人宰割，其命运是悲惨的，而贡献是巨大的。后面将辟专节论述。

20世纪20~40年代形成了近代中国人出国高潮

抗日战争胜利之后，国民党统治区域的广大人民受帝国主义、封建主义、官僚资本主义三座大山的压迫，民不聊生。在此情况下，沿海省份出国谋生人数达500万，其中受经济压迫出国的占了70%左右。经过对新加坡华人集中区进行调查，其中61%是因经济困难移民，16.7%是因政治混乱受迫害移民。又以泰国为例，1918~1955年可分三个阶段：第一个阶段是第一次世界大战后的经济发展阶段，约有50万华人入泰。第二个阶段是1922~1945年，正值世界经济危机和战争阶段，移民处于低潮。第三个阶段1946~1955年，是二次世界大战之后，约有17万华人入泰。以此可以类推东南亚。粗略统计这一时期的海外华侨、华人，大体上20世纪20年代末有700万~800万人左右，30年代末有800万~850万人左右，40年代末有1000余万人。其中95%分布在东南亚。

二 华侨、华人对所在地作出的贡献

1. 在民族独立运动中的贡献

华侨、华人与所在国、所在地的人民一样，都遭受殖民主义和帝国主义当局的欺凌、压迫。他们和当地各族人民同命运、共患难，并肩作战，多次进行英勇反抗，为当地的民族独立运动作出了重要贡献。下面，讲述菲律宾和印度尼西亚的华侨、华人在抗击西班牙殖民者和荷兰殖民者斗争中的有关情况。

1593~1762年，华侨、华人在菲律宾先后举行多次起义，反抗西班牙殖民统治者强加于他们身上的压迫、剥削。到了19、20世纪，华侨、华人不断支持菲律宾的独立运动。值得一提的是出身于福建南安的贫苦农民刘亨赙（1872~1926年），又名侯宝华、侯亚保、侯赙、侯夏鲍、侯鲍等，西文姓名为何塞·伊格纳西奥·宝华。他在1890年（光绪十六年）赴菲律宾谋生，在实际生活中，了解和同情当地的卡提普南革命组织的自由思想，于1896年加入菲律宾的革命军，1898年被提升为准将，并于第二年任革命军南线司令官。革命虽失败了，但他在与美国占领军（1898年美西战争，西班牙失败，将菲律宾割让给美国）战斗中的英勇善战，给菲律宾人民和华侨、华人留下了深刻的印象。故而1988年在他诞辰116周年时，由菲律宾华裔青年联合会发起，得到菲律宾各界人士的响应和支持，共获捐款43万余比索，建立第一座刘亨赙纪念碑（半身像）设于甲米地省卡维特市艾米利奥·阿奎纳多纪念馆内，并在1989年6月12日菲律宾独立节时举行揭幕仪式。第二座刘亨赙纪念碑（高9尺全身塑像）设于甲米地省西朗，亦于同日揭幕。可见这位华侨的可歌事迹在菲律宾的深远影响。

以下介绍1740年印度尼西亚的红溪事件，又称红溪惨案。

这是1740年荷兰殖民者屠杀巴达维亚（今印度尼西亚雅加达）华

侨、华人的事件。18世纪初，荷兰东印度公司因英国殖民者打破其海上贸易垄断权，且公司内部经营管理不善，贪污盗窃盛行，导致财政亏空，负债累累，加之印尼人民又不断反抗斗争，公司惧怕印尼人民与华侨、华人联合起来反抗其殖民统治，遂限制中国移民入境，并对华侨实施课以重税、排斥华侨经济、逮捕和驱赶华侨出境等排华政策，甚至将大批华侨强迫遣送到锡兰（斯里兰卡）等荷兰殖民地的种植园充当苦力。实际上，他们多数在途中即被杀害或被投入海中。其中的幸存者秘密逃回巴达维亚，向华侨、华人揭露了真相。华侨、华人为求生存，决定起来反抗荷兰殖民主义者。1740年9月，巴达维亚华侨在城外坎塔里亚附近糖厂，聚集了5000余人，公推黄班为其领袖，开展抗荷斗争。10月初，华侨起义者向巴城发动多次进攻，与荷军激烈交战。与此同时，荷兰殖民者下令禁止城内华侨外出，以免其成为起义者的内应。从10月9日晚开始，荷兰官兵及公司职员在城区烧、杀、掳、掠三天，焚毁华侨商店及房屋600余家。华侨起义者虽极力反抗，终因组织涣散，装备及兵力不足，战死1700余人。黄班最后率领残余兵力逃到中爪哇，与爪哇岛人民的两股起义军汇合，共同反抗荷兰殖民统治。起义军围攻三宝垄和泗水，占领贾帕拉、朱沃诺、淡目、南旺等城市，击杀荷兰殖民者。在起义高潮时，马塔兰素丹巴库·布沃诺二世（1725～1749年在位）一度支持起义军。1741年7月10日，起义军袭击马塔兰首都卡达梭拉，击毙荷兰驻军司令和军官，解除了荷兰驻军武装。但到了1743年，巴库·布沃诺二世与荷兰东印度公司签订合约，共同镇压起义军。起义军另立拉登·玛斯·卡连迪为国王，号称苏苏南·库宁，并攻占卡达梭拉，驱逐了巴库·布沃诺二世。但华侨和爪哇人民间的联盟未能维持长久，矛盾很快暴露。荷军在马都拉亲王协助下，力挫起义军，苏苏南·库宁在泗水向荷兰投降，起义以失败告终。尽管起义失败了，但它显示出华侨、华人与爪哇人民联合起来反抗殖民者的强大威力，更不能否认在反抗斗争建立的战斗友谊。无疑，这对唤醒当地人民的民族意识和政治觉醒、促进民族民主运动的发展，起了一定作用。

2. 对所在地经济文化发展的贡献

本章开始已经指出，遍布世界各地的华侨、华人，80%集中在东南亚。故在讲述华侨对当地经济、文化上的贡献，仍以剖析东南亚的情况为主。这方面的研究，中外学者已作了许多探讨，并收集和整理了相关的资料，还提出了一些值得重视的结论。下面分别以经济、文化来讲述。

经济

在讲述华侨对所在地经济发展上的贡献前，必须强调下列观点。

在西方殖民主义东来前，华侨已在东南亚等地进行经济开发和商业贸易活动，靠自己勤劳的双手在当地生根与发展。

在西方殖民主义东来后，华侨作为廉价劳动力来到了东南亚、美洲和世界其他各地。他们靠出卖劳动力为生，属于社会的生产阶级，是创造价值和剩余价值的劳动人民。他们为侨居地创造了巨大的物质财富，为开发东南亚、美洲和世界其他地区作出过不朽的贡献。

除作为廉价劳动力外，东南亚的华侨长期以来从事商业经营活动，而商业经营的主体是小商贩。可以说，东南亚的华侨商业，以小商贩著称。其人数多、分布广、影响大，是任何别的经济行业不可与之匹敌的，在近代东南亚的经济发展上起到了不可抹杀的作用。

以上述观点为前提，对东南亚华侨小商贩的经济活动作重点讲述。有关这方面的论著在海内外都见有铺路之作，如林金枝《东南亚近代华侨小商贩的经济活动及其作用》一文[①]、吴春熙《华人在东南亚经济发展中的作用》[②] 一书，立论坚实，在此扼要引介。

华侨小商贩在东南亚各个国家华侨人口中所占的比重是相当大的，而且随着时代发展不断增加。以华侨到达历史最久、人数最多的印度尼

[①] 载《南洋问题研究》1990年第3期。
[②] 〔美〕吴春熙：《华人在东南亚经济发展中的作用》，美国斯坦福大学胡佛研究所出版社，1980。

西亚而论，大体在14、15世纪间，华侨小商贩已在该国沿海城市活动，但为数不多。到17世纪二三十年代，平均每年有10艘中国商船开往巴达维亚。船上中国人的身份大都是小商贩，他们总是跟着一位大商"浮海贸易"而来。据1625年2月24日《吧城（即雅加达——著者注）日志》发表的报告，由中国泉州开来一艘商船，其内共载480人，除40名商人和80名船员水手外，"随货同来的360人，都是肩挑中国瓷器到处叫卖的小商贩"。由此可见一斑。据估计，到18世纪中叶，巴达维亚华侨从事商业者约占华侨总人数的22%~26%。19世纪中叶后，荷兰殖民当局在印尼推行自由经济和门户开放政策，使西方资本大量涌入，商品市场随之扩大，从而促进了华侨小商贩人数的增长。根据1893年的统计，华侨的商业人口为38890人，占其就业总人口的20.8%。其中小商贩为25.927%，从事商业人数的66.7%，也就是说小商贩的人数占商业人数的2/3。再从《1930年人口调查》的资料来看，1930年在爪哇和马都拉的182884名华侨从业者中，从事商业者有105445人，占华侨从业人口的57.66%，而在其中经营杂货零售者及小商贩就有49397人，占华侨商业人口的46.82%。如若再加上从事食品、烟、酒、布匹、陶瓷、服装、竹制品的华侨小商贩或小本经营者，其比重则远远超过上述。从以上提供的数据，不难总结出，经过几个世纪的衍生，在印度尼西亚的华侨绝大部分从事商业活动，而其中又以小商贩和经营零售业者为大多数。

在菲律宾，华侨小商贩所占人口的比重也不小。当时，马尼拉的八连市场（"涧内"）是华侨零售商业和手工业中心。1797年马拉尼涧内有华侨3000人，1828年菲律宾全境华侨有5703人，之中有5279人居住在马尼拉和东杜，他们绝大部分是小商贩和手工业者。按照1828西班牙殖民政府的法令，将华侨分为商人、普通商人和小商人三级纳税，税金分别为120比索、48比索和24比索。到了1830年，又将华侨分为四级纳税。在这项税收实施时，只有7名华人属于一级纳税人，166人属于二级，836人属于三级，属于第四级的有4509人。可见属于第四级的小商贩及工匠最多,占了93.56%。到第二次世界大战前的1938年,华侨占菲律宾28个省(不包括马尼拉)全部零售商人的43%以上。其时,菲律宾人占30%,美国人占9%,日本和西班牙人占7%。

这里,再介绍暹罗的有关情况。19世纪的曼谷被称为"东方的威尼斯",它是一个水上城市,当时集中在这里的华人小商贩是很多的,大部分零售贸易都是在水上进行的。《曼谷纪事》中有生动的描写:"当时曼谷销售进口货是在三聘街和湄南河。一到达曼谷,大部分中国商船就变成了零售商店,船舱两房设起临时货摊,中国商品陈列得引人入胜。从二月份到六月份(十九世纪二十年代)大约有70艘左右帆船停泊在河里……都挤满乘小船来买卖的顾客。"因此,有人断言,当时曼谷的"零售业是中国人垄断的一种行业"。到了19世纪末20世纪初,水上商店在曼谷大规模的公路修建中结束。中国商人迁到新街道两旁一排排双层商店中从事零售业的经营。有一位英国领事在《有关暹罗贸易的外交领事常年报告》中提到:"暹罗的整个商业都在中国人手中,现在很难找到一个暹罗人或暹罗店主。"这足以说明华侨零售业在当时曼谷占有的重要地位。

还有新加坡,华侨的小商贩也相当多。19世纪80年代受清政府派遣出使美国、西班牙、秘鲁等国的蔡钧,归国后所写的《出洋琐记》中提到新加坡时说:"所有华人,约十万,闽人居七,粤人居三。""游览各处,所见贸易于市廛,负贩于道路者,皆中土人。"

综上所述,华侨小商贩经营在近代东南亚各国的商业经济中是一股不可忽视的力量。

活跃于东南亚各国城市和乡村的华侨小商贩,其经营类型、活动领域或贸易方式是有所不同的,大体分流动小贩、固定摊贩、小商几种。

流动小贩 这是小商贩中一种最低级的经营形式,是小本经营者。他们肩挑货郎担或推着手推车装载、百货、蔬菜等日常生活用品,走街串巷叫卖,或深入农村收购土特产。有多种多样的经营形式,有专门从事叫卖的,也有专门收购土特产的,还有售卖和收购一并进行的。他们做买卖无固定地点，哪儿有生意就在哪儿。小贩们长途跋涉，走进大街小巷和广大乡村，方便了城乡居民，向为人们所称道。

固定摊贩　这是华侨小商贩小本经营的另一种形式。这种摊贩大多设在政府当局指定的集市地点，与各族小商贩混杂在一起，设摊经营，摊位和营业时间都是固定的。在明朝人张燮于1617年（万历四十五年）成书的《东西洋考》卷三的下港加留吧（下港即今印度尼西亚西北岸的万丹，或泛指爪哇岛西北岸一带，加留吧即今雅加达市，又泛指爪哇等岛）条中，明确记载了有关摊贩的情况。

交　易

华船将到，有酋来问船主。送桔一笼，小雨伞二柄。酋驰信报王。比到港，用果币进。王立华人四人为财副，番财富二人，各书记。华人谙夷语者为通事、船各一人。

其贸易，王置二涧城外，设立铺舍。……凌晨，各上涧贸易，至午而罢。王日征其税。又有红毛番来下港者，起土库，在大涧东，佛郎机起土库在大涧西。……

下港为四通八达之衢，我州到时，各州府未到，商人但将本货兑换银钱、铅钱。迨他国货到，然后以银铅钱转买货物。华船开驾有早晚者，以延待他国故也。

从上所记，可知当时爪哇岛上的万丹当局在城外面海的地方为外国人开设市场街，中国人是参与贸易的经营者。

至于菲律宾的马尼拉，华侨摊贩更是遍地开花。八连（八联、巴利昂）是马尼拉早期华侨的一个最大市场，从1582年建立，到1784年西班牙占领时撤销为止，存在202年之久，实际上1860年才完全废止。其间，经火灾、西班牙殖民者的屠杀以及战火而重建达十余次之多，地址也五度迁移。即使如此，八连市场始终有华侨摊贩在那里经营。"华侨经营者，随处可见。有负贩者，有设摊摆卖者，亦有种植蔬菜、葱、

第九讲　华侨、华人在中国亚非关系中的地位和作用

蒜、姜芥之属者。……如油、糖、米酱、酱、盐等杂货，也莫不是华侨经营。"直到太平洋战争的前夕，华侨设摊做生意的情况依然存在。1940年7月8日全马尼拉市摊商联合会的调查报告中指出，在马尼拉市十大公共菜市中，华侨摊商854家，占摊位2765座。至于经营的种类，几乎包括了一切生活必需品，计有屠摊、鲜货、杂货、蛋、蔬菜、蒜类、果子、干鱼、国胜鱼、干味、面、豆腐、糖果、咸菜、班罗查糖、米、点心、咖啡、冻肉，等等。小摊贩们经营的货物虽规模小、资本有限，但他们总是起早摸黑，方便了当地的居民，并且直接影响到市民的每日生活，故而关系重大，意义深远。

小商　小商即坐商性质的小零售商，即中国所称的杂货店、小商店或夫妻店。东南亚华侨经营的小商店遍及城乡，形成了巨大的销售网络。它的特色如下：通常以一个铺面或店面作商品买卖；所经营货物都是与日常生活有关的必需品，花色品种较多；多为夫妻店、父子店或家庭店，绝大多数不雇用店员或工人；营业时间长，甚至昼夜不分，有求必应；收购结合，尤其在穷乡僻壤，不仅销售日用小商品，并兼带收购当地土特产品；都是从流动小贩、固定摊贩或店员起家，积累了一点金钱和经验，才扩大开设小商店的，其中不乏经营成功者，上升为商人或批发商。反之则又重做小贩或店员。这种遍及东南亚各国城乡的华侨小商店是当地经济生活中的一个重要组成部分。在19世纪90年代荷兰殖民者统治下的印度尼西亚，华侨有20多万人，而华侨小商贩就有25927人，可见比重之大。又如据1912年菲律宾税务局统计的资料，当年菲律宾人经营的零售商店（绝大部分是菜仔店）占商店总数的87.13%，而其营业额只占54.91%。这一年，华侨零售商店只占总数的10.87%，营业额却占59.52%。这足以说明华侨经营的小商店在异国他乡站住了脚，并取得成功，成了所在地经济生活中的重要组成部分。

下面谈谈小商贩的经济地位及其作用。

流动小贩和固定摊贩是小商贩的底层，大都是因失去土地或刚出国的华侨，或者是城镇贫民窟的失业者。他们的资金少、营业额小，靠

自己的劳动经营，收入微薄，一般仅能维持自己或一家人的生活。小商的地位较小贩高。他们是从流动小贩、固定摊贩开始，经过一段时间的资本积累过程上升起来的；也有从店员、工人或其他行业转过来的。他们资金较多、营业额也较大，有时也有少量雇工，还有为数不多的后来转化为商业资本家。若从华侨小商贩整个历史发展过程来看，小商贩的经济地位是脆弱的，社会地位是低下的。他们属于小私有经济，经济地位很不稳定，难以承受个人生活的变化，还受到社会上大商人的制约。竞争激烈导致产生分化，有的生存下去，有的则破产，或从小贩、小商上升为包卖主、商人资本家、产业资本家的这种情况，在东南亚各国的华侨中随处可见。这当是另一个研究课题。

在近代东南亚社会经济发展的各个历史时期，作为商业劳动者的华侨小商贩起了积极有益的作用。

首先应该指出的是华侨小商贩赢得了东南亚人民的信任和欢迎。他们做生意满足了城乡人民的需要，为买卖双方提供了便利。陈序经在《南洋与中国》一书中对华侨小商贩有具体的描写："华侨小商贩不只满布于穷乡陋邑，就是深山丛林中，也有他们的踪迹，所谓山货客多为一般华侨。他们背一个包袱，提起一根扁担，跑到那些地方去，收买兽皮及各种山货而转卖于附近市镇的商店，然后再运去通都大邑。同时不止小市镇中的商店往往是华侨开设，就是通都大邑中的商店之转卖这些货物于洋商的，也多由华侨所设立。其实很多地方，无论是西洋人也好，土人也好，假使他们不与华侨发生关系，生意是做不出的。"著名印度尼西亚的华侨领袖洪渊源在其《自传》中也提到，由于"华侨小商经营有年，积累了丰富经验，他们常常帮助顾客，尤其是帮助穷人，甚至连荷兰人也常说中国人的小店对于乡村是非常有用的，而且也只有中国人能管理乡村小店，满足村人的需要"。

其次要提到的是华侨小商贩与当地人民建立了亲密无间的关系。就是这些挑担、推车或沿街叫卖的华侨小商贩，构成了各地城市或乡村居民的日用商品流动和销售网点。小商贩的经营行为，供给城乡人民生活必需品，收购农村的土特产，使群众感到十分方便。从而，当地人称华侨为兄弟姐妹（Sudara），双方建立了感情，遇有红白喜事，总要请客送礼，相互问候。正如法国人查理·伯特在1907年所著《爪哇及其居民》一书中所写："除了中国人，谁肯与土人混杂，说土人的语言，过土人的生活，取得土人的信赖？"吃苦耐劳的东南亚华侨小商贩经商的目的主观上是为了赚钱和谋生，客观上却为中国与东南亚各国人民的友好关系史写下了不可磨灭的一页。

再则，小商贩的经营活动促进了当地社会生产力的发展。西方殖民者到东南亚之前，华侨小商贩已与当地小商贩一起在封建统治的社会里从事经营活动。后来，由于外国资本的相继入侵，西方商品涌入，当地自然经济遭到破坏，促使商品经济的发展。华侨小商贩担当起了促进商品经济的扩大和发展的作用。由于华侨小商贩深入内地，从而使当地居民"与世界商业直接接触"。如印度尼西亚的胡椒，越南、泰国的稻谷，菲律宾的烟草等货物，都是通过华侨小商贩深入穷乡僻壤点点滴滴地从农民手中收购起来，然后转售二盘商、土产商，以供出口。与此同时，外国的工业品，如纺织品、肥皂等也是通过华侨小商贩销售给当地居民和农民的。如此，把东南亚地区的经济和正在形成的资本主义市场沟通起来。可以概言之，东南亚各地的华侨小商贩，在长期的经营岁月中，不仅为当地人民的生活需要提供了便利，更重要的，对促进当地自然经济的瓦解、国内市场的形成沟通世界资本主义市场及促进商业资本的积累等方面，起着积极有益的作用。

文化

华侨、华人把中华文化带到侨居地。侨居地人民有目共睹的是，中国的帆船不仅带来了货物，随之而来的还有许多中国商人、工人、手工业者等。他们在所在国定居下来后，也带来了中国的技术和古老文化。直到现在，一些华侨聚居的社区，还保留着中国文化的精华。与此同时，中国古老的文化技术也促进了侨居地经济文化的发展、繁荣。如中国的文字、语言、古代典籍（文学、哲学）、建筑、饮食、耕作技术，特别是中国文化的精神，或多或少地影响了当地民族文化的形成与发展。这里，我们当从交流、融合与创新的视角，特别是创新上来评介华侨、华人对侨居地文化发展的作用与贡献。

先谈中华—马来语，因为它对统一的印度尼西亚语的形成起了重要作用。它体现了中国与印度尼西亚在语言方面的交流，而交流的主角是中国移民及其后裔土生华人。"中华—马来语"就是华人讲的马来语，有人称它为"低级马来语""巴刹马来语""巴达维亚马来语"。大约19世纪中期在巴达维亚逐渐形成，主要是土生华人使用它，但在实际生活中已成为当地所有居民的交际混合通用语。它的基本语法属马来语，吸收了大量中国闽南方言的汉语借词。1945年印度尼西亚脱离殖民统治独立后，便形成了统一的印度尼西亚语，中华—马来语也被混合了进去。此前，马来语有高级、低级之分，有中华—马来语（巴达维亚马来语）、廖内马来语、巴东马来语、棉兰马来语、东爪哇马来语等之分。由此可知，中华—马来语事实上是马来语或印度尼西亚语的一个分支。有关印度尼西亚语中的大量汉语借词，北京大学前华侨华人研究中心主任周南京教授作过较深入的研讨[1]，这里仅举例明之。

  饮食类：Kue cang（粽子），tahu（豆腐），kecap（酱油），tangkue（冬瓜），taoco（豆酱、黄酱）等。

  农作物（蔬菜、水果）类：pecai（白菜），kucai（韭菜），lengkeng（龙眼），laici、leci（荔枝）等。

  医药类：ginsēng（人参）、jicing（鸦片烟精）、jintan（仁丹）、bongmeh（摸脉）、sinse singsē〔（中医）先生〕等。

  日用品类：topo（桌布、抹布），bak（墨），mopit（毛笔），pungki（簸箕），kemoceng kemucing（鸡毛掸子）等。

  服饰类：tekua（短褂）、congsam〔（女人穿的）长衫，旗袍——客家方言；闽南方言应为 tengsa〕等。

---

[1] 周一良主编《中外文化交流史·历史上中国和印度尼西亚的文化交流》，河南人民出版社，1987，第199~204页。

第九讲 华侨、华人在中国亚非关系中的地位和作用

商业类：cengkau cíngkau（捐客、经纪），dacin（g）（大秤），tekte（贴底、贴金、押租），swipoa sipoa（算盘），toke tauke（头家、老板），jose（h）（绸缎、丝绸）等。

游戏、赌博、娱乐类：cengki（赌徒的运气），congki（象棋），mahyong（麻将），cengge（高跷、化装游行），barongsai（舞弄狮）等。

航运类：tiekong taikong（舵公、船长），Jung（艋）等。

节日类：imlek（阴历），sincia（新正、新年、春节），capgome（十五夜、元宵节），pecun（爬船、龙舟比赛、端午节），cengkeng cingbing（清明节）等。

宗教迷信类：posat（菩萨），huisio（和尚），kelenteng klenteng kelenting（吉陵殿、观音厅、寺庙），samkao（三教，即佛教、儒教和道教），tehyan konanyan（中国胡琴），bio（庙）、kwiam Im（观音）等。

社交、称呼类：nyonya（娘囝、夫人、太太），kiaopao kiaupau（侨胞），taijin（大人、法官、掌管华侨事务的官员，如华甲必丹等），soja sojah cinjia（作揖、拱手），singkek（新客、刚从中国来或在中国出生的华侨），angpan（红包、压岁钱）等。

建筑、场所类：langkan（栏干），anglong amglung（厢房、凉亭、廊），kongkoan（公馆）等。

其他：kuntao kuntau（拳头、转拳术、武术），opau（荷包、腰包），tongsan（唐山即中国）等。

从以上的举例，可以归纳出这些汉语借词大部分是生活用语和商业用语。由此可以了解到华侨在印度尼西亚的日常生活情况、经商情况。从而也可以看到华侨源于生活、高于生活的创新智慧，无可否认，汉语借词丰富了印度尼西亚的语汇。

至于中国传统医药在马来西亚的影响，由来已久。在第五讲汉文化

与域外文化的交光互影中已作了介绍。但伴随着近代华人移民的涌入，中国传统的医疗技术也日益深入马来西亚民间，并受到当地人民的信赖。有些西医未能治愈的疾病，或者由于不适应西医疗法的副作用，或者畏惧开刀动手术的病人，大多转求中医治疗，得其疗效，影响日益扩大。

由于中医药深入华侨及马来西亚各族人民之心，几个世纪以来中国的传统医药得以延绵持续发展。到20世纪上半叶，在马来西亚各州出现了中医药团体，有雪兰莪杏林别墅、霹雳药材行、麻坡中医药研究所、槟城中医联合会、居銮中药公会等。而到1945年第二次世界大战结束后又有了发展，雪华药业公会、霹雳中医师公会、中马中医师公会等先后成立。与此同时还开办了马华医药学院、槟城中医学院、霹雳中医学院、沙捞越中医学院、柔佛州中医学院、霹雳针灸学院、诗巫中医学院。这些有关中医学教育机构的建立[①]，对中国传统医药的保存、继承和发展，起到了重要的作用，其中华侨、华人的主导是不容抹杀的。

华侨引进各种生产技术，在菲律宾的历史上也是可以大书特书的。[②]一些务农的华侨将中国的白菜、莴苣、菠菜、大豆、芋头等蔬菜，以及橙、柚、枇杷、李子、荔枝、橄榄、柿子、石榴、水蜜桃、皂角、山核桃、杏、龙眼、花生等果木的种植和栽培技术带入菲律宾，颇有成就。另外，华侨还向菲律宾农民介绍了使用水牛、黄牛、马、中国犁耙、粪肥或其他有机肥料、水车、水磨，以及种植水稻、甘蔗的方法。这些，对侨居地产生了深远的影响，至今在菲律宾的农业生产中仍见其遗迹。

手工业生产技术也是华侨引进的。他们向菲律宾人民传授了用榨糖机制蔗糖、酿酒、造纸、制造火药、用青铜制造大炮、炼铁、冶金、

---

① 饶师泉：《中国传统医药在大马的绵延与持续》，载马来西亚《星洲日报》1984年4月7日，转引自周南京《回顾中国与马来西亚文莱文化交流的历史》注（50），见周一良主编《中外文化交流史》，河南人民出版社，1987，第420页。
② 有关华侨将各种生产技术引进菲律宾的情况，主要依据周南京《中国和菲律宾文化交流的历史》一文，见周一良主编《中外文化交流史》，河南人民出版社，1987，第439~473页。

制造木器、雕刻、烧制砖瓦、用牡蛎壳烧制石灰、纺织、制鞋、制造蜡烛、裁剪衣服、制造银器等技术。这些手工业生产技术牵动着菲律宾社会生活的方方面面，正如一位 1595～1596 年任西班牙驻菲律宾的代理总督所言："诚然，这个殖民地要是没有华人就无法生存，因为他们都是精通各行各业的优秀工匠，并且勤劳而工资低廉。"这当是对华侨为侨居地所起作用的最客观、最公允的评价了。

以上是从"史"的角度总结华侨对所在国经济、文化上的作用和贡献。随着华侨向华人转化，华人日益成为当地不可忽视的一支力量。华人经济成为当地民族经济不可分割的一部分，促进了当地经济的发展，华人文化也成为所在国文化的一部分。面对当今世界的国际化和区域化双重导向，海外华人社会也处于急剧深刻的变化中，遂有"五缘"文化的提出。"五缘"即亲、地、神、业、物。亲缘，有血亲、婚亲之别，中国长期是父系社会，以此扩而展之，以姓氏为标志组织起同父共祖人群。地缘，就是邻里乡党关系。神缘，以共同的宗教信仰和共奉神祇的人群。业缘，以同业和同学组织的人群。物缘，以物为媒介而组成，如因名优产品而发生关系结合起来的人群。"五缘"的凝聚力已成为海外华人社会的坚实基础，所产生的经济驱动力将不可低估，特别是对亚洲，尤其是东南亚。这是从文化和经济互动的角度对海外华人社会的未来所作的探讨，值得重视。

三 华工与中国亚非关系

1. 契约华工

研究近代中国与亚非的关系，不能不知道"契约华工"。"契约华工"不仅是华侨史的一个组成部分，还是世界近现代史的一个组成部分，更是中国亚非关系史的一个重要组成部分。研究"契约华工"，对揭露西方殖民者贩卖人口的罪恶勾当与非洲奴隶制翻版下骇人听闻的血腥压迫和剥削，正确阐述"契约华工"在历史上的地位，及其对世界各国的繁荣和进步所作的贡献，有着重要的历史意义和现实意义。有关这方面的著述，可阅读吴凤斌的《契约华工史》一书。[①] 该书较全面地阐述了"契约华工"的兴起，分布在亚洲、美洲、非洲、澳洲、欧洲各地的状况，以及他们对世界各地经济发展的贡献。这是一本入门之作，可在此基础上结合各有关国家的资料、档案作进一步的探索、研究。

有关"契约华工"的形成原因，上面已有交代，在此从略。"契约华工"，顾名思义是指破产失业的国内人民，"应募"到海外做工，与外国资本家或华人工头订立契约，写明应募地点、工作性质、年限、工资数额及预付工资，等等。按照契约法的规定：每一契约之构成必须要有"要约"与"承诺"两要素。而欠资华工与雇主形成的契约关系，已经构成订约与承诺两个基本要素，已具备"契约华工"的基本特点。"契约华工"的另一种形式为赊单工，又叫"赊欠单工"。实际上他们是背了赊欠旅费，即船费、伙食、住宿费等债务而外出谋生的。无论是"契约华工"还是"赊欠单工"，他们在履行合同期间，是无人身自由的。而"契约"本身不过是一纸骗局，招募者从未履行。对华工来说，契约就是卖身契，使他们沦为"会说话的工具"。"契约华工"又被称为"苦力"或"猪仔"，"猪仔"是对"契约华工"的侮辱性称呼。在外交文件和档案上称之为"苦力"，即指被拐卖出洋从事繁重体力劳动的华工。随着"契约华工"而来的，是在我国沿海省份出现了专门以贩运华工谋取暴利的"苦力贸易"。

溯流从源，"契约华工"制是西方殖民者掠夺中国廉价劳动力，进行资本原始积累，榨取高额利润的产物。首先在荷属南洋群岛兴起，后来在英属马来亚地区得到发展，并扩展到美洲、澳洲、非洲和太平洋等地区。"契约华工"以到东南亚的人数最多、最集中。1686年11艘来自福建的中国商船开到巴达维亚，船上载800名劳动者，这种新来的劳

---

① 吴凤斌：《华侨史丛书·契约华工史》，江西人民出版社，1988。

动者称为"新客",荷兰殖民者称之为"特种入口货"(实际为契约束缚下的债奴),他们主要为蔗糖业的雇工。18世纪中叶,到东南亚各地的"新客"华工,每年平均约有1万~1.2万人。1772年已有1万名中国劳工在婆罗洲从事体力劳动。1805年"新客"华工已占荷属南洋群岛人口总数的一半。另外,英国殖民者在槟榔屿和新加坡的商务中也招雇"新客",所谓活商品。在中国是通过东印度公司直接招雇,在国外以中国人作为代理人回国招雇。从1906年(光绪三十二年)清朝驻新加坡的总领事给外务部的报告中可以了解到,每年从香港、厦门、汕头、海口等地到达新加坡的华人10余万人,其中70%是"猪仔"。而当时,海峡殖民地(英国在马六甲海峡沿岸殖民地的总称,包括新加坡、槟榔屿、马六甲和附近小岛)已经成了贩卖"猪仔"的最大中心。从1881年(光绪七年)到1930年,到达海峡殖民地的华人共有830万,其中"契约华工"近600万名。此外,从1906年(光绪三十二年)到1910年(宣统二年),从山东、河北、东北等地到沙俄远东的"契约华工"有55万多人。1910年在中亚土耳克斯坦地区的华工和中国商贩总数有10万余人。亚洲的情况大体如此。至于非洲,从1904年(光绪三十年)到1910年,到南非开金矿的就有7万多华人。

"契约华工"属于强制移民,与一般自由移民决然不同。他们是任人宰割的廉价劳动力,其足迹遍及天涯海角。在东南亚的邦加、勿里洞开锡矿、在苏门答腊种烟草、在马来西亚种橡胶、在加里曼丹开田辟荒、在俄国开采阿穆尔金矿、修筑海参崴港口、兴建西伯利亚铁路。在美洲各地,则在古巴种甘蔗、在秘鲁挖鸟粪、在巴拿马开运河、在巴西种菜、在墨西哥种植棉花,参与美国、加拿大的修铁路、淘金沙、开矿、伐木等,甚至太平洋上的塔希提岛、西萨摩亚、斐济、瑙鲁、夏威夷各岛,都有华工在劳动。与此同时,非洲的马达加斯加、南非、毛里求斯等地,都有大量的华工从事各种繁重的劳动。他们的命运是悲惨的。就以英属马来西亚为例,这是"契约华工"比较集中的地方。从1910年(宣统二年)至1920年的10年中,华工的死亡率每年平均为

20%，比当地居民的死亡率要高7倍，比当地欧洲人的死亡率要高23～30倍。到了20世纪二三十年代，在邦加、勿里洞挖锡矿的华工仍然大量死亡。

"契约华工"以自己勤劳的双手和汗水，甚至血和泪开发了当地经济，促进了当地生产力的发展，为西方资本主义的繁荣和发展以及世界经济的发展作出了重要贡献，受到了中外人士的高度评价。如日人福田省三在《荷属东印度的华侨》书中写道："这两个岛（指勿里洞、邦加——著者注）的锡生产，即使说完全靠中国工人来生产也不会过分。"① 马来亚的经济是在开采锡矿的带动下发展起来的，正是华人的双手、双肩奠定了锡矿开采的基础。英属马来亚的总督瑞天咸在1929年指出："从开始到现在，开采锡矿的全是中国人。经他们的努力，全世界用锡的一大半是马来亚供给的。是中国人的精神和事业心造成今日的马来亚……他们是开矿的先锋，他们深入蛮荒，开辟丛林，冒尽一切危险取得巨大成功。他们的生命常遭牺牲……当劳动力极感缺乏时，他们把数以万计的华工引来开发穷荒僻壤。政府收入的十分之九是由他们的劳作、消费和娱乐以租税形式征来的……在马来亚联邦的进步发展中，华工及其业绩产生了多么巨大的决定性作用。"② 可见，不论是东方人还是西方人，"契约华工"的贡献是有目共睹的，这将彪炳千古。

2. 近代华工在南非

在近代中国与非洲的关系中，最突出的一页是华工在南非。这里的华工仍指"契约华工"，这里以德兰士瓦金矿为对象来阐述南非华工的情况。在阐述前，先提供"非洲契约华工人数统计表"（1700～1910年）。③

---

① 引自吴凤斌《契约华工史》，江西人民出版社，1988，第466页。
② 引自吴凤斌《契约华工史》，江西人民出版社，1988，第469页。
③ 引自李安山《非洲华侨华人史》，中国华侨出版社，2000，第124页。

表 9-1　非洲契约华工人数统计表（1700~1910 年）

时期	地区	估计人数	合计
1700~1800 年	毛里求斯	5000	6000
	南非、马达加斯加、留尼汪等地	1000	
1801~1850 年	毛里求斯	12000	17000
	圣赫勒拿岛	500	
	留尼汪	3500	
	其他地区（北非、大西洋诸岛屿及南非）	1000	
1851~1900 年	坦噶尼喀	4500	36500
	马达加斯加	5000	
	留尼汪	12500	
	法属西非	5000	
	英属西非	500	
	刚果自由国	1000	
	圣多美普林西比	1500	
	费尔南多波	500	
	南非	1000	
	其他地区	5000	
1901~1910 年	南非	70000	82500
	罗得西亚	500	
	莫桑比克	500	
	马达加斯加	2500	
	留尼汪	2500	
	法属北非	1000	
	刚果自由国（1908 年后称比属刚果）	2000	
	德属东非	2500	
	其他地区	1000	
总计			142000

表 9-1 是李安山教授在海内外广泛调查研究、收集资料的基础上，精心制作而成。"契约华工"的出国时间所到的非洲地区以及粗略的人数统计，使我们一目了然。大体上被招募到非洲的劳工，在 1700~1800 年间，约有 6000 人；1800~1850 年间，有 17000 人；1851~1900 年间，有 36500 人；1901~1910 年间，约有 82000 人。1700~1910 年的 210 年间，共有 142000 名"契约华工"被英国、法国、德国、西班牙、葡萄牙等欧洲殖民宗主国运到南部非洲、东部非洲、西部非洲以及西印度洋

群岛等地。据表 9-1 统计的人数中，当以 1901～1910 年间的到南非的"契约华工"最多，为 7 万人。这是事出有因的。

继 19 世纪 60 年代南非发现金刚石矿后，70 年代又发现了金矿。1884 年，在德兰士瓦的威特沃特斯兰德发现了范围很大、蕴藏丰富的金矿脉，于 1886 年开采。英国殖民者通过 1899～1902 年的英布战争（又称布尔战争或南非战争，布尔人是荷兰在南非移民的后裔，19 世纪在南非建立了三个奴役黑人的国家——德兰士瓦共和国、奥兰治自由邦、纳塔尔共和国。1843 年英国吞并纳塔尔共和国，英布战争后吞并其他两个共和国，使其成为英属南非殖民地）独占了南非的金矿。然而，战争严重破坏了矿区的生产，战乱中大量矿工逃散，加之战后土人又撤至四方，以垦荒为主，如此情况使金矿劳工短缺。英国垄断资产阶级的代表德兰矿主为追逐最大利润，则以廉价的中国劳工来弥补其劳力缺乏，但遭到南非白人资产阶级的反对，他们怕华工逗留不去，与白人工商业者竞争。此事经过英国上层的角逐，反复争论，遂有经英国国会批准、于 1904 年颁布的《德兰士瓦劳工入口法令》。英国政府于 1904 年的 2 月 4 日将《德兰士瓦劳工入口法令》送给了清朝驻英公使张德彝。早在 1903 年（光绪二十九年）10 月 23 日，庆亲王奕劻就指令张德彝与英国议定招工章程。腐败的清政府把这种"人肉买卖"看成是"为贫民辟一生路"，想乘南非招工之际立一专约，"以资保护"。

1904 年（光绪三十年）5 月 13 日，清政府与英国在伦敦签订了《中英会订保工章程》十五款。这一《章程》使帝国主义掠夺中国劳动力的"苦力贸易"披上了合法外衣。在《章程》中虽有对"苦力"的保护条款，但殖民当局无意认真执行，而清政府也无力按约实行"保护"。清政府从"苦力贸易"中所得，其中 40%充保工局经费，60%为政府的收入。如果说在此之前的"苦力贸易"是非法的私掠"奴隶贸易"，之后就是官办的"奴隶贸易"了。据统计，1904～1906 年南非的德兰士瓦共招收华工 63811 名（1904 年 27904 名，1905 年 24879 名，1906 年 11010 名）。其中，从香港出口者有 1741 名，秦皇岛出口者 43258 名，烟

第九讲　华侨、华人在中国亚非关系中的地位和作用

台出口者14675名，天津出口者4137名。另外，在1903年3月至9月间，还有从广州、梧州、上海、烟台等地私运出口的华工，但人数不详。总其估计，拐往南非德兰士瓦的"华工至少在七万以上"①。

德兰士瓦对华工的统治既苛刻又残酷，华工们过着牛马般的生活。先提供一张"德兰士瓦金矿业雇员工资一览表（1901~1910年）"②。

表9-2　德兰士瓦金矿业雇员工资一览表（1901~1910年）

	雇员的平均数目				雇员的平均月薪				
	白人	土著	华人	合计	白人	土著		华人	
					s.	s.	d.*	s.	d.
1901~1902	4090	18887		22977	409	26	8		
1902~1903	10285	48653		58938	444	38	6		
1903~1904	12665	74139	1004	87808	491	48	10	33	6
1904~1905	15371	89846	22890	128107	485	50	0	39	9
1905~1906	18089	95599	47639	161327	505	51	11	41	6
1906~1907	17513	102420	53062	172955	515	52	3	44	3
1907~1908	17655	131931	36044	185630	469	49	1	47	3
1908~1909	19891	166845	12206	198942	465	46	4	55	2
1909~1910	23341	180283	2245	205869	456	48	7		

* s. 为先令，d. 为便士。

* 资料来源：Annual Report of the Transvaal Government Mining Engineering for 1909-1910, Table 2, 10, and 11.

L. M. Thompson, *The Unification of South Africa*, 1902-1910, London: Oxford University Press, 1960, p.498.

从表9-2中不难看出，到1908年华工的工资一直比土著的工人低。华工的生活必需品按规定必须在用围栅圈住的华工住宅区购买，但物价昂贵。有一位华工在通信中揭露说："围内之货物无论精粗美恶，其价之昂贵十倍于商店，以故一月所得一镑五先令之工资不能敷一月之用。华工之做满三年者仍是赤手空拳，不能不再充骡马之役；有至死而莫余一钱者。"③至于对华工的管理和控制可以说是非人性的。华工绝大部分在井下工作，金矿的矿井深浅不一，有一二百英尺者，有五六百英尺者，上下均

---

① 引自吴凤斌《契约华工史》，江西人民出版社，1988，第416页。
② 引自李安山《非洲华侨华人史》，中国华侨出版社，2000，第173页。
③ 周培之：《国民鉴戒录》，转引自李安山《非洲华侨华人史》，中国华侨出版社，2000，第174页。

用机器，若一失足则变为齑粉。如此恶劣的生产条件，使华工生命朝不保夕。在 1964～1910 年间，共有 3192 位华工死于德兰瓦士，之中的 986 人为工伤事故。① 据我国学者统计，1904 年 5 月 1 日至 1906 年 12 月 31 日，华工的死亡人数为 2485，永久失去劳动力残废的人数高达 3787。② 另外，处罚是控制华工的重要手段，各种私刑有鞭背、笞臀、驱赶、脚镣、铐手、黑房、乏食、吊腕、吊辫，等等。从图 9-1 中可知其一二。③

图 9-1　南非铁矿对契约华工的严刑和虐待

---

① 转引自李安山《非洲华侨华人史》，中国华侨出版社，第 174 页注（3）。
② 陈泽宪：《1914～1910 年英国为南非特兰士瓦金矿招雇华工史料辑存》，陈翰笙主编《华工出国史料汇编》第 9 辑《非洲华工》，中华书局，1984，第 252 页。
③ 引自李安山《非洲华侨华人史》，中国华侨出版社，2000，第 178 页。

第九讲　华侨、华人在中国亚非关系中的地位和作用

"契约华工"虽处在恶劣的生存环境和矿主的歧视、压迫、剥削之中，但他们没有屈服，而是团结起来，为自己的合法权益进行斗争。从消极反抗、积极反抗到暴力反抗，如暴动，对工头进行报复，对白人进行骚扰，等等。在不断反抗斗争的同时，英属南非当局使用华工恢复战后金矿生产已达到目的：德士兰瓦33家金矿公司从1903年的家家亏本，到1905年已家家盈利了，生产达到最高纪录，"华工在南非采矿业的最困难时期作出了贡献。"① 此时，南非"契约华工"问题已成为英国竞选中的大问题，停止使用"契约华工"的呼声得到英国工人运动和其他团体的支持，也成为自由党"竞选"的口号。1906年1月英国自由党上台后，即令停止招雇和使用"契约华工"。德兰士瓦遂于1906年12月6日公布新宪法，废止输入"契约华工"。无可否认，"契约华工"为南非的社会经济发展、为南非的历史写下了光辉的一页。

参考文献

周南京主编《世界华侨华人辞典》，北京大学出版社，1993。

徐斌编《华侨华人研究中文书目》，厦门大学出版社，2003。

郭梁：《东南亚华侨华人经济简史》，经济科学出版社，1998。

林金枝：《东南亚近代华侨小商贩的经济活动及其作用》，《南洋问题研究》1990年第3期。

黄昆章：《印度尼西亚革命与华侨》，《侨史学报》1986年第4期。

周南京：《菲律宾独立战争与中国人民》，《华侨历史学会通讯》1985年第2期。

齐玉川：《东南亚华人同化进程中的文化认同问题》，《新东方》1992年创刊号。

林其锬：《五缘文化与亚洲的未来》，《上海社会科学院学术季刊》1990年第2期。

艾周昌：《近代华工在南非》，《历史研究》1981年第6期。

吴凤斌：《契约华工史》，江西人民出版社，1988。

杨昭泉、孙玉梅：《朝鲜华侨史》，中国华侨出版公司，1991。

中国中日关系史研究会编《日本的中国移民》，三联书店，1987。

---

① 转引自吴凤斌《契约华工史》，江西人民出版社，1988，第428页。

张俞:《越南柬埔寨老挝华侨华人漫记》,香港社会科学出版社有限公司,2002。

〔泰〕洪林、黎道纲主编《泰国华侨华人研究》,香港社会科学出版社有限公司,2006。

周南京:《印度尼西亚华侨华人研究》,香港社会科学出版社有限公司,2006。

林家劲:《中婆关系与华侨》,《东南亚历史学刊》1983年第1期。

周南京:《菲律宾与菲华社会》,香港社会科学出版社有限公司,2007。

李安山:《非洲华侨华人史》,中国华侨出版社,2000。

第十讲

近代中国知识分子走向世界及其对亚非的认识与了解

一 近代中国"睁眼看世界"思想的形成

1. "睁眼看世界"的背景

鸦片战争使整个中国感到列强进逼的危机,扭转了中国人对世界漠不关心的态度,促使中国知识分子对世界的认识由被动转向主动探索。然而,当时的大清帝国从上到下都是闭塞的状态。

如1834年(道光十四年)鸦片战争爆发前夕,英国政府任命律劳卑(W. J. Napier)为驻华商务监督,同年9月他以要求同清政府直接发生贸易关系、不再通过商行为借口,率领两艘炮舰驶入珠江,进犯广州,轰击虎门炮台。此时,两广总督卢坤以三千水师和两万精兵防御,都未能将律劳卑赶出珠江口。这次事件,使清朝官兵初次见识到洋船炮火的厉害。卢坤上书道光皇帝(1821~1850年在位),如实报告洋船极大、炮火猛烈。但皇帝不相信,认为卢坤夸大敌情"无用至此"。当时没有照相机,卢坤也无法证明自己说的是真话。之后鸦片战争爆发,英国炮舰横行我国东南沿海,中方连吃败仗,英舰驶入长江,炮轰天津,北京危在旦夕。道光皇帝和朝廷的文武大臣这才吃了一惊。此时,方知卢坤所说,确为实情。而当鸦片战争爆发,明火执仗的侵略者打上门来,时为最高决策者的道光皇帝在深宫发问:"英吉利距内地水程,据称有七万余里,其至内地所经者几国?""究竟该国地方周围几许?所属国共若干,其最为强大不受该国统属者,共有若干?"皇上如此,各地的疆臣对敌情也是茫然不晓,而大多数地方官认为,只要断绝茶叶、大黄的贸易,即可制敌于死命,充斥于奏折的是"夷性叵测"之类的套话。再看一看时任直隶总督的琦善(约1790~1854)对林则徐(1785~1850)的诬陷。他斥责林则徐购求向不过问的"夷书",有失"天朝大吏"的体面,污蔑探求西方情况的人是"汉奸"。这些,就是晚清官僚愚昧、落后、昏聩的真实写照。

一般知识界的无知也十分惊人。有一个叫甦庵道人杨启的知识分子,在英军围困京口(今江苏镇江)时,他在城中度过数日。在其《出围城记》中写道:"嗟夷远在数万里外,自古不通中国,至我朝始来朝贡数次,乃提督、总兵官、侯、伯、子、男爵全袭我国,有官爵者亦中国语言,侵犯数郡,不拒土地,惟贪金帛,恐是奸商纠合洋匪,为赚货计。……恨不涉重洋,至嗟吉黎一探问之。"此陈腐之见如鲁迅所说,这千篇一律的儒者们,倘是四方的大地,那是很有知道的,但一到圆形的地球,却什么也不知道,于是和《四书》上并无记载的法兰西和英吉利打仗而失败了。士大夫的迂腐由来已久,16世纪末来华的耶稣会传教士、意大利人利玛窦(1552~1610年)在《中国札记》中提到,中国人"认为天是圆的,地是平而方的。他们深信他们的国家就在地的中央。他们不喜欢我们把中国推到东方一角上的地理概念……因为他们不知道地球的大小又夜郎自大,所以中国人认为所有各国中只有中国值得称羡,就国家的伟大,政治制度和学术名气而论,他们不仅把所有别的民族都看作是野蛮人,而且看成没有理性的动物"[①]。应

[①] 何济高等译《利玛窦中国札记》,中华书局,1983,第180、181页。

第十讲　近代中国知识分子走向世界及其对亚非的认识与了解

该说，鲁迅和利玛窦的评论是反映了当时的社会历史现实。

然而，在鸦片战争的刀光火影之下，促使中国人的民族危机感抬头，认识到当时的世界是一个"多事"的天下。就在鸦片战争爆发后的十年间，中国思想界出现了一种引人注目的新动向。

在清朝嘉庆（1796~1820年）、道光（1821~1850年）年间，中国盛行"经世致用"的社会思潮。所谓经世，即治世也。一些亲身经历过鸦片战争的有识之士认为，虽然战祸已经平息，危机已经过去，问题绝不那么简单。这些敏感的知识分子模糊地觉察到要有"制夷""筹远"的良策。如此，在目睹坚船利炮的威力、感到战后沿海地区西方势力渗透带来的威胁下，"制夷"和"筹远"是当时最瞩目的"经世"课题。于是，他们在长期闭关自守、昧于外情的形势下，把"致用"首先集中在外部世界的研究和介绍上，使国人看到了以前不愿了解或不能了解的外部世界，从而启迪了新的社会风气。这就是"睁眼看世界"思想的背景。

2. 从"知夷"到"师夷"

"睁眼看世界"思想的贡献主要表现在，通过系统介绍域外的历史地理著作，相当完整地展示了世界大势，从而提供了一种关于世界的新的观念。早在16世纪末17世纪初欧洲传教士来华，就带来了有关世界地理和科学技术的新知识。如意大利人利玛窦，他在中国度过了后半生，其著述在数学方面有与徐光启合译的《几何原理》，地理学方面有世界地图《坤舆万国全图》，语言学方面有《西字奇迹》（即《明末罗马字注音文章》，以西法之音通中国之音，是中国汉字拉丁化道路之始）等。意大利人艾儒略（1582~1649）于1610年（万历三十八年）来中国，著有《几何要法》《职方外纪》等。比利时人南怀仁（1623~1688）于1659年（顺治十六年）来中国，后被康熙皇帝起用管理钦天监，制造了天文仪器，并为清廷监铸大炮。利玛窦制作的世界地图，曾经翻刻了十余次，并传入了皇宫内。但由于当时社会缺乏促使人们走向世界的内在动力,因此除极个别人外,绝大多数把这些书籍作为海外奇谈,未能理解其中之真正价值,没有把这些书籍作为认识世界之桥梁。明末清初社会大动荡,大一统的帝国为巩固其地位,加强了防范措施。随着传教士活动受到限制,这些书也被禁止流传。明朝一度盛传的"五大洲"等知识也逐渐失去了魅力。

鸦片战争后,最早着手系统介绍域外史地知识的当推林则徐。在1846年前,为了解外国对禁烟问题及中外交涉的动向,他组织力量在广州翻译有关的外文资料,编成《四洲志》,但并未刊行,仅是一种编译本。据现在所看到的,书中对世界各大洲都有涉及,已初步勾画出整个世界的轮廓,重点是介绍美、英、法、俄等欧美列强。书中没有游记、杂记那种荒诞的传说和猎奇的描写,给读者以耳目一新之感。《四洲志》对闭塞已久的清朝封建社会,正如打开一扇眺望世界的窗户。1841年(道光二十一年)林则徐被革职,后在赴戍途中到了镇江,把此书交给了好友魏源。魏源看到此书后,决定增补辑录。1841年即编订出《海国图志》50卷(1842年的刻本),后来又增订到60卷,1852年(咸丰二年)扩充到了100卷。

《海国图志》从中国的官、私文献及西洋人用中文写的外国历史、地理著作中辑录了大量资料,内容比《四洲志》增加了数倍,全书有图77幅。不仅在地球圆说的基础上介绍了西方的历史、地理,而且还将西方的天文、轮船、火炮、炮台、水雷等知识,以及时人对筹办海防、夷务的论述一并收入书中。魏源认为,了解外务不单纯是为了弄清各洲、各国的方位,更重要的是要把中国置于世界的时空范围和世界整体的联系中,以回应来自"侵略性与先进性兼而有之的西方"的双重挑战。为了对付英吉利这个刚刚迫使天朝屈膝的强敌,使中国摆脱"从属于西方"的历史命运,他提出了"以夷攻夷、以夷款夷、师夷之长技以制夷"的主张。其主要思想的口号是"师夷长技以制夷",可解释为悉夷是前提,师夷是手段,制夷是目的。这个口号是对西方双重挑战的爱国主义回应,标志着具有近代意识的中华民族觉醒的开端,也标

第十讲 近代中国知识分子走向世界及其对亚非的认识与了解

志着鸦片战争前后的中国社会思潮开始转型,以"睁眼看世界"思潮为中介,实现了从"经世致用"思潮到向西方学习思潮的历史性飞跃。这个口号支配了中国近代追求新知的士大夫意识达半个世纪以上,并在近邻的日本引起巨大的反响。

另外要介绍徐继畬(1795~1873),他是在福建主持通商事务的官员。由于1844年(道光二十四年)在厦门会见了英国领事,从译员、传教士雅裨理处看到了《西洋地图集》,便萌发了编写《瀛环考略》一书的念头,并在1845年(道光二十五年)成书两卷。后来又增补,1848年(道光二十八年)在福州刊刻了《瀛环志略》10卷。该书资料来源于他接触到的外国传教士、外交官、医生等,而最可贵的是,他还向福建当地航行外洋的舵工了解情况。全书以图为纲(42幅),简明地叙述了世界各国的地理方位和历史沿革,是当时一部比较完整、准确的书。该书在迫切要求了解外情的士林中起了一定的作用,但作者编写此书的主观目的是为了适应当时海禁大开的局面,为备当事者查考。

还要提出来的是姚莹(1785~1853),他是嘉庆进士,长期供职于东南沿海地区。任台湾道时,正值鸦片战争起,他积极防御,曾击败侵略军。他曾依据英俘的口供编过《英吉利国志》《英吉利地图说》等,并于1847年(道光二十七年)编出《康輶纪行》16卷。他对传播世界历史、地理知识有一种强烈的责任感。该书涉及英、法、俄、印度等国的史实,并绘有中外地图13种。在该书的卷16可以见到《中外四海地图说》《新疆南北两路图路》《新疆西边外各国图说》《西藏外各国图说》《西人海外诸新图》等。从上列各图便可知道,姚莹的思想有前瞻性,开边疆史地研究之风。更值得注意的是他是这一时期议论了解外部世界必要性最多的一个。他抨击士大夫"骄傲自足,轻慢各种蛮夷,不加考究""坐井观天,视四裔如魑魅,暗昧无知,怀柔乏术,坐致其侵陵""勤于小而忘其大,不亦舛哉""彼外夷者方孜孜勤求世务,而中华反茫昧自安,无怪为彼所讪笑轻玩,致启戒心也"。他清醒地认识到"古今异势,非可拘谈""拘迂之见,误天下国家"。从这些论述中不难看出他的远见卓识和爱国主义情怀。

上述书籍的出现，宣告了中国昧于外情时代的结束。总观这些著作在当时所起的历史作用，大致可以归结为以下几点。

（1）这些著作已经把"天下"的概念在一定程度上建立在近代地理科学知识的基础上，对地球全貌、经纬度、南北极、五大洲、四大洋等都有了比较详细的介绍。

（2）较详细地介绍了世界各国概况，不仅有亚洲等国，还有前人知之不详的欧洲、非洲、南美洲。对这些国家的简介极少有猎奇，而注重自然情况的介绍，如山川河流等，更重要的是涉及社会方面，如政事、经济、教育、文化等。后人评介说"综古今之沿革，详形势之变迁，凡列国之强弱盛衰、治乱理忽、仰于尺幅中"。如魏源在《海国图志·小西洋利未亚洲各国志叙》中提到当时殖民主义者对非洲的侵略和瓜分正在积极进行："今东六部，则布路亚国服之；北四部……则佛兰西服之；西二十四部濒西海，则布路亚、荷兰、英吉利、佛兰西各国分踞之。"又如《瀛环志略》卷三中，记叙了五印度已沦入他族之手："五印度全土，归英辖者十之七，仅余西北数部尚未服也。"在该书的卷二中还提到西方殖民者把南洋群岛作为侵略中国的基地："昔之南洋，为侏儒之窟宅；今之南洋，乃欧罗之逆旅。"这些触目惊心的描述对打开国人的眼界和心扉起到了难以估量的作用。

（3）通过对欧美列强历史、政事、财政、商务、军事、文化、教育、宗教、风俗等方面的记述，勾勒了西方与中国传统文化迥然不同的文明体系。他们对西方文明的介绍，集中在两点上。

一是"以商贾为本计"的经济制度；

二是国事取决于"公议"的政治制度。

这是西方文明的主要特点，与当时晚清的封建落后政治体制迥然不同。

然而，鸦片战争后发展起来的"睁眼看世界"思想，是以维护封建制度的面目出现的。但实际上，它已触及封建肌体。因为天朝尽善尽美的神话已被打破,随之而来的是对专制主义的怀疑,乃至反抗。"睁眼看世界"的思想有着鲜明的时代特征,标志着中华民族的最初觉醒,成了中国近代社会变化的前奏曲。

最后要指出的是,19世纪50年代代表"睁眼看世界"思想的这些著作,特别是《海国图志》《瀛环志略》传到日本之后,一再翻刻,胜过了在中国士林所引起的反应。这就预示着中、日两国近代化过程即将出现的差距。

二 从"睁眼看世界"到"走向世界"

1. 出使、外出考察、留学简述

近代中国走向世界,也可以说世界走向中国。近代中国"走向世界",正是由于外面有人推门、敲门、撞门,甚至是破门跳窗进来,这是近代历史赋予中国人的时代使命。因此,为了"走向世界"、为办理洋务,清政府设置了一个中央机构,即1861年(咸丰十年)初成立的"总理各门事务衙门"。其职责是办理外交事务,派驻各国公使,兼管通商、海关、海防、订购军火,主办同文馆和派遣留学生等事务,并管辖三口(天津、牛庄、登州)通商大臣(后改为北洋通商大臣)和五口(广州、厦门、福州、宁波、上海)通商大臣(后改为南洋通商大臣)。1901年(光绪二十七年)改为外务部。

这里将以上所提同文馆略作介绍。

同文馆亦称"京师同文馆",是培养译员的学校。1862年(同治元年)成立,附属于总理各国事务衙门。先后开设英文、法文、俄文、德文、日文、算学等馆。最初只招收十三四岁以下的八旗子弟,后兼收年岁较长的八旗子弟及学生。该馆设有印刷所,译印数、理、化、历史、语文等书籍。1902年(光绪二十八年)同文馆并入京师大学堂。

显然,涉外机构的设立和人才的培养,是清政府面对走向世界的大潮势在必行的具体举措。

中国"走向世界"的历程是一个充满了苦痛和屈辱、艰辛曲折而漫长的道路。它并不是当时中国的封建统治者认识到有"走向世界"的必要而自觉主动开放的，而是被鸦片和大炮轰开的。在此情况下，走出国门的有出使、考察、留学几种。

出使

一些饱读经书、经过科举"正途"而跻身朝士行列的驻外使节，当他们作为清朝的代表出去时，面对的不是平等外交。两次鸦片战争失败后，在西方资本主义列强的心目中，中国已不是一个享有完全独立主权和领土完整的国家，而是一个被征服的"半开化"的原料供应地和商品市场。所以他们在走向世界的过程中，要受到来自以"征服者"自居的"洋大人"们的歧视、冷遇甚至刁难、凌辱。关于这些派驻的外交使节，可以查看刘培华的《近代中外关系史》下册附录二《中国驻英、俄、美、法、德、日六国公使表》、附录三《英、俄、美、法、德、日六国驻华公使表》。

在外交使节中应提到志刚。他是1866年（同治五年）清政府向西方国家派出的第一个外交使团之一员，著有《初始泰西记》一书，记述了1868~1870年间历访美、英、法、普、俄及其他一些欧洲国家的经过，可谓开国人之眼界。更值得提出的是郭嵩焘（1818~1891），他是近代中国向欧洲列强派出的第一个外交代表，1875年（光绪元年）任出使英国大臣，为中国遣使驻欧之始。1878年（光绪四年）兼驻法国大臣。他积极主张学习西方科学技术、寻求西方知识、真理，其思想梗概后面将要展开阐述。

考察

分为个人外出和官派代表国家两类。

个人外出的都是为了谋生，如林铖和罗森。

林铖，厦门人。在这个1842年就成了五口通商之一的地方，他学会了外语。后来"受外国花旗聘，舌耕海外"，在美国工作了一年多，

第十讲　近代中国知识分子走向世界及其对亚非的认识与了解

写出《西海纪游诗》《西海纪游自序》等。

罗森在香港受美国培理舰队之聘为汉文翻译，即随舰队于1854年2月进入日本江户湾，同年6月末离开日本。其间，他不仅参与了美日谈判，还亲身经历同年3月31日双方签订的《日美亲善条约》（又称《神奈川条约》）。归来，他写了《日本日记》一书。书中以生动的文笔，记述了日本的社会和人民，是一部有较高价值的游记。特别要指出罗森是目见日本锁国的门户被美国敲开的中国第一人。

官派代表国家的以斌椿、李圭为代表。

1866年（同治五年）清政府派遣由斌椿父子率领，同文馆英文馆学生德明（张德彝）、凤仪和法文馆学生彦慧一行五人，由当时在清政府担任"总税务司"的英文人赫德（Robert Hart）为向导，赴泰西游历。他们去了法国、英国、荷兰、德国、丹麦、瑞典、芬兰、俄国、比利时等国，行程约四个月。这是第一批走出去接触和了解西方文化的代表，正如斌椿所说："中华使臣，从未有至外国者，此次奉命游历"。他在欧洲"随时记载，带回中国"的是一册《乘槎笔记》。此书是近代中国知识分子最早亲历欧洲的记述。书中以士大夫的传统观念来审示西方文明当是必然之为。而同赴欧洲的英文馆学生张德彝，后来在光绪二十七至三十二年（1901～1906年）间任出使英国、意大利、比利时大臣，成了职业外交官。在他的一生中，先后八次走出国门，每次出去都留下了日记体的见闻录，总共72卷，其稿本题名为"航海述奇、再述奇、三述奇、四述奇、五述奇、六述奇、七述奇、八述奇"，故有《八述奇》之称。但其中有的刊行有的未刊行。20世纪80年代近代文化史学者钟叔河将这些"述奇"收入他所编辑的《走向世界丛书》中，所用书名为《航海述奇》①《欧美环游记》②《随使法国记》③《随使英俄记》④《随使德国记》《英轺参赞记》《使英日记》等。这里要指出的

---

① 湖南人民出版社，1981。
② 即再述奇，湖南人民出版社，1981。
③ 即三述奇，湖南人民出版社，1982。
④ 即四述奇，岳麓书社，1986。

是在《随使法国记》中，记述了巴黎公社的有关情况。作者在认识上是有矛盾的，他以旧观念来看待新事物，妨碍了他接受新思想的洗礼。但他毕竟记录下了西方的许多新鲜事物和给他的新印象，以及对新事物进行的观察。把这些新见识传播到国内，启迪国人承认新的、多样化的世界是个客观存在，是有更深刻意义的。

李圭（1812~1903）作为工商界的代表，于1876年（光绪二年）到美国费城参加纪念美国建国一百周年而举办的世界博展会。在"百年盛会"结束后，他浏览了华盛顿、纽约等城市。后又往英国伦敦、法国巴黎。回国后写了《环游地球新录》一书，从中我们可以了解到美国博展会"大清国展览馆"的有关情况。兹摘录如下：

> 中国赴会之物，计七百二十箱，值银约二十万两。陈物之地，小于日本，颇不敷用。此非会内与地不均，盖我国原定仅八千正方尺，初不意来物若是之多也。
>
> 地居院之西门内，左为智利、秘鲁，右为日本、埃及、土耳其，对面为意大利、挪威、瑞典等国。北向建木质大牌楼一座，上面大书"大清国"三字，横额曰"物华天宝"，联曰"集十八省大观，天工可夺；庆一百年盛会，友谊斯敦"……两旁有东西辕门，上插黄地青龙旗，与官衙一式，极形严肃。
>
> 进牌楼，正中置橱柜数事，高八九尺，仿庙宇式，亦以木制涂金彩，四面嵌大块玻璃，储各省绸缎、雕牙、玩物、银器及贵重之品。左列武林胡观察景泰窑器；右列粤省漆器、绣货、镜屏；后列各式木椅榻；再后为宁波雕木器、海关经办瓷器及粤人何干臣各种古玩；再后临窗则为公事房。……物件悉遵华式，专为手工制造，无一借力机器。即陈物之木架、橱柜以及桌椅铺垫、公事房之陈设字画，亦无一处洋款式者，悉为他国浏览官民目未经见。
>
> 南门外平屋，列各省丝、茶、六谷、药材，亦皆海关经办，由总院分列于此。药材不下七百种，丝、茶亦各种俱备。洋人谓深得

第十讲　近代中国知识分子走向世界及其对亚非的认识与了解

赛会本意，原以他物相易……

物产以丝、茶、瓷器、绸货、雕花器、景泰器，在各国中推为第一；铜器、漆器、银器、藤竹器次之；若玉石器，几无过问者。

因忆从前法、奥之会，我国虽亦送物比赛，而未获贸易之益，以无华人往也。今则已得工商十余人，逐日在会与西人相处，深知其爱憎。闻一二年后，法国又兴大会。则将来赴会者，置货必有把握，非若前时之凭空揣拟矣。

这是一段十分珍贵的记载，它不仅是中国参加首届世博会的实录，还是当时国力的具体写照。

在《环游地球新录》中，李圭还写下了所见富裕、文明的美国人背后的一些阴暗面。他看到了美洲土地原来的主人"因颠"（印第安）人却过着"披发赤皮"的生活，当政者还要"派兵驻守弹压"他们。在他研究了美国的关税例则后，发现"进口税极重，每估本百元，征税十元至六十元不等"，而出口货则多免税。他认为这是"盖西人专尚取利他国，而己国之利源必开浚深广，并不肯轻意少泄，此其立意精密深固处，吁！可虑哉！"他看到了不平等贸易的实质是经济侵略，所以"虑"。可以说，李圭见识的敏锐和警觉是他有满腔的爱国主义情操。

留学

近代中国留学生有较为明显的特点：一是强烈的使命感和深刻的政治意识；二是在中外文化交流中的逆差性和文化选择的多样性；三是"不中不西"的双重文化人格。这三个特点抓住了近代留学生的本质。其中值得提出的是容闳。

容闳（1828～1912）自称"以中国人而毕业于美国第一等之大学校，实自予始"。他是广东香山（今中山）人，少时入澳门马礼巡学堂。1847年（道光二十七年）留学美国，1850年考入耶鲁大学。1854年11月13日，他揣着羊皮纸的耶鲁大学毕业文凭，在纽约登上"欧里加号"（Eureka）帆船，踏上了归程。经过154天的长途航行回到中国。

然而，1855年（咸丰五年）正是清廷镇压太平天国和各地农民暴动之时。他目击了两广总督叶名琛在广州指挥的大屠杀，一个夏天竟杀了75000人。他写道："愤懑之极，乃深恶满人之无状，而许太平天国之举动为正当，……几欲起而为之响应……"① 后来他对太平天国作了实地考察。1860年他到了太平天国的中心南京，并向相识的干王洪仁玕建议七事。这七事除了"以耶稣圣经列为主课"是迎合太平天国的信仰外，其他六事皆为建设现代军事、政治、经济、教育的方针大计。但这些建议并未被采纳，太平天国以一颗长方官印、一个四等爵位答复了这位耶鲁毕业生。容闳希望通过太平军为"中国谋福利"的尝试虽失败，但他总结出"予意当时即无洪秀全，中国亦必不能免于革命"。后来，他在洋务派曾国藩手下办成了两件事：一是建成第一座机器厂——江南制造局；二是组织4批官费留学生共120名幼童于1872年（同治十一年）分期赴美留学。他因经办这些事，成了中国在美国设立的"留学事务所监督"和中国驻美国"副使"。但留美幼童在清廷保守势力的攻击下于1881年（光绪七年）全部撤回。1900年（光绪二十六年）他在沪参加唐才常主持的张园会议并被推为会长，因此遭清政府通缉而前往香港。两年后定居美国，1912年4月20日病逝，葬于美国康州哈特福德（Hartford）城西带山公墓。其著述《西学东渐记》（*My life in China and America*）总结了他60多年的经历。他的一生，是第一代留学西方的中国学人为使中国近代化而努力的一生。他的精神和贡献，为"西学"的"东渐"铺下了路基，值得后人怀念。

上述走出国门的人，不管社会地位的高低、思想开明或守旧，一旦跨出国门、踏上陌生的异国土地，接触到资本主义国家的种种事物，就感到中国的经济文化和科学技术相形见绌了。原来关心时务、热心图强的人，更加感到泰西的经济发达"政教昌明"，中国非改弦更张、奋发图强不可了。原来以中国的"礼义忠信"傲视西方的"奇技淫巧"的，

---

① 引自钟叔河《走向世界——近代中国知识分子考察西方的历史》，中华书局，1985，第130页。

第十讲 近代中国知识分子走向世界及其对亚非的认识与了解

在目睹了西方生产技术和科学文化进步的事实之后，也不得不承认原来那些想法的迂阔和偏执了。总之，存在决定意识，使这些早期出国人们的思想发生了变化。而难能可贵的是，他们把所见所闻记录成书，向闭目塞听的中国人传播了国外的信息，在当时还是起了很大作用的。

2. 代表人物的思想及其著作

如果说从"睁眼看世界"到"走向世界"的前期代表人物是林则徐、魏源、徐继畬，后期的代表人物则为郭嵩焘、王韬、薛福成、康有为、梁启超。

郭嵩焘（1818～1891），清末外交官，湖南湘阴人、道光进士。1853年（咸丰二年）初随曾国藩办团练，1863年（同治二年）署广东巡抚，因与总督瑞麟不合而被黜。1875年（光绪元年）任福建按察使升为兵部侍郎。不久，出任首位出使英国的大臣。1878年（光绪四年）兼驻法国大臣。其著述有《养知书屋遗集》《玉池老人自叙》《史记札记》《礼记质疑》《伦敦与巴黎日记》。[①] 郭嵩焘不仅是近代中国向欧洲列强派出的第一个外交代表，而且是中国封建士大夫中转向西方寻找真理的先行者。他力主学习西方的科学技术，认识到资本主义的优越性和封建主义的落后性，其思想具体体现为以下几点。

（1）了解到以西方议会民主和自由选举为特征的西方民主政治的现状和历史，接触到以亚当·斯密为代表的资本主义经济理论和英国资本主义发展的实际情况之后，他深切地认识到"非民主之国，则势有所不行"。从而，对中国两千年来的封建专制主义提出批评。

（2）认为泰西学校致之实用，比中国崇尚"八股"优越。力倡开办学校、多派遣留学生，像日本那样大学西方。

（3）作为一个资深有地位的学者，他考察了西方的历史文化后，对中西政治哲学和伦理观念作了比较研究。

（4）反对"内中国而外夷狄"的虚骄习气，主张开放，主张向西

[①] 收入《走向世界丛书》，岳麓书社，1985。

方学习。后来虽被误解、遭受打击而无悔。

（5）对19世纪60年代后期的"洋务"，提出不少尖锐批评。指出"购买西洋几尊大炮、几支小枪，修造几处炮台"的人，"而于百姓身上仍是一切不管"。认为"泰西制造机器所应取效者，岂直枪炮而已哉？人心风俗偷敝浮滥，处之泰然"。这确实是当时南北洋水师和上海制造局的普遍情况。

从以上思想剖析，对于郭嵩焘的历史定位称之为封建士大夫阶级中转向西方寻找真理的先行者，是不过分的。

王韬（1828～1897），清末著名政论家，江苏长洲（今属吴县）人，18岁中秀才。1849年（道光二十九年）就职于英国教会在上海所办的中国第一个近代印刷所——墨海书馆。他曾经上书献策进攻太平军，但在1862年（咸丰十一年）初返里探亲时，向太平天国的苏州当局上书，建议太平军力图长江上游，停攻或缓攻上海。事泄，遭清廷通缉，逃往香港。后曾参与翻译中国经书，并游览了法国、俄国。1874年（同治十三年）在香港主编《循环日报》，评论时政，主张变法自强。后东渡日本，交游日本文化界。1884年经洋务派斡旋，返沪定居。任格致书院掌院，一度主编《申报》。其著述颇丰，不下三四十种，以《弢园文录外编》《弢园尺牍》《王韬日记》等行世。1867年（同治六年）赴欧洲的《漫游随录》和1879年（光绪五年）赴日本的《扶桑游记》两书已收入《走向世界丛书》①。

综观其一生，正值民族危亡之际。他忧时愤世，远游四方诸国，目睹其富强，因此有如下主张。

（1）"师其所能，夺其所恃"，效西法造炮制船，大力发展资本主义工商业，允许民间自立公司。

（2）赞扬西方立宪的君主政治制度，认为君民不隔而上下相通。

（3）批评科举制度，提倡设立新式学堂培养人才。

（4）呼吁在自强的基础上，实现独立自主的外交，废除关税协定

---

① 湖南人民出版社，1982。

第十讲　近代中国知识分子走向世界及其对亚非的认识与了解

和领事裁判权。

王韬的思想在当时是超前的,他认为"今之天下,乃地球合一之天下",提出"放眼全球,借法以自强"。倡导实行资产阶级民主,发展资产阶级经济。他在1840~1870年这30年间,完成了由封建士大夫到资产阶级政论家的转变。

薛福成(1838~1894),清末外交官兼政论家,江苏无锡人。先为曾国藩幕僚,后随李鸿章办外交。1879年(光绪五年)作《筹洋刍议》。从1889年(光绪十五年)1月离沪出洋到1894年(光绪二十年)7月回到上海,他先后任出使英国、法国、比利时、意大利四国大臣,在欧洲度过了四年半的时间,留下了《出使英法义比四国日记》[①]《出使日记续刻》。

《筹洋刍议》14篇中的《变法》篇值得重视,说明他从中国历史的进化,已认识到"变"是经常的,也是无法避免。今日之天下已不是"华夷隔绝之天下",而是"中外联属之天下"。"虽以尧舜当之,总不能闭关独治"。因此,他积极提倡"宜变古而就今",所谓"就今"即是"就西洋诸国"。他认为:

> 夫西洋诸国,恃智力以相竞。我中国与之对峙,商政矿务宜筹也,不变则彼富而我贫;考工器宜精也,不变则彼巧而我拙;火轮舟车电报宜兴也,不变则彼捷而我迟;约章之利病、使才之优绌、兵制阵法之变化宜讲也,不变则彼协而我孤、彼坚而我脆。……既厕于邻敌之间,则富强之术,有所不能废。
>
> 或曰:"以堂堂中国而效法西人,不且用夷变夏乎?"是不然,夫衣冠、语言、风俗,中外所异也;假造化之灵,利生民之用,中外所同也。彼西人偶得风气之先耳!安得以天地将泄之秘,而谓西人独擅之乎?又安知百数十年后,中国不更驾其上乎?

[①] 见钟叔河编《走向世界丛书》中《出使四国日记》,湖南人民出版社1981年版。

从这些论述中可以了解到，薛福成既有现实感也有责任感。他不仅看到中国的落后，还对中国抱有后来居上的信心。这些，使他比其他洋务派更胜一筹。

从《出使英法义比四国日记》《出使日记续刻》中，可知他身处西方社会，又耳闻目睹其文明，促使他的思想观念有了很大变化。在日记里，他自觉不自觉地称赞西方君主立宪制度"无君主、民主偏重之弊，最为斟酌得中"，认为西人"以工商立国"，恃商之命脉，商"握四民之纲"；还认为人口迅速增加是造成人民贫困的原因，但欧洲人口密度更高，因"能浚其生财之道，虽人满亦富"，主张用机器"殖财养民"，强调"工商之业不振，则中国终不可以富，不可以强"。很显然，根据当时的历史现实，他提倡走资本主义的富国之路。

康有为（1858~1827），清末改良派领袖，后为保皇派首领。广东南海人，光绪进士，授工部主事。1888年（光绪十四年）至1898年（光绪二十四年）间，鉴于中法战争后"国势日蹙"、中日甲午战争中国惨败并割地议和，曾七次上书光绪皇帝，要求变法。1895年（光绪二十一年）联合1300多位在京会试举人第二次上书，内容包括陈述时局忧危，请求拒绝日本议和，要求迁都、练兵、变法，在政治、经济、文教等方面还提出具体改革措施，初步形成改良主义的变法纲领。1897年（光绪二十三年）第五次上书，陈述三策：上策是请光绪皇帝像彼得大帝那样更旧法，像明治天皇那样"武步泰西"实行新政；中策是"大集群才而谋变政"；下策是"听任疆臣各自变法"。1898年正月初八第六次上书，呼吁请光绪效法明治，大举维新。更直言不讳地提出"能变则全，不变则亡，全变则强，小变则亡"。1898年6月17日（戊戌四月二十三日）光绪发布《明定国是诏》，行维新变法。古老的中国以国家元首的名义第一次正式宣布，把学习西方、改行新政定为国策。其中不应低估康有为的影响。

然而，变法遭到以慈禧太后为首的顽固守旧势力的抵制、打击，直到镇压。9月21日守旧势力发动政变，维新运动失败。随即，康有为

第十讲　近代中国知识分子走向世界及其对亚非的认识与了解

遭通缉,遂逃离北京转上海至香港,后去了日本、加拿大、新加坡、印度大吉岭,并作了欧洲十一国游,过着政治流亡的生活。此期间,他在温哥华、南洋各地组织"保皇会",积极推动保皇活动,寄希望光绪皇帝重掌政权。辛亥革命成功后,他仍以为"共和政体不能行于中国",鼓吹"虚君共和"。1913年返国后,发起"定孔教为国教"的活动,1917年参与了张勋复辟活动。晚年在上海办天游学院,讲授国学。

康有为的一生,正如鲁迅在《花边文学·趋时和复古》中所写:"原是拉车前进的好身手,腿肚大,臂膊也粗。这回还是请他拉,拉还是拉,然而是拉车屁股向后。这里只好用古文'呜呼哀哉,尚飨'了。"这是对他不折不扣的写照。尽管如此,他的大声疾呼,触动了腐朽、没落的封建统治政权,仍有其功绩。他留下丰富的著述,约有139种,如《康南海先生遗著汇刊》《万木草堂遗稿》《万木草堂遗稿外编》等。其中有未完成的《欧洲十一国游记》,为我们提供了当时欧洲社会的现实,有史料价值。

梁启超（1873~1929）,近代启蒙思想家,戊戌维新运动的领袖之一。别号饮冰室主人,广东新会人。1884年（光绪十年）中秀才,1889年（光绪十五年）中举。1890年（光绪十六年）结识康有为,并接受其改良维新思想。1895年（光绪二十一年）第二次赴京会试期间,协助康有为发动"公车上书"。1896年（光绪二十二年）发表长篇政论《变法通议》,提出了变法总纲,其中心内容是要引进西学、学习西方。之后,他积极鼓吹和推进维新运动。1898年（光绪廿四年）入京,参与了百日维新运动,受到光绪的破格起用,以六品衔办京师大学堂、译书局。

戊戌变法失败后,梁启超逃亡日本。1899~1902年的四年间,在日本先后创办《清议报》《新民丛报》,鼓吹改良,坚持立宪保皇。此期间他大量介绍西方社会的政治经济学说,对当时的知识界有较大的影响。1899年12月从日本出发赴美,滞留檀香山半年。1900年6月至1901年4月,从日本去新加坡槟榔屿、印度、澳大利亚,后经菲律宾复至日本。在新加坡会晤了避居当地的康有为。去澳洲是应雪梨（悉尼）侨商保皇会之请，1900 年 12 月 1 日在墨尔本市政厅发表了学说，说明了保皇会主张改革中国政治之两大原则：一为"设立议院，仿同英国律例"；二为"洞开中国门户，与天下万国通商"。1903 年由日本去北美旅行，其间到了加拿大温哥华、蒙特利尔，美国的纽约、波士顿、费城、匹兹堡、芝加哥、西雅图、旧金山、洛杉矶等地。此次旅行的任务是为促进北美"中国维新会"（即保皇会）的建设。从这次游历的随笔即《新大陆游记》中，我们看到其积极的一面：宣传资本主义制度对于封建制度的巨大优越性，宣传美国独立后百余年的突飞猛进；介绍了资产阶级的一些主义和理论，以及经济、政治、社会方面的情况，对当时闭目塞听的国人起了启蒙作用，并从一个侧面揭露了资本主义社会和资产阶级国家的弊病。从该书中也可以看到梁启超是拥护君主立宪制的，如说"共和政体，实不如君主立宪者之流弊少而运用灵也"。他反对暴力革命——"彼法兰西以革命求自由者也，乃一变而为暴民专制"，吹嘘英国式的"和平过渡"。如此，他在 1905 年发表《开明专制论》当是必然的。

辛亥革命后，梁启超结束了 14 年的流亡生活，于 1912 年 10 月抵达天津，受到各界欢迎。之后，他支持、拥护袁世凯，并出任袁政府的司法总长。但他反对袁复辟帝制，遂策动蔡锷组织护国军反袁。后来又组织研究系，与北洋军阀政府段祺瑞合作，出任财政总长兼盐务总署督办，而在全国民众反对段内阁独裁、出卖主权的声讨中辞职。从此，他退出政坛。晚年在清华学堂、南开大学执教，并到各地讲学。

值得提出的是梁启超不仅是一个思想家、政治活动家，而且是一位著名学者。他兴趣广泛、学识渊博，在文学、史学、哲学、佛学诸多领域都有较深的造诣。应该说，他在文化学术上的业绩，远远超过政治上的成就。一生的著述宏富，留下《饮冰室合集》148 卷，一千余万字。其中不少具有很高的学术价值，如《清代学术概论》《中国近三百年学术史》《先秦政治思想史》《中国历史研究法》《中国文化史》等。

三　在"走向世界"中对亚非的认识与了解

1. 日本"明治维新"在中国的回响

先扼要简述"明治维新"的有关情况。

明治天皇（1852~1912），名睦仁，是孝明天皇的第二子，1860年被立为太子，1867年即位，1868年改元明治。不久，即发生"明治维新"。

19世纪上半叶，日本的封建统治危机加深，连续发生农民起义和市民暴动。加上自1854年美国打开日本门户后，英、俄、荷、法等相继依例订约，使德川幕府政权更加动摇。萨摩、长州、土佐、肥前等藩的下级武士发动了"尊王攘夷""尊王倒幕"运动。1866年2月萨、摩两藩结成倒幕同盟，于1868年1月发动政变，迫使德川幕府把政权交给天皇睦仁。接着，倒幕军在京都打败了幕府军，很快进占了江户。从此，统治日本二百余年的江户德川幕府被推翻，封建割据的幕藩体制被废除，建立以天皇为首的专制政府，掌握全国政权，并以明治天皇名义宣布"五条誓文"，其中决定"广兴会议，决万机于公论"；"打破从来之陋习"；"求知识于世界"。这就是有名的"明治维新"。而后，着手一系列改革：

1869年宣布版籍奉还（版指领地，籍指户籍）；

1871年废藩置县；

1872年准许买卖土地，发放地券；

1873年改革地税，强行原始积累；

1881年将官办企业廉价出售给特权商人，扶植资本主义发展；

1889年颁布帝国宪法，确立近代天皇制；

1890年召开帝国会议。

这一系列改革在"富国强兵、殖产兴业、文明开花"的口号下，使日本走上资本主义道路，且发展迅速。

"明治维新"是日本近代史上划时代的资产阶级改革运动。这一事件在晚清的中国知识分子中引发了极大的反响，我们从目击身历"明治维新"之后盛况的一些人的著述中感受到这种影响。

何如璋的《使东述略》

何如璋（1838~1891），广东大埔人，同治进士。1876年9月（光绪二年八月）任驻日副使，1877年1月升为正使。此为中国遣使日本之始。《使东述略》是他的赴任日记，全文约14000字，附《使东杂咏》67首。他在自述中说："海陆之所经，耳目之所接，风土致俗……就所知大略，系日而记之。偶有所感，间纪之以诗，以志一时之踪迹。"因为是亲身经历，所以纪实性强。

首先，根据实地考察，对日本的地理形势作了比较确切的描述：日本四大岛是本州、九州、四国与北海道；九州岛"西有长崎""西南曰萨摩""对马岛则近朝鲜数十里矣"。这就纠正了陈伦炯在《海国闻见录》中的误笔，而这一误笔又为《海国图志》和《瀛环志略》所承袭。《海国闻见录》记述长崎、萨峒马（即萨摩）、对马是"日本三岛"。显然，这是错误的。

其次，他感受到了日本自"明治维新"以来十年间的巨大变化。当看到取消锁国后之长崎港海市的盛况，便赋诗道：

东头吕宋来番舶，西边波斯闹市场；
中有南京生善贾，左堆棉雪右糖霜。

当看到一些新鲜事物，如铁路、火车、电报、邮便、机器造纸等，也均有咏诗。特别是在横滨，见到日本和外国的兵船后，写道：

欧西大事，有如战国。……各国讲武设防，治攻守之具，制电信以速文报，造轮路以通馈运，并心争赴，唯恐后时；而又虑国用难继也，上下一心，同力合作，开矿治器，通商惠工，不惮远涉重

第十讲　近代中国知识分子走向世界及其对亚非的认识与了解

洋以趋利。夫以我土地之广，人民之众，特产之饶，有可为之资，值不可不为之日。若必拘成见、务苟安，谓海外之争无与我事，不及此时求自强，养士除才，整饬军备，肃吏治，固人心，务为虚骄，坐失事机，殆非所以安海内、制四方之术也。①

从这段有感而发的叙述中，可以知道一个清末的外交使臣，当他目睹渐趋富强的日本后，认识到自己的国家亟待自强，即"有可为之资，值不可不为之日"。

王韬的《扶桑游记》

王韬的情况，上面已作了介绍。在此，仅就他1879年赴日本的《扶桑游记》作一阐述。

《扶桑游记》是王韬东瀛之游的日记。读后，首先使我们了解到王韬在日本广泛结交了许多文化学术界的朋友，而这些朋友都是赞成维新、讲求西学的人士。其中有维新后被起用、摄理师范学校事的中村正直、维新后始创"报知社"的编辑栗本化鹏等，还有热爱中国文化的日本汉学家。至于王韬访日受到极为欢迎的一个重要原因，是他"逍遥海外作鹏游，足遍东西历数洲"，因此，得到渴望了解西方、了解世界并欲走向西方、走向世界的日本知识分子的推重。他既可以与学人讨论"中西诸法"，也可以与叩门求见的少年"操笔纵谈"。这正如中村正直在为《扶桑游记》作的《序》中所言：

都下名士，争与先生交，文酒谈宴，殆无虚日；山游水嬉，追从如云，极一时之盛。

这应该被列为近代中日思想文化交流的一件大事，值得彰显。

其次从《游记》中不难看出王韬对"明治维新"的同情，对其所

---

① 引自钟叔河《走向世界——近代中国知识分子考察西方的历史》，中华书局，1985，第372~373页。

取得成绩的赞扬。作为一个19世纪的先进中国人,有他独特的思考与见识。如对日本大将西乡隆盛发动叛乱被讨平,他有以下的看法:

> 观西乡排阵结垒,深知兵法,指麾众军,先后数战,几于荡决无前。而卒不能久抗王师者,顺逆之事殊也。

又如在与西尾鹿峰讨论"中西诸法"时,针对当时出现的盲目崇洋、不顾国情的现象,他认为:

> 法苟择其善者,而去其所不可者,则合之道矣。

后来在评论冈本监辅的《万国史略》时,更明确提出:

> 仿效西法,至今日可谓极盛;然究其实,尚属皮毛;并有不必学而学之者,亦有断不可学而学之者。……

他的这些观点,对我们今天引进外国文化都有启迪,值得借鉴。

李筱圃的《日本纪游》[①]

李筱圃曾任江西吉安府同知,后来在上海"隐于市"。他通过商界关系,自费于1880年(光绪六年)5月4日从上海出发到日本,历游了长崎、神户、大阪、京都、横滨、东京等地。同年6月16日返国,写下《日本纪游》。

从《日本纪游》中了解到,他是日本新政的批评者,对日本维新基本上持否定态度,把当时日本的财政困难归罪于明治维新和效用西法。而他对所见先进的科学技术则为之赞叹。如"游踪所至,每即有人相迓者,以先得其号中电报也"。就是说,大油轮上都有电报设施。

[①] 文中所引原文,均出自钟叔河《走向世界——近代中国知识分子考察西方的历史》,中华书局,1985,第373~377页。

第十讲　近代中国知识分子走向世界及其对亚非的认识与了解

又如在东京王子山看到机器纺纱，他写道："一人之工可当数十人"；在三田看到机器造纸，写道："不须一分钟工夫，浆已成纸"。他从神户到大阪是乘火车，则写下"计程七十里，行半个时辰；若非中间搭客、卸客停顿四次，两刻工夫便到矣。……轮路之旁，如有人站立，车过时骤然视之，面目模胡，不辨老少……"。他还在长崎看了博物馆，在西京、横滨都参观了博览会，并记了东京"博物院共有四处，最盛者曰教育院，入游者并不取资"。他所记录的这些新事物，在当时还是使国人开了眼界的。

《日本纪游》有值得重视的一段，即"同治初年，美国兵船至港，日人拒之不得，始允通商；各国踵至，又开神户、横滨、箱馆等处，共八码头，我华人亦随洋商而往"。在此，明确指出华人在日本经商。事实上，李筱圃由上海到长崎，是由华商"泰记号"接待；到神户，是由华商"鼎泰洋布号""德澄号""鼎发号"给他提供了"洋式楼"的住处；到大阪有"德兴隆"的老板童明辉作陪。可知日本的华商大有人在，据其记载约共五六千人。这些商号的生意做得很大，有的号友"工书善医，诗亦清逸"。就是说，在日经商者都具有一定的素养。由此可知，在日本近代化的过程中华人资本也有一席之地。

傅云龙的《游历日本图经余纪》

19世纪80年代中，清政府已认识到了解外国情况的必要性，于1887年（光绪十三年）议定选派人员游历外洋。此事由总理各国事务衙门承办，先由翰林院、六部保荐游历人员，后经考试，总共录取28名，而兵部郎中傅云龙名列第一。最后定12名分赴东西洋游历，傅云龙被派往日本、美利加（附坎拿大）、秘鲁（附古巴）和巴西四国。他于1887年农历八月出发，先去日本，后到美洲。1899年（光绪十五年）农历五月下旬返抵日本，农历十月十七日回到北京。他在国外的两年多时间内，编撰《游历各国图经》86卷，分别介绍各国的政事、兵制、考工、河渠等方面的基本情况。另外，他把游历的日程和见闻，写成《余记》15卷。这当是19世纪末中国人开始系统调查研究外国情况之始。其中有《游历日本图经》30卷、《游历日本图经余纪》3卷（分《前编》上下，为记首至日本游历情况，《后编》记游美洲后返回日本进行的活动）。

傅云龙对日本进行的调查范围广、方面多，采用图和表的形式编出"图经"，具有一定的规模。兹将169项篇目抄录如下：

日本经纬表；中国日本月朔表；中国日本较时里差表；晴雨寒暑表；沿海气候表；偏多风方向表；沿海偏盛风表；潮候表；疆域；四至八到表；沿革表；府县分疆表；郡、村系国表；疆域险要；海道险要；港湾测深表；灯台表；昼标表；民设旧灯明台诸标表；暴风信号标表；国都表；宫室表；城市、府县厅至东京里表；府县厅孔道支道表；北海道辟路表；商港系年表；中外名港里表；联约国里表；岛表；山表；火山表；水道；水道分合表；东京神奈川引用水道表；矿泉表；湖沼；瀑布；桥梁；世系表；权臣柄政年表；藩国表；风俗；前代人口表；户口表；北海道人口；北海道屯田兵表；官民地表；地租表；物产；货币表；造币金银料表；造币机器表；货币铸发表；货币出入表；纸币表；通商物值增减表；中国出入日本物值表；日本出入物值系地表；八港税关物值表；银行表；民主银行分类表；商贾数表；商标表；许专卖表；农表；蚕丝表；盐法表；茶表；酒表；糖表；淡巴菰工商表；舟表；车表；瓦斯灯表；渔猎表；矿表；官矿表；官矿工表；官矿售数年表；官矿出入表；民矿金属非金属表；日本官民矿行合表；计里总图；各府县厅图；备荒表；保险表；博物馆、博览会、共进会表；土木费表；日本国债表；岁计出入表；岁计比较表；考工、官工表；工器表；工值表；罪人工表；制度量衡工表；横须贺造船所表；铁道费计里表；铁道资本表；官立铁道局费表；民立铁道会社费表；停车里数表；铁道车数表；铁道计入表；铁道年表；兵制沿革；征兵已未入伍表；征兵分类表；征兵志愿表；征兵身格表；征兵本业表；

第十讲 近代中国知识分子走向世界及其对亚非的认识与了解

陆军分管表；陆军人属表；陆军队表；陆军士卒、生徒表；预备、后备士卒合表；预备、后备兵分数表；宪兵表；军马表；海军人属表；海军士卒、生徒表；兵船表；炮台表；职官旧制；官制；官禄表；武官禄表、爵表；有位人表；中国交涉前事；往籍交际条目；交际文；中外订约通商年表；中国使臣表；别国使日本表；使别国表；中国流寓表；别国人在日本表；日本人在别国表；互受勋章表；大事编年表；度量衡比较表；邮便表；电信局数、线路表；刑略；学派源流；日本文表；异字音表；学校合表；己未入学表；小学校师、弟子表；寻常中学校表；寻常师范学校表；专门学校表；杂学校科表；幼稚园表；书籍馆表；日本人留学别国计费表；公学费岁入表；公学费岁出表；艺文志；中国逸艺文志；金石文；印志；刀剑志；金石年表；日本文徵。

以上共计一百六十九项内容。从以上篇目可见，当时中国人掌握了日本"明治维新"20年来在近代化上取得成就的大量资料，因是实地考察，可靠性强。遗憾的是，傅云龙的调查仅仅停留在"资料"上，他没有从这些"资料"中走出来，提出自己的看法、见解，更不要说总结出经验教训了。但这些资料今天仍有价值，从其中不仅能看出晚清士人眼中的日本近代化，还为当今学人研究日本的近代化提供了第一手材料，实属难能可贵。

黄遵宪的《日本国志》

黄遵宪（1848~1905），广东嘉应州（今梅州市）人。光绪举人，历任驻日本、英国参赞及旧金山、新加坡总领事。后来参与戊戌变法。1877年（光绪三年）冬至1882年（光绪八年）担任驻日使馆参赞官。在日本的四年中，他亲身感受到日本"明治维新"十多年来社会的深刻变化，便着手编辑日本古往今来的历史，特别是"明治维新"后的情况，于1887年（光绪十三年）成书《日本国志》，1895年（光绪二十一年）刊印问世。全书40卷50万字，分国统、邻交、天文、地理、职官、食货、兵、刑法、学术、礼俗、物产、工艺等十二志。由梁启超、薛福成作序。

该书的最可贵之处是，不仅详细介绍了日本的历史、现实和制度，而且联系中国的实际进行分析、评论，提出自己的见解。

在《国统志》中，当叙述到明治元年大保久利通疏请日皇降等威、去繁文一事时，写道：

> 中世以还，天子深居九重。民之视君，尊如帝天；君之视臣，贱如奴隶。至将军窃政，犹作威作福，妄自尊大。卒之君臣乖隔，离德离心，效已可睹矣！夫普天率土，莫非王臣，此而以帝号自娱，以示天无二日之尊，犹之可也。今天下万国，正不知几人称帝，几人称王，乃盛仪卫、修边幅，与井底蛙何异？①

可见，这一番议论当是针对清末封建朝廷而言。

又如在《邻交志序》中写道：

> 余闻之西人，欧洲之兴也。正以诸国鼎峙，各不相让，艺术以相摩而善，武备以相竞而强，物产以有无相通，得以尽地利而夺人巧。自法国十字军起，合纵连横，邻交日盛，而国势日强，比之罗马一统时，其进步不可以道里计云。……一统贵守成，列国务进取；守成贵自保，进取务自强；此列国之所由盛乎？……日本一岛国耳，自通使隋唐，仪礼文物，居然大备，因有礼义君子之名。近世贤豪，志高意广，竞事外交，骎骎乎进开明之域，与诸大争衡。向使闭关谢绝，至今仍一洪荒草昧未开之国耳，则信乎交邻之果有大益也！②

---

① 引自钟叔河《走向世界——近代中国知识分子考察西方的历史》，中华书局，1985，第404页。

② 引自钟叔河《走向世界——近代中国知识分子考察西方的历史》，中华书局，1985，第405页。

第十讲　近代中国知识分子走向世界及其对亚非的认识与了解

在这段论述中，非常明确地指出，实行开放政策是对国家有利的，"闭关谢绝"乃是违背世道。

《日本国志》对日本的近代化有深刻的观察和分析。它是建立在对日本和西方资本主义国家具体情况的分析研究之上的，不仅总结了"明治维新"的经验、教训，还从中引发出可供借鉴的结论。这对当时中国要求维新变法的知识分子大有裨益，可使其开眼界、受鼓舞，增强变法的决心、信心，明确方向、方法，可以说为中国的维新人士开启了道路，意义大，影响深。难怪梁启超为它写序，并把它定为学习西学的必读之书。

黄庆澄的《东游日记》

黄应澄，浙江平阳人，是一位研究过西学的新派人物。他在安徽巡抚沈秉成和驻日公使汪凤藻的资助下，于1893年（光绪十九年）农历五月初往游日本，七月初返国。其间，他参观访问了长崎、神户、大阪、横滨、东京、京都、奈良等地，与日本的政界、文化学术界人士有所交往。他去日本的目的是"咨其政俗得失，以上裨国家"。《东游日记》刻成于第二年，即1894年（光绪二十年），这一年正是中日甲午战争开战之年。

首先我们看看他对"明治维新"的评价。① 日记中写道："予观维新之治，其下之随声逐响，汹汹若狂，则可笑。其上之洞烛外情，知己知彼，甘以其国为孤注，而拼付一掷，则即可悲，又可喜。"显然，他对日本的学西法改旧制、行新政，倾注如此的热情和精神，认为可笑、可悲。但对日本上层的"洞烛外情，知己知彼"是称赞和佩服的，感到可喜、可贵。继而慨叹"夫琵琶不调，则改弦而更张之。豪杰谋国，其深思远虑，非株守兔园册子者所可与语，……嗟乎！古来国家当存亡危急之秋，其误于首鼠两端者，何可胜道，日人其知所鉴矣"。

其次，黄庆澄对向外国学习有自己的见解。日记中写道："夫君子之观人国也，必洞观其上下实在情况，反复推勘，然后悉其利弊所

---

① 参见王晓秋《近代中日启示录》，北京出版社，1987，第226~227页。

在。"接着，将中国和日本作了一番比较。

> 夫予之东游，虽为时未久，然尝细察其人情，微勘其风俗：大致较中国为朴古，而喜动不喜静，喜新不喜故；有振作之象，无坚忍之气。日人之短处在此，而彼君若相得以奏其维新之功者亦在此。若夫中国之人，除闽粤及通商各口岸外，其搢绅先生则喜谈经史，而厌闻外事，其百姓则各务本业而不出里间。窃尝综而论之：中国之士之识则太狭；中国之官力则太单。①

再则，从日记中还能看到黄庆澄提出的变法主张，即在维持目前封建的根本大法下实施变法。

> 为今日中国计，一切大经大法无可更改，亦无能更改；但望当轴者取泰西格致之学、兵家之学、天文地理之学、理财之学及彼国一切政治之足以矫吾弊者，及早而毅然行之，竭力扩充。勿以难能而馁其气，勿以小挫而失其机；勿以空言而贻迂执者以口实，勿以轻信而假浮躁者以事权。初创之举，局面不宜过大；已成之事，提防不得稍松。从之愈推愈广，以彼之长补吾之短，则不动声色而措天下于泰山之安，以视东人之贻笑外邦者，不大有间欤！盖治天下者，有法有意，此则但师彼之法，而不师彼之意也。②

尽管黄庆澄的这些论述公之于众时已是甲午中日开战之年，有关日本的经验似乎已有禁忌，然而，总览《东游日记》，它仍不失为对当时中国所有的触动和启迪。

---

① 引自钟叔河《走向世界——近代中国知识分子考察西方的历史》，中华书局，1985，第387页。
② 引自钟叔河《走向世界——近代中国知识分子考察西方的历史》，中华书局，1985，第387页。

2. 从沦为殖民地的国家中总结经验教训

"明治维新"标志着日本近代化的成功。上面已经谈及这一事件在中国引发了很大的震撼。就在日本近代化成功的同时，一些亚非国家纷纷沦为殖民地、半殖民地，具体情况已在第八讲中讲述。而中国的有识之士在对这些国家寄予同情的同时，也向清朝廷大声疾呼，为中国免于夷藩，必须改弦更张，实行变法。其中的代表人物莫过于康有为和梁启超了。

我们在康有为的第五次上书中看到下面的议论：

> 夫自东师辱后，泰西蔑视，以野蛮待我，以愚顽鄙我。昔视我为半教之国者，今等我于非洲黑奴矣！昔憎我为倨傲自尊者，今则侮我为聋瞽蠢冥矣！按其公法，均势、保护诸例，只为文明之国，不为野蛮；且谓翦灭无政教之野蛮，为救民水火。故十年前吾幸得无事者，泰西专以分非洲为事耳。今非洲剖讫，三年来泰西专以分中国为说……胶警乃其借端，德国固其嚆矢耳！……甚则如土耳其之幽废国主，如高丽之祸及君后；又甚则如安南之尽取其土地人民而存其虚号，波兰之宰割分而举其国土。马达加斯加以挑水起衅而国灭，安南以争道致命而社墟；蚁穴溃堤，衅不在大。……
>
> 欧洲大国，岁入数千万万，练兵数百万，铁船数百艘；新艺新器，岁出数千；新法新书，岁出数万；农工商兵，士皆专学；妇女童孺，人尽知书。而吾岁入七千万，偿款乃二万万，则财弱；练兵，铁舰无一，则兵弱；兵不识字，士不知兵，商无学，农无术，则民智弱；人相偷安、士无侠气，则民心弱。以当东西十余新造之强邻，其必不能禁其兼者，势也；此仲虺"兼弱"之说可畏也。
>
> 大地八十万，中国有其一；列国五十余，中国居其一。地球之通自明末，轮路之盛自嘉、道，皆百年前后之新事，四千年未

有之变局也……公卿台谏督抚，皆循资格而致，已既裹足未出外国游历，又以责倨未近通人讲求，……夜行无烛，瞎马临池，今日大患，莫大于昧，……用是召攻：此仲虺"攻昧"之说可惧也。

自台事后，天下皆知朝廷之不可恃，……即无强敌之逼，揭竿斩木，已可忧危。况溃池盗弄之余，彼西人且将借口兴师，为我"定乱"……：此仲虺所谓"取乱"者可惧也。

有亡于一举之割裂者，各国之于非洲是也；有亡于屡举之割裂者，俄、德、奥之于波兰是也；有尽夺其政权而一旦亡之者，法之于安南是也；有遍据其海陆形胜之地而渐次亡之者，英之于印度是也。欧洲数强国，默操神算，纵横寰宇，以取各国……公卿士庶，偷生苟活，候为欧洲之奴隶，听其犬羊之刲缚……：此仲虺所谓"侮亡"之说尤可痛也。

在此要明确的是，康有为的这些议论运用《尚书·仲虺之诰》中所说的"兼弱攻昧，取乱侮亡"来论说当时国内外的状况。显然，他对甲午战争失败于日本、割地台湾并赔款，继而德国租借胶州湾是有切肤之痛的。由于他对世界情况的了解，如非洲被西方殖民者的蚕食、瓜分，亚洲的安南被法国殖民者侵占，印度亡于英国，故而在上书中借鉴了这些发生在国外的实际事例，来敦促上自皇帝下至国人的猛醒，其目的就是维新、变法。正如他在第六次上书中所述："能变则全，不变则亡；全变则强，小变仍亡。"

再看一看梁启超的有关议论。1896年（光绪二十二年）他在《时务报》上发表了《变法通议》，非常明确地表达了变法的基本主张，鲜明地宣称"变亦变，不变亦变"。他从世界大事讲到中国的现状，论述了中国非变不可的种种理由，指出："夫变者，古今之公理也。""上下千岁，无时不变，无事不变。"在这种思想基础上写出的《变法通议》，第一章即《论不变法之害》。其中他"始知有五大洲各国"以来所掌握

第十讲 近代中国知识分子走向世界及其对亚非的认识与了解

的外情如下。

> ……印度,大地最古之国也;守旧不变,夷为英藩矣。突厥地跨三洲,立国历千年;而守旧不变,为六大国执其权分其地矣。非洲广袤三倍欧土,内地除沙漠一带外皆植物饶衍,畜牧繁盛;土人不能开化,拱手以让强敌矣。波兰为欧西名国,政事不修,内讧日起;俄、普、奥相约,择其肉而食之矣。……今夫日本,幕府专政,诸藩力征,受俄、德、美大创,国几不国;自明治维新,改弦更张,不三十年,而夺我琉球,割我台湾也。……大地既通,万国蒸蒸,日趋于上;大势相迫,非可阏制,变亦变,不变亦变。……是故变之途有四:其一如日本,自变者也;其二如突厥,他人执其权而代变者也;其三如印度,见并于一国而代变者也;其四如波兰,见分于诸国而代变者也。吉凶之故,去就之间,其何择焉?……彼犹太之种,迫逐于欧东;非洲之奴,充斥于大地。呜呼!夫非犹是人类也欤?

梁启超的这番议论是奠基在研究了几个世纪以来五大洲的历史和现状,因而才能对外情一目了然。它的发表早于康有为第五次上书中所论两年,又是在《时务报》上发表的。因此说,它对当时全国的知识界起了一定的宣传作用,用外国的实例来说明、强调变法是当务之急,其影响是重大的。

无疑,康、梁的影响力更多的是在社会上层,而张之洞(1837~1909)的军歌则打动了社会下层。

> 方今五洲万国如虎豹,
> 倚犄强兵利械将人骄。
> 我国文弱外人多耻笑,
> 若不自强瓜分岂能逃。

277

请看印度国土并非小,

为奴为马不能脱笼牢。①

这里,让"自强""瓜分""印度""笼牢"等字眼在士兵脑中生根,意义是深远的。

除了借鉴一些沦为殖民地的经验教训之外,中国的有识之士也议论、总结这些国家本身存在的弊端。对印度、锡兰(斯里兰卡)等沦亡引发出的思考如下。

近代从事实业的郑观应(1842~1921)在《盛世危言》中认为每个国家都应"士得教而民有养"。正是因为印度等国"上失教养之方",所以"教养失道,国势陵替而先后沦亡"②。魏源在《海国图志》中毫不隐讳、一针见血地指出印度存在的陋俗:溺女、妇殉夫火葬③,以至全家3~50岁女性18人嫁给一个3岁幼童④,这些,都是愚昧、落后的表现。更应当揭露其社会弊病。1902年(光绪二十八年)戴振使英途中,同舟有一个赴英庆贺女王加冕的印度信地部酋;随身带员仆20余人,仍傲然自大;又听说,另有二酋为显耀财富,各租借英轮一艘,赴英贺女王加冕。他从这些土酋的昏聩虚骄中得出结论:"其穷大失居,夸多斗靡,尚虚文,忘实祸。如此,此印度之所以为印度也。吁可叹哉!"⑤

至于锡兰,是一个佛教古国,千百年来人民对释迦牟尼有虔诚的信仰。1872年(同治十一年)农历二月十七日,王芝夜泊锡兰,登岸观赏,在亭可里马见到了英人"镇以大酋,卫以劲卒炮台战舰环列"。面对如此情景,他感叹:"神果有灵,会佐一臂之力,荡此善争人国者,以返狮子国庚题之故。"⑥ 1895年(光绪二十一年)王之春使俄归途中

---

① 《清朝续文献通考》卷199。
② 《盛世危言》卷12。
③ (清)魏源:《海国图志》卷19。
④ (清)张煜南:《海国公余辑录》卷5。
⑤ (清)戴振:《英轺日记》卷3。
⑥ (清)王芝:《渔瀛庐志》卷5。

游览科伦坡同泰寺,发出同样慨叹:"今日锡兰且不自保,同泰寺之鸣钟课诵亦何益耶?"[1] 不论是感慨还是叹惜,都说明了中国的有识之士也在寻找拯救危亡的良方。

参考文献

刘培华:《近代中外关系史》,北京大学出版社,1986。

潘振平:《鸦片战争后的"睁眼看世界"思想》,《历史研究》1986年第1期。

钟叔河:《走向世界——近代中国知识分子考察西方的历史》,中华书局,1985。

郑学益:《走向世界的历史足迹——中国近代对外开放思想研究》,北京大学出版社,1990。

李嘉所:《近代留学生与中外文化》,天津人民出版社,1993。

王晓秋:《近代中日启示录》,北京出版社,1987。

耿引曾:《西方殖民主义东来后中国南亚关系新特点》,《南亚东南亚评论》第1辑,北京大学出版社,1988。

---

[1] (清)王之春:《使俄日记》卷8。

后　记

《中国亚非关系史》即将出版，由此，从讲堂走向社会，走入广大读者中。

作为讲授者和执笔者的我，首先应该感谢北京外国语大学世界亚洲研究信息中心对该书的出版资助。

其次，要感谢我们的老祖宗。因为在中国的优秀文化传统里保存着浩如烟海的汉文史料。其中有历朝历代的中国人，对其所处时代的境外和涉外情况作了记载和论述，最难能可贵的是有些还是耳闻目睹的亲身经历。这些记述虽有单独成册的，但大量的保存在官修史书、类书以及散见于杂史、笔记小说、地志中。中外学者已对这些史料作了深入细致的挖掘、搜集、整理和研究。值得指出的是，这些弥足珍贵的史料独一无二、举世无双，中国学人引以为自豪。《中国亚非关系史》正是奠基在这些史料之上的。

再则，受益于博物馆的工作实践和经验。我青年时代在中国历史博物馆（现国家历史博物馆前身）工作的22年中，曾参与中国通史陈列中历代"中外关系"的修改，并介入接待外宾。前者促成我积累了较丰富的汉文涉外史料知识，后者的一些情景至今还历历在目。有一次，我将公元802年（贞元十八年）骠国（今缅甸）乐工、乐曲入唐，诗人白居易看演出后留下的《骠国乐》诗篇介绍给到馆参观的缅甸贵宾；又一次，我将《武备志》中保存的"郑和航海路线图"上的卜剌哇（今索马里）、麻林地、慢八撒（今肯尼亚）介绍给非洲友人。外宾的惊叹、喜悦心情溢于言表。而作为主宾的我也感到无限自豪。

青年积累知识，中年登上讲坛，老来刊印成册，似乎顺理成章。实际上千百年来的中国亚非关系仍有许多值得探讨和深究的方面。我虽然在其中涉猎多年，但本书可能仍有许多问题，期待大家的批评、指正。

最后，对本书责编仇扬、曲建文的辛勤劳动表示衷心的感谢。

耿引曾写于2013年初冬

图书在版编目(CIP)数据

中国亚非关系史/耿引曾著.—北京：社会科学文献出版社，2014.1
（亚洲研究丛书·北京外国语大学世界亚洲研究信息中心系列）
ISBN 978-7-5097-4737-7

Ⅰ.①中… Ⅱ.①耿… Ⅲ.①中外关系-国际关系史-亚洲 ②中外关系-国际关系史-非洲 Ⅳ.①D829.3 ②D829.4

中国版本图书馆 CIP 数据核字（2013）第 127559 号

亚洲研究丛书·北京外国语大学世界亚洲研究信息中心系列
中国亚非关系史

著　　者/耿引曾

出 版 人/谢寿光
出 版 者/社会科学文献出版社
地　　址/北京市西城区北三环中路甲 29 号院 3 号楼华龙大厦
邮政编码/100029

责任部门/全球与地区问题出版中心（010）59367004　　责任编辑/仇　扬　曲建文
电子信箱/bianyibu@ssap.cn　　　　　　　　　　　　　　责任校对/刘　静
项目统筹/祝得彬　　　　　　　　　　　　　　　　　　　责任印制/岳　阳
经　　销/社会科学文献出版社市场营销中心（010）59367081　59367089
读者服务/读者服务中心（010）59367028

印　　装/北京季蜂印刷有限公司
开　　本/787mm×1092mm　1/16　　　　　　　　　　　印　张/18.25
版　　次/2014 年 1 月第 1 版　　　　　　　　　　　　　字　数/253 千字
印　　次/2014 年 1 月第 1 次印刷
书　　号/ISBN 978-7-5097-4737-7
定　　价/59.00 元

本书如有破损、缺页、装订错误，请与本社读者服务中心联系更换
▲ 版权所有　翻印必究